PROGRAMAÇÃO COM ARDUINO II

O autor

Simon Monk é bacharel em ciência da computação e doutor em engenharia de software. É aficionado de eletrônica desde seus tempos de escola e escritor em tempo integral. Escreveu diversos livros de eletrônica, como *Programação com Arduino: começando com sketches*, *Projetos com Arduino e Android: use seu smartphone ou tablet para controlar o Arduino* e *30 projetos com Arduino*, 2.ed., todos publicados pela Bookman Editora.

```
M745p    Monk, Simon.
              Programação com Arduino II : passos avançados com
         sketches / Simon Monk ; tradução: Anatólio Laschuk. – Porto
         Alegre : Bookman, 2015.
              ix, 247 p. : il. ; 25 cm.

              ISBN 978-85-8260-296-6

              1. Programação de computadores. 2. Programação -
         Arduino. I. Título.

                                                         CDU 004.42
```

Catalogação na publicação: Poliana Sanchez de Araujo - CRB 10/2094

SIMON MONK

PROGRAMAÇÃO COM ARDUINO II

>> PASSOS AVANÇADOS COM SKETCHES

Tradução
Anatólio Laschuk
Mestre em Ciência da Computação pela UFRGS
Professor aposentado pelo Departamento de Engenharia Elétrica da UFRGS

2015

Obra originalmente publicada sob o título *Programming Arduino Next Steps: Going Further with Sketches*, 1st Edition.
ISBN 0071830251 / 9780071830256

Original edition copyright © 2014, McGraw-Hill Global Education Holdings, LLC, New York, New York 10121. All rights reserved.

Portuguese language translation copyright © 2015, Bookman Companhia Editora Ltda., a Grupo A Educação S.A. company. All rights reserved.

Gerente editorial: *Arysinha Jacques Affonso*

Colaboraram nesta edição:

Editora: *Maria Eduarda Fett Tabajara*

Capa e projeto gráfico: *Paola Manica*

Leitura final: *Carolina Kuhn Facchin*

Editoração: *Techbooks*

Reservados todos os direitos de publicação, em língua portuguesa, à
BOOKMAN EDITORA LTDA., uma empresa do GRUPO A EDUCAÇÃO S.A.
A série Tekne engloba publicações voltadas à educação profissional e tecnológica.
Av. Jerônimo de Ornelas, 670 – Santana
90040-340 – Porto Alegre – RS
Fone: (51) 3027-7000   Fax: (51) 3027-7070

É proibida a duplicação ou reprodução deste volume, no todo ou em parte, sob quaisquer formas ou por quaisquer meios (eletrônico, mecânico, gravação, fotocópia, distribuição na Web e outros), sem permissão expressa da Editora.

Unidade São Paulo
Av. Embaixador Macedo Soares, 10.735 – Pavilhão 5 – Cond. Espace Center
Vila Anastácio – 05095-035 – São Paulo – SP
Fone: (11) 3665-1100   Fax: (11) 3667-1333

SAC 0800 703-3444 – www.grupoa.com.br

IMPRESSO NO BRASIL
PRINTED IN BRAZIL

Agradecimentos

Sou muito grato a todos da McGraw-Hill Education que fizeram um primoroso trabalho na produção deste livro. Agradeço especialmente ao meu editor, Roger Stewart, e a Vastavikta Sharma, Jody McKenzie, LeeAnn Pickrell e Claire Splan.

Gostaria também de agradecer às empresas Adafruit, SparkFun e CPC pelo fornecimento de muitos módulos e componentes utilizados neste livro.

E por último, mas não menos importante, agradeço novamente à Linda pela sua paciência e generosidade ao me dar espaço para que eu pudesse escrever este livro.

Sumário

Introdução **1**
Do que precisarei? 1
Como utilizar este livro 1
Downloads 3

capítulo 1
Como programar o Arduino **5**
O que é o Arduino? 6
Instalação e o IDE 8
    Instalando o IDE 8
    Blink 9
Um passeio pelo Arduino 11
    Fonte de alimentação 12
    Conexões elétricas 12
    Entradas analógicas 13
    Conexões digitais 13
Placas de Arduino 14
    Uno e similar 14
    Placas grandes de Arduino 15
    Placas pequenas de Arduino 16
    Placas LilyPad e LilyPad USB 17
    Arduinos não oficiais 18
Linguagem de programação 18
Modificando o sketch Blink 18
Variáveis 20
If 21
Loops 22
Funções 23
Entradas digitais 24
Saídas digitais 27
O Monitor Serial 27
Arrays e strings 28
Entradas analógicas 30
Saídas analógicas 32

Como usar bibliotecas 34
Tipos de dados do Arduino 35
Comandos do Arduino 35

capítulo 2
Por dentro do Arduino **39**
Uma breve história do Arduino 40
Anatomia de um Arduino 40
Processadores AVR 41
    ATmega328 41
    ATmega32u4 43
    ATmega2560 43
    AT91SAM3X8E 43
Arduino e Wiring 44
Do sketch ao Arduino 47
AVR Studio 50
Instale um bootloader 52
    Queimando um bootloader com o
    AVR studio e um programador 52
    Queimando um bootloader com o IDE
    de Arduino e um segundo Arduino 54

capítulo 3
Interrupções e temporizadores **57**
Interrupções de hardware 58
    Pinos de interrupção 61
    Modos de interrupção 61
    Habilitando o pull-up interno 61
    Rotinas de serviço de interrupção (ISR) .. 62
    Variáveis voláteis 63
    Resumo da ISR 64
Habilite e desabilite interrupções 64
Interrupções de temporizador 64

capítulo 4
Como tornar o Arduino mais rápido..... 69
Qual é a velocidade de um Arduino?..........70
Comparando placas de Arduino 71
Como acelerar a aritmética...................71
    Você realmente precisa usar um float?......72
Dados: consultar uma tabela *versus* fazer
os cálculos 73
Entrada e saída rápidas......................75
    Otimização de um código básico 75
    Bytes e Bits...............................77
    Portas do ATmega328 77
    Saída digital muito rápida..................79
    Entrada digital rápida......................79
Como acelerar as entradas analógicas.........81

capítulo 5
Arduino com baixo consumo de energia .. 85
Consumo de energia das placas de Arduino 86
Corrente e baterias 87
Como reduzir a velocidade do relógio.........88
Desligar coisas 90
Opção de dormir 91
    Narcoleptic 92
    Acordando com interrupções externas......94
Usar saídas digitais para controlar
o consumo de energia 96

capítulo 6
Memória 99
A memória do Arduino.......................100
Minimizando o uso de RAM 101
    Use as estruturas de dados corretas........101
    Cuidado com a recursão 102
    Armazene as constantes de string
    em memória flash 104
    Concepções errôneas comuns..............104
    Meça a memória livre.....................104
Como minimizar o uso de memória flash 105
    Use constantes...........................105
    Remova comandos desnecessários 106
    Dispense o bootloader....................106

Alocação de memória estática
versus dinâmica 106
Strings......................................108
    Arrays C de caracteres 108
    A biblioteca String Object do Arduino......110
Como usar a EEPROM 111
    Exemplo com EEPROM....................112
    Usando a biblioteca avr/eeprom.h.........115
    Limitações da EEPROM 116
Como usar memória flash 117
Armazenamento em Cartão SD...............118

capítulo 7
Como usar I2C 121
Hardware I2C................................123
Protocolo I2C................................124
Biblioteca Wire 125
    Inicialização do barramento I2C 125
    Mestre enviando dados...................125
    Mestre recebendo dados..................126
Exemplos com I2C 127
    Módulo TEA5767 para rádio FM 127
    Comunicação Arduino-Arduino 129
    Placas para painel de LEDs 131
    Relógio de Tempo Real DS1307............132

capítulo 8
Interface com dispositivos 1-Wire 135
Hardware 1-Wire 136
Protocolo 1-Wire.............................137
Biblioteca OneWire 137
    Inicialização do barramento 1-Wire 137
    Varrendo o barramento 137
Como utilizar o DS18B20.....................140

capítulo 9
Interface com dispositivos SPI......... 143
Manipulação de bit 144
    Binário e hexadecimal 144
    Mascaramento de bits 145
    Deslocamento de bits.....................146
Hardware SPI................................148
Protocolo SPI................................150

Biblioteca SPI...............................150
Exemplo com SPI 152

capítulo 10
Programação Serial UART.............157
Hardware serial............................158
Protocolo serial............................160
Comandos seriais..........................160
Biblioteca SoftwareSerial..................162
Exemplos Seriais...........................163
   Conexão USB entre computador
   e Arduino................................163
   Arduino para Arduino....................165
   Módulo GPS..............................167

capítulo 11
Programação USB....................171
Emulação de teclado e mouse 172
   Emulação de teclado 172
   Exemplo de emulação de teclado.........173
   Emulação de mouse 174
   Exemplo de emulação de mouse 174
Programação USB host.....................175
   Shield e biblioteca USB host..............175
   USB host no Arduino Due 179

capítulo 12
Programação de rede 183
Hardware de rede 184
   Shield Ethernet..........................185
   Arduino Ethernet/EtherTen...............185
   Arduino e WiFi 186
Biblioteca Ethernet 186
   Fazendo uma conexão...................187
   Configurando um servidor Web 189
   Fazendo solicitações.....................190
Exemplos de Ethernet......................191
   Um servidor de web físico................191
   Utilização de um serviço de Web JSON 196
Biblioteca WiFi.............................197
   Fazendo uma conexão...................197
   Funções WiFi específicas 198
Exemplo com WiFi 198

capítulo 13
Processamento digital de sinal (DSP)...201
Introdução ao processamento digital
de sinal 202
Valor médio de leituras.....................203
Uma introdução à filtragem 205
Como criar um filtro passa-baixa simples.....205
DSP no Arduino Uno 207
DSP no Arduino Due 208
Gerador de código para filtros 210
A transformada de Fourier...................213
   Exemplo de analisador de espectro........215
   Exemplo de medição de frequência........217

capítulo 14
Como lidar com um único processo 219
Transição a partir da
programação de grande porte...............220
Por que você não precisa de Threads.........220
Setup e loop 221
   Ler sensores e então atuar 221
   Pausa sem bloqueio 222
Biblioteca Timer 224

capítulo 15
Como escrever bibliotecas 227
Quando construir uma biblioteca 228
Use classes e métodos 228
Exemplo de biblioteca (rádio TEA5767)......228
   Defina a API.............................229
   Escreva o arquivo de cabeçalho 231
   Escreva o arquivo de implementação 231
   Escreva o arquivo de palavras-chave.......232
   Construa a pasta de exemplos.............233
Teste a biblioteca 233
Publique a biblioteca 233

apêndice
Partes e componentes.................235
Placas de Arduino 236
Shields....................................236
Componentes e módulos 236
Fornecedores..............................237

Índice............................239

Introdução

O Arduino é um microcontrolador que se tornou muito popular entre fabricantes, artistas e educadores por ser amigável e barato, e ainda por ter uma grande disponibilidade de placas extras (shields) para interfaceamento. Os shields *plug-in* podem ser acoplados à placa básica de um Arduino, permitindo que sua utilização seja estendida a áreas como internet, robótica e automação residencial.

É fácil realizar projetos simples utilizando um Arduino. No entanto, à medida que você avança e começa a explorar os territórios que não são descritos nos textos introdutórios, pode ficar um pouco confuso.

Pensando nisso, escrevi este livro, a continuação do *Programação com Arduino: começando com sketches* (Bookman, 2013). Além de incluir uma breve recapitulação da programação básica do Arduino, ele conduz o leitor até os aspectos mais avançados de programação. Ao concluir a leitura deste livro, você estará apto a:

- Trabalhar com um mínimo de memória
- Executar mais de uma coisa ao mesmo tempo, sem necessidade de *multithreading*
- Empacotar os seus códigos em bibliotecas que poderão ser usadas por outras pessoas
- Usar as interrupções de hardware e de temporizadores
- Maximizar o desempenho
- Minimizar o consumo de energia elétrica
- Interfacear com diversos tipos de barramentos seriais (I2C, 1-Wire, SPL e serial)
- Realizar a programação USB
- Realizar a programação de redes
- Fazer processamento digital de sinal (DSP)

>> Do que precisarei?

Este livro é basicamente sobre software. Portanto, para a maioria dos exemplos, tudo do que você precisará será um Arduino e um LED ou multímetro. Além disso, você pode utilizar shields de Arduino, se os tiver. Para o Capítulo 12, você também precisará de um shield Ethernet ou Wi-Fi. Ao longo do livro, usaremos diversos tipos de módulos para ilustrar uma variedade de interfaces.

O livro está voltado principalmente ao Arduino Uno (a placa de Arduino mais comum). No entanto, ele também cobre algumas das características especiais de outras placas de Arduino, como Leonardo e Arduino Due, que permitem realizar programação USB e processamento digital de sinal. No Apêndice ao final do livro, há uma lista de fornecedores dessas partes.

>> Como utilizar este livro

Cada um dos capítulos trata de um tópico específico relacionado com a programação do Arduino. Fora o Capítulo 1, que é uma recapitulação e uma visão geral dos fundamentos do Arduino, os demais capítulos podem ser consultados na ordem que você preferir. Veja uma breve descrição dos conteúdos a seguir.

1. **"Como programar o Arduino"** Este capítulo contém um resumo sobre como programar o Arduino. É um breve manual para quem precisa aprender de forma rápida e simples os fundamentos do Arduino.

2. **"Por dentro do Arduino"** Neste capítulo, daremos uma espiada dentro do Arduino para ver como o software funciona e de onde ele veio.

3. **"Interrupções e temporizadores"** Em geral, os iniciantes evitam o uso das interrupções. No entanto, eles não deveriam evitá-las, porque, em algumas situações, podem ser muito úteis e não são difíceis de programar. Embora haja algumas armadilhas, neste capítulo aprenderemos o que devemos saber a respeito.

4. **"Como tornar o Arduino mais rápido"** Os Arduinos têm processadores de baixa velocidade e baixo consumo de energia. A função interna **digitalWrite**, por exemplo, é segura e fácil de usar, mas não é muito eficiente, principalmente quando muitas saídas devem ser ativadas ao mesmo tempo. Neste capítulo, veremos maneiras de ir além dessas limitações e aprenderemos outras técnicas para escrever sketches com tempos de execução eficientes.

5. **"Arduino com baixo consumo de energia"** Se quisermos que o Arduino funcione com baterias comuns ou solares, precisamos minimizar o consumo de energia elétrica. Além de otimizar o projeto de hardware, também poderemos escrever o código de forma que a energia consumida pelo Arduino seja reduzida.

6. **"Memória"** Neste capítulo, veremos como minimizar o uso da memória e também os benefícios e os riscos associados ao uso dinâmico da memória dentro dos sketches.

7. **"Como usar I2C"** A interface I2C do Arduino pode simplificar muito a comunicação com módulos e componentes, além de reduzir os pinos de interface que precisam ser utilizados. Este capítulo descreve como a I2C trabalha e como utilizá-la.

8. **"Interface com dispositivos 1-Wire"** O foco deste capítulo é os dispositivos que utilizam barramento de um fio (1-Wire), como os da linha de sensores de temperatura da Dallas Semiconductors. O uso desses sensores com Arduinos é extremamente popular. Você aprenderá como o barramento funciona e como utilizá-lo.

9. **"Interface com dispositivos SPI"** Outro padrão de interface usado com os Arduinos é o SPI. Este capítulo explora seu funcionamento e como utilizá-lo.

10. **"Programação Serial UART"** A comunicação serial, por meio da conexão USB ou dos pinos Rx e Tx do Arduino, oferece um excelente modo para trocar dados entre periféricos e outros Arduinos. Neste capítulo, você aprenderá a usar a comunicação serial.

11. **"Programação USB"** Este capítulo examina os vários aspectos da utilização da interface USB do Arduino. Você conhecerá a emulação de teclado e mouse, assim como é realizada no Arduino Leonardo, além do processo inverso de conectar um teclado ou mouse USB a um Arduino adequadamente configurado.

12. **"Programação de rede"** O Arduino é um componente muito encontrado na "Internet das Coisas" (*Internet of Things*). Neste capítulo, aprenderemos a programar e utilizar o Arduino para trabalhar com a internet. Conheceremos os shields WiFi e Ethernet, bem como alguns serviços disponíveis na internet. Veremos também o Arduino funcionando como um pequeno servidor web.

13. **"Processamento digital de sinal (DSP)"** O Arduino pode realizar processamento de

sinal em nível muito rudimentar. Este capítulo discute algumas técnicas, como a filtragem de um sinal que chega a uma entrada analógica. Em vez de circuitos eletrônicos externos, utilizaremos um software e a Transformada Rápida de Fourier para calcular os valores relativos das diversas frequências presentes nesse sinal.

14. **"Como lidar com um único processo"** Quando programadores de sistemas de grande porte com uma boa experiência em desenvolvimento de software conhecem o Arduino, eles costumam achá-lo deficiente devido à sua falta de capacidade para trabalhar ao mesmo tempo com diversos processos e utilizar os recursos do que se denomina concorrência. Neste capítulo, mostro como podemos adotar o modelo de processo único como o que é utilizado nos sistemas embarcados.

15. **"Como escrever bibliotecas"** Mais cedo ou mais tarde, você acabará fazendo alguma coisa realmente boa que, no seu entendimento, poderia ser utilizada por outras pessoas. Então, será o momento de criar uma biblioteca para empacotar o código e entregá-la ao mundo. Este capítulo mostra como fazer isso.

>> Downloads

Este livro contém mais de 75 exemplos de sketches, todos de código livre e disponíveis em **www.simonmonk.org** (site em inglês). Clique na capinha da versão em inglês deste livro e, em seguida, em [Download Code] para fazer o download dos códigos dos sketches.

>> **capítulo 1**

Como programar o Arduino

Este capítulo o introduzirá ao mundo da programação com Arduino. Trata-se de um resumo dos principais tópicos: o que é Arduino, como instalá-lo, a anatomia da placa, os tipos de placa, linguagem de programação que utiliza, etc. Se você não conhece nada sobre Arduino, leia primeiro Programação com Arduino: começando com sketches, também da série Tekne.

Objetivos de aprendizagem

>> Explicar o que é o Arduino.

>> Instalar em seu computador o IDE para o Arduino.

>> Identificar as partes da placa de Arduino e para que servem.

>> Reconhecer as diferentes versões da placa de Arduino e suas particularidades.

>> Identificar qual é a linguagem de programação utilizada para programar o Arduino.

>> Rever os principais recursos utilizados na estruturação dos sketches (programas) de Arduino.

>> Identificar os tipos de dados e os principais comandos utilizados nos sketches de Arduino.

>> Utilizar bibliotecas.

» O que é o Arduino?

O termo *Arduino* é usado para descrever tanto a placa física de Arduino (cujo tipo mais popular é o Arduino Uno) como o sistema Arduino no seu todo. O sistema também inclui o software que deve ser executado no seu computador (com o objetivo de programar a placa) e os shields periféricos que são acoplados à placa de Arduino.

Para usar um Arduino, você também necessita de um computador adequado, que pode ser Mac, PC Windows, PC Linux, ou mesmo algo tão simples quanto um Raspberry Pi. A principal razão da necessidade de um computador é podermos baixar programas para a placa de Arduino. Uma vez instalados nela, esses programas podem ser executados de forma independente.

A Figura 1.1 mostra um Arduino Uno.

O Arduino também pode se comunicar com seu computador através de uma conexão USB. Enquanto o computador estiver conectado, você poderá enviar mensagens em ambos os sentidos. A Figura 1.2 mostra as relações existentes entre o Arduino e seu computador.

Um Arduino é diferente de um computador convencional porque, além de ter muito pouca memória, não contém sistema operacional nem interfaces para teclado, mouse ou monitor. O seu propósito é controlar coisas fazendo interfaces com sensores e atuadores. Assim, por exemplo, você pode ligar um sensor para medir temperatura e um relé para ligar e desligar um aquecedor.

A Figura 1.3 mostra algumas das coisas que você pode ligar a uma placa de Arduino. Além desses, sem dúvida, há muitos outros tipos de dispositivos que você pode conectar à ela.

Figura 1.1 Um Arduino Uno.
Fonte: do autor.

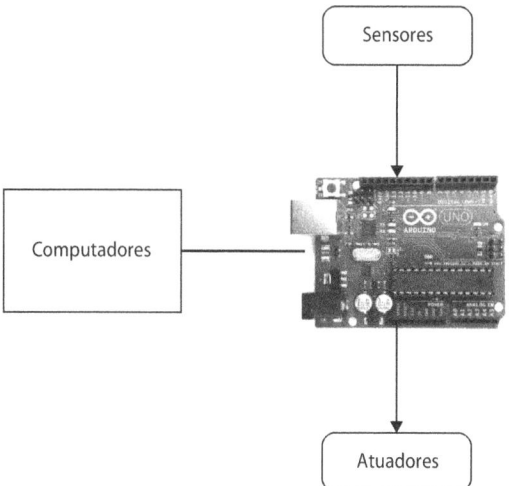

Figura 1.2 O Arduino e seu computador.
Fonte: do autor.

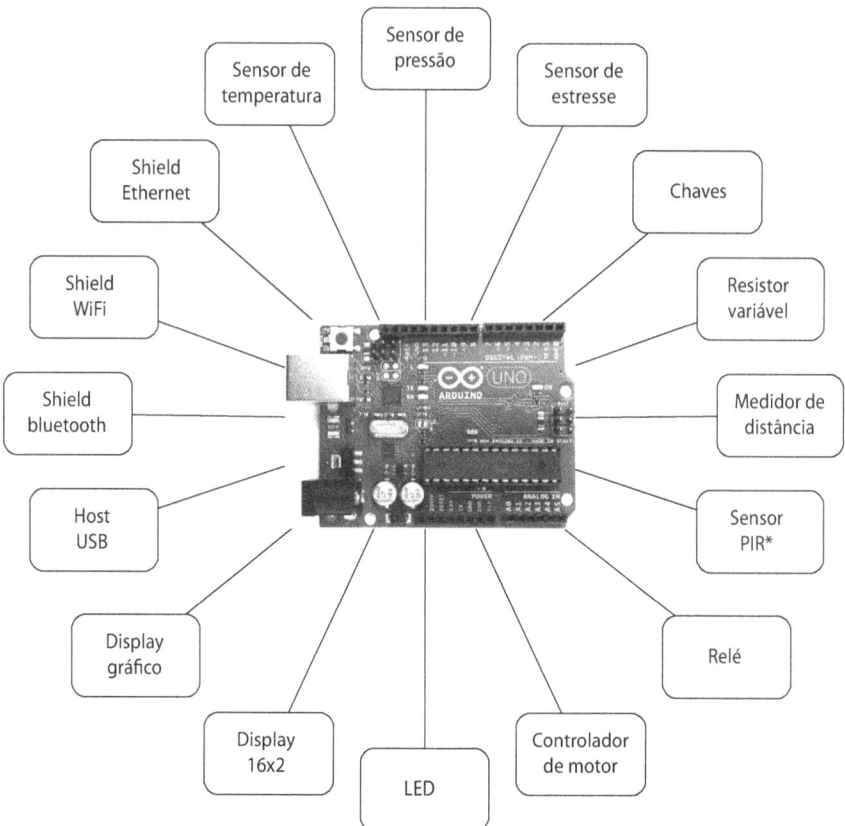

Figura 1.3 Interfaces com um Arduino.
Fonte: do autor.
*N. de T.: *Passive Infrared Sensor,* ou sensor passivo de infravemelho, usado em detectores de presença.

>> CURIOSIDADE

Estes são alguns dos projetos surpreendentes que já foram construídos utilizando um Arduino.

• Bubblino: um Arduino conectado a uma máquina que produz bolhas de sabão quando você lhe envia um tweet.

• Cubos de LEDs 3D

• Contadores Geiger

• Instrumentos musicais

• Sensores remotos

• Robôs

>> Instalação e o IDE

O software utilizado para programar o Arduino é denominado *Arduino Integrated Development Environment (IDE)*, que significa ambiente de desenvolvimento integrado de Arduino. Se você for um desenvolvedor de software acostumado a usar IDEs complexos, como Eclipse ou Visual Studio, achará o IDE do Arduino muito simples – e possivelmente buscará encontrar integração de repositórios, preenchimento automático de linha de comando e coisas semelhantes. Se você é iniciante em programação, gostará da simplicidade e facilidade de utilização do Arduino.

>> Instalando o IDE

O primeiro passo é fazer download do software para o seu tipo de computador por meio do site oficial do Arduino: http://arduino.cc/en/Main/Software.

Depois de baixar o software, você poderá encontrar instruções detalhadas de instalação para cada plataforma em http://arduino.cc/en/Guide/HomePage.

Uma das coisas boas a respeito do Arduino é que, para começar, precisamos apenas de um Arduino, um computador e um cabo USB para conectar os dois. Mesmo a energia elétrica para o Arduino pode ser obtida por meio do cabo USB ligado ao computador.

» Blink

Para comprovar se o Arduino está funcionando, vamos programá-lo para fazer piscar (*blink*) o LED denominado *L* na placa do Arduino, conhecido simplesmente como LED "L".

Comece executando o IDE do Arduino no seu computador. Então, a partir do menu File (Arquivo), escolha Examples | 01 Basics | Blink (Figura 1.4).

Em uma tentativa de fazer a programação do Arduino parecer menos assustadora para os não programadores, os programas do Arduino são referidos como *sketches*.

Antes de poder enviar o sketch Blink ao seu Arduino, você precisa dizer ao IDE que tipo de Arduino está usando. O tipo mais comum é o Arduino Uno, e, neste capítulo, estou supondo que é o que você tem. Assim, a partir do menu Tools | Board (Ferramentas | Placa), escolha Arduino Uno (Figura 1.5).

Além de escolher o tipo de placa, você também precisa selecionar a porta à qual a placa será conectada. No Windows, isso costuma ser fácil. Em geral, é a COM4, e provavelmente será a única porta mostrada na lista (veja a Figura 1.6). Entretanto, em um computador Mac ou Linux, geralmente há mais dispositivos seriais listados. O IDE do Arduino mostra primeiro os dispositivos conectados mais recentemente. Assim, a sua placa de Arduino deverá estar no topo da lista.

Para fazer a transferência (upload) do sketch para a placa do Arduino, clique no botão Upload da barra de ferramentas. É o segundo botão da barra, realçado na Figura 1.7.

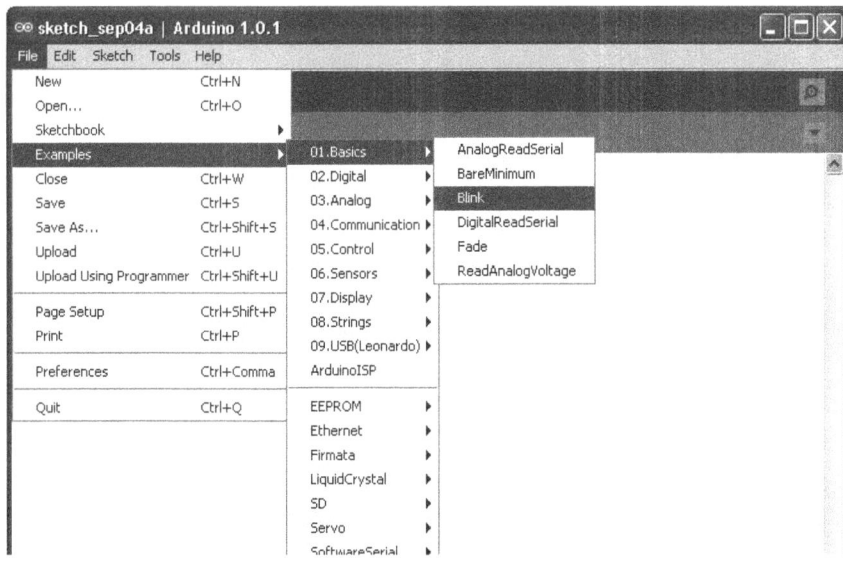

Figura 1.4 O IDE do Arduino fazendo o carregamento do sketch Blink.
Fonte: do autor.

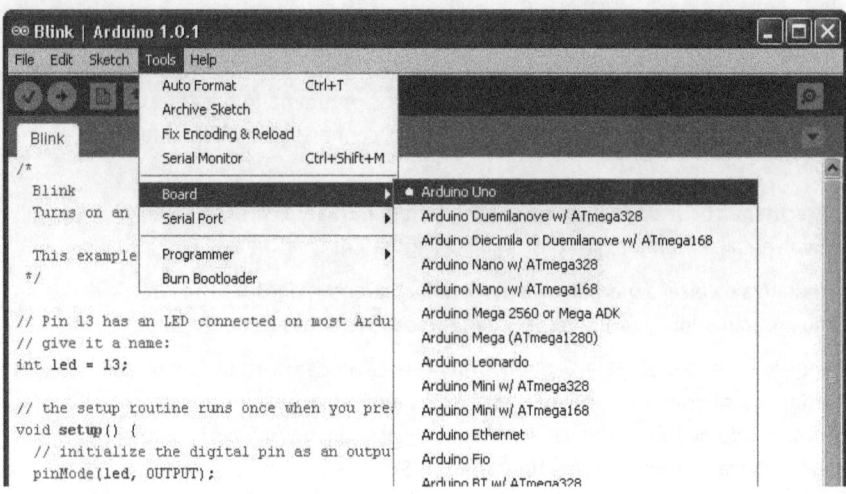

Figura 1.5 Escolhendo o tipo de placa.
Fonte: do autor.

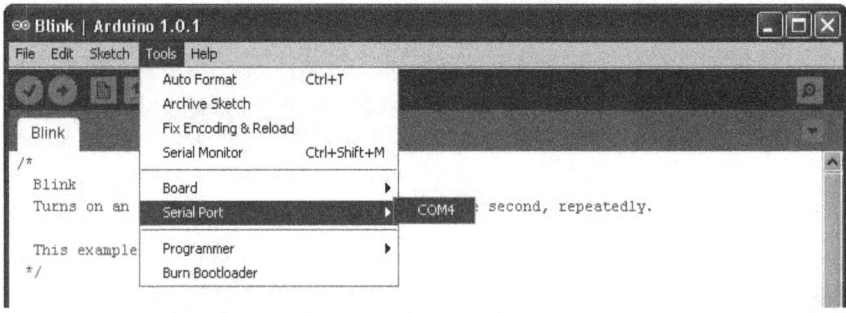

Figura 1.6 Selecionando a porta serial.
Fonte: do autor.

Logo que você clicar no botão Upload, algumas coisas deverão acontecer. Primeiro, uma barra indicando o progresso da operação aparecerá enquanto o IDE do Arduino compila o sketch (isso significa que ele está convertendo o sketch em uma forma adequada para a transferência). A seguir, no Arduino, os LEDs rotulados como *Rx* e *Tx* deverão piscar por um breve tempo. Finalmente, O LED *L* deve começar a piscar. O IDE exibirá também uma mensagem como "Binary sketch size: 1,084 bytes (of a 32,256 byte maximum)".* Isso significa que o sketch utilizou cerca de 1Kb dos 32Kb de memória flash que estão disponíveis para programas no Arduino.

Antes de começar a programar, vamos examinar o hardware que executará seus programas (sketches) e os recursos que deverão estar disponíveis para seu uso.

---

* N. de T.: "Tamanho binário do sketch: 1.084 bytes (de um máximo de 32.256 bytes)".

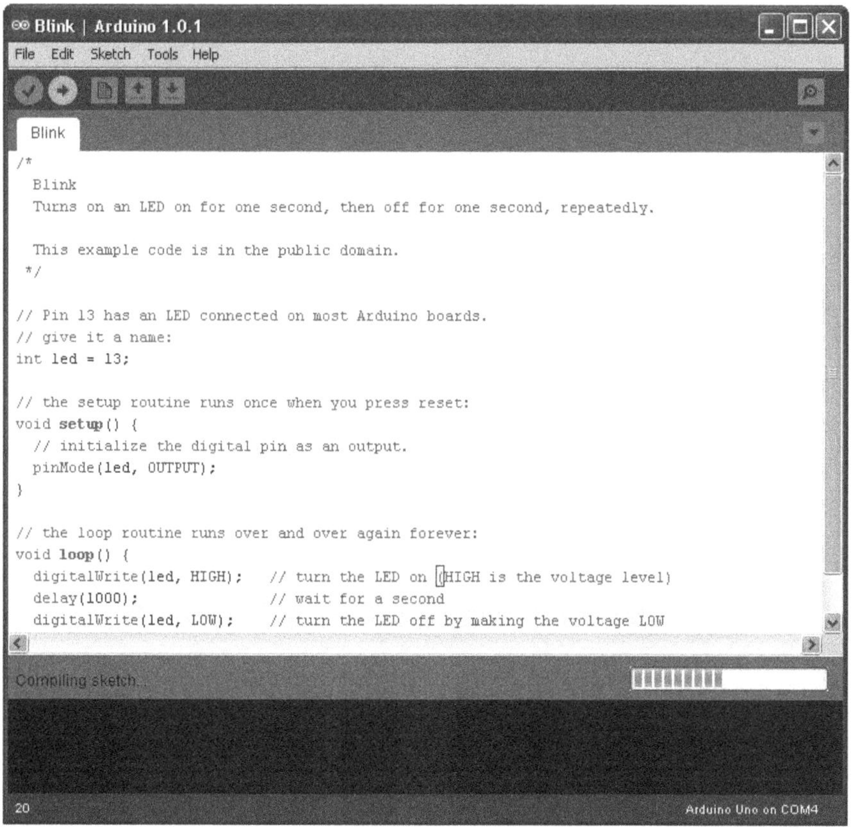

Figura 1.7 Transferindo o sketch Blink.
Fonte: do autor.

>> *Um passeio pelo Arduino*

A Figura 1.8 mostra a anatomia de uma placa de Arduino. Começando em cima, próximo do conector USB no canto esquerdo superior, está a chave de Reset (Inicialização). Clicando nela, um pulso lógico é enviado ao pino de Reset do microcontrolador. Isso inicializa a memória do microcontrolador de forma que ele possa começar a execução do programa desde o início. Observe que, no Arduino, qualquer programa armazenado é mantido, porque foi instalado em uma memória flash *não volátil* – isto é, memória que preserva os dados mesmo quando o dispositivo não está energizado.

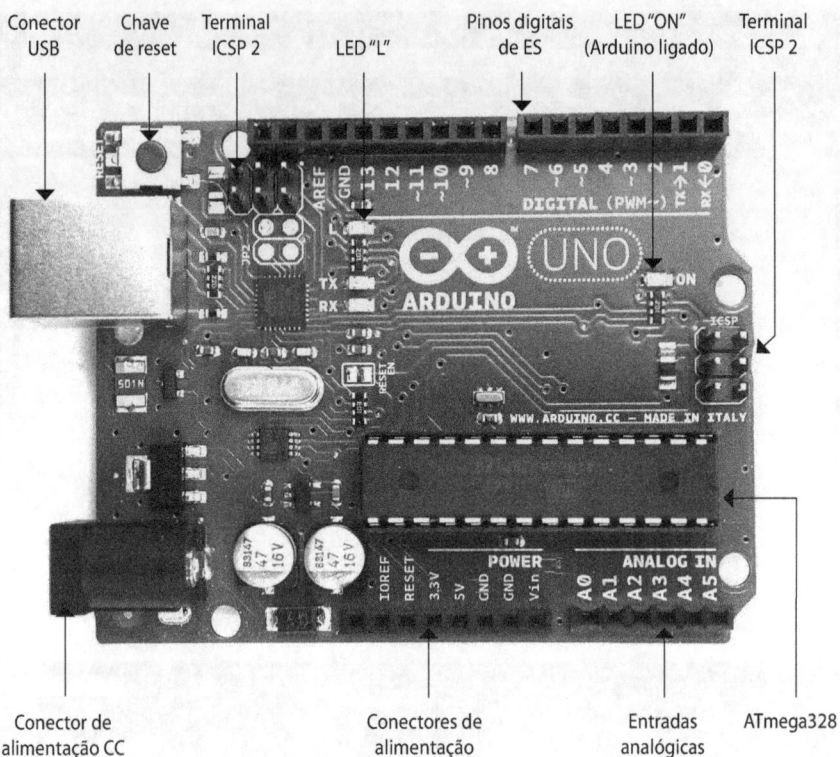

Figura 1.8 Anatomia de uma placa de Arduino.
Fonte: do autor.

» Fonte de alimentação

A alimentação elétrica do Arduino pode ser feita tanto através do conector USB como por meio do conector de alimentação CC (corrente continua) que está mais abaixo. Quando a alimentação é feita através de baterias ou de um adaptador de tensão CC, qualquer valor entre 7,5 e 12V CC pode ser fornecido através do conector de alimentação CC. O Arduino sozinho consome aproximadamente 50 mA. Assim, uma pequena bateria de 9V do tipo PP3 (200mAh) poderá alimentá-lo durante cerca de 40 horas.

Quando o Arduino está ligado, o LED "ON" (à direita no Uno e à esquerda no Leonardo) permanece aceso.

» Conexões elétricas

A seguir, examinaremos os conectores (pinos-fêmeas) na parte inferior da Figura 1.8. Excluindo o primeiro pino, você pode ler os respectivos nomes impressos na sua proximidade.

O primeiro pino, sem identificação, está reservado para uso futuro. O próximo pino, *IOREF*, indica a tensão na qual o Arduino está operando. O Uno e o Leonardo trabalham com 5V. Assim, esse pino estará sempre em 5V, mas você não o usará para nada neste livro. O seu propósito é permitir que shields conectados a Arduinos de 3V, como o Arduino Due, detectem a tensão com a qual o Arduino está operando.

O próximo pino é Reset (Inicialização). Ele tem a mesma função que o botão Reset do Arduino. Como na inicialização de um computador PC, esse conector inicializa o microcontrolador para que ele comece a execução de seu programa desde o início. O conector Reset permite que você inicialize o microcontrolador mantendo esse pino momentaneamente em nível baixo (conectando-o a GND). É muito improvável que você tenha que fazer isso, mas é bom saber que o pino está à disposição.

Os demais pinos fornecem tensões diferentes (3,3, 5, GND e 9), como está indicado. *GND*, ou *ground* (terra), significa simplesmente zero volts. É a tensão de referência à qual todas as demais tensões da placa são relativas.

Os dois pinos GND são idênticos. É útil dispor de mais de um pino GND para ligar coisas. Na parte de cima da placa há outro pino GND.

» Entradas analógicas

A próxima seção de pinos é denominada *Analog In* (Entrada Analógica), indo de 0 a 5. Esses seis pinos podem ser usados para medir os valores das tensão que estão sendo aplicadas neles. Por sua vez, esses valores podem ser utilizados em um sketch. Embora esses pinos sejam de natureza analógica, podem funcionar também como entradas ou saídas digitais. Por default, eles serão considerados entradas analógicas.

» Conexões digitais

Agora vamos passar para os pinos de cima, começando pelo lado direito (Figura 1.8). Temos pinos denominados Digital, indo de 0 a 13. Eles podem ser usados como entradas ou saídas (E/S). Quando usados como saídas, podem ser controlados a partir de um sketch. Se você ligá-los a partir do seu sketch, eles assumirão a tensão de 5V. Se você desligá-los, eles ficarão com 0V. Como nos pinos de alimentação, você deve ser cuidadoso para não ultrapassar a capacidade máxima de corrente.

Esses conectores digitais podem fornecer 40 mA (miliamperes) com 5V – mais do que suficiente para acender um LED comum, mas insuficiente para acionar diretamente um motor elétrico.

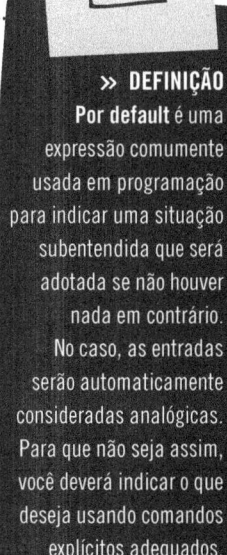

> » **DEFINIÇÃO**
> **Por default** é uma expressão comumente usada em programação para indicar uma situação subentendida que será adotada se não houver nada em contrário. No caso, as entradas serão automaticamente consideradas analógicas. Para que não seja assim, você deverá indicar o que deseja usando comandos explícitos adequados.

❯❯ Placas de Arduino

O Arduino Uno (Figura 1.1) é a versão atual da placa original de Arduino. É a placa mais comum, e geralmente é o que as pessoas subentendem quando dizem que estão utilizando um Arduino.

Os outros tipos de placas de Arduino destinam-se a satisfazer necessidades especiais, como a necessidade de mais pinos de E/S (entrada e saída), desempenho mais rápido, placa menor, capacidade para ser costurado sobre tecidos, capacidade de conexão com telefones Android, capacidade para se integrar facilmente em redes sem fio e assim por diante.

Independentemente das diferenças de hardware, cada placa é programada a partir do IDE de Arduino, com variações mínimas nas características de software que podem usar. Quando você aprende a usar uma placa de Arduino, na prática isso significa que você aprendeu a usar todas elas.

Vamos examinar a linha corrente de placas oficiais de Arduino. Há outros Arduinos além dos discutidos aqui, mas em geral tendem a não ser tão populares. Para uma lista completa de placas, acesse o site oficial do Arduino (www.arduino.cc).

❯❯ PARA SABER MAIS

Para criar dispositivos baseados em Arduino e controlá-los utilizando seu smartphone ou tablet Android, consulte o livro Projetos com Arduino e Android: use seu smartphone ou tablet para controlar o Arduino, também da série Tekne (Bookman, 2014).

❯❯ Uno e similar

A Uno R3 é a mais recente de uma série de placas "padrão" que inclui a Uno, a Duemilanove, a Diecimila e a NG. Todas essas placas usam os microprocessadores ATmega168 ou ATmega328, que são muito semelhantes. A diferença entre eles é a quantidade de memória.

Outro Arduino corrente, com o mesmo tamanho e conexões que o Uno R3, é o Arduino Leonardo (Figura 1.9). Como você pode ver, a placa é menos povoada do que a do Uno. Isso acontece porque ela usa um processador diferente. O Leonardo usa o ATmega32u4, que é similar ao ATmega328, mas contém uma interface USB embutida, removendo a necessidade dos componentes extras encontrados no Uno. Além disso, o Leonardo contém um pouco mais de memória, mais entradas analógicas e outros recursos. Ele também é mais barato do que o Uno. Sob diversos aspectos, o seu *design* também é melhor.

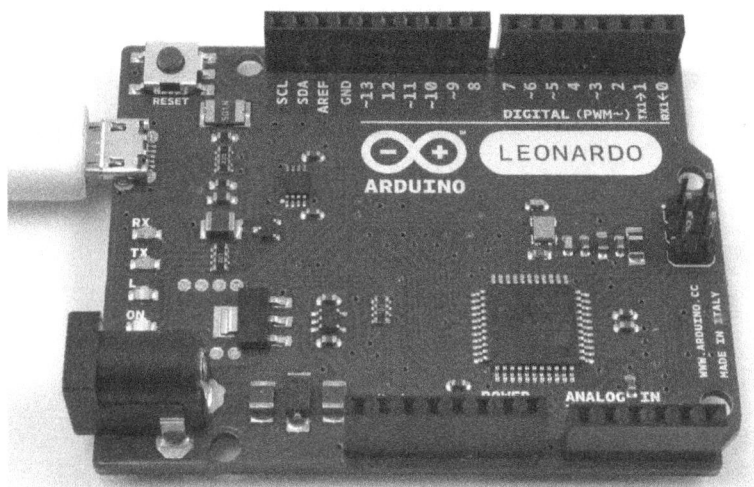

Figura 1.9 O Arduino Leonardo.
Fonte: do autor.

Você deve estar se perguntando por que a placa Leonardo não é a placa de Arduino mais popular. A razão é que as melhorias oferecidas pela placa Leonardo se dão ao preço de torná-la ligeiramente incompatível com as placas Uno e suas antecessoras. Alguns shields de expansão (especialmente os mais antigos) não funcionarão no Leonardo. Com o tempo, essas diferenças deixarão de ser um problema e, quando chegarmos lá, será interessante ver se o Leonardo e seus sucessores se tornaram as placas mais populares.

O Arduino Ethernet é um que foi incluído recentemente na família de placas de Arduino. Ele combina as características básicas do Uno com uma interface Ethernet, permitindo que você o conecte a uma rede sem necessidade de incluir um shield Ethernet.

» Placas grandes de Arduino

Algumas vezes, um Uno (ou um Leonardo) não contém pinos de entrada e saída em quantidade suficiente para ser utilizado na aplicação que você está desenvolvendo. Surge então a possibilidade de escolher entre uma expansão de hardware para o Uno ou optar por uma placa maior.

Além de terem os mesmos pinos que um Uno, os Arduinos de tamanho maior têm, na lateral, uma dupla fila de pinos de entrada e saída e, nas bordas de cima e de baixo, diversos pinos extras (Figura 1.10).

Tradicionalmente, uma placa "maior" seria um Arduino Mega 2650. Como todas as placas maiores de Arduino, elas contêm quantidades maiores de cada tipo de memória. Ambos o Mega 2560 e o Mega ADK usam processadores com capacidades similares à do Arduino Uno. Entretanto, considerando tudo, o Arduino Due é

» DICA
Se você está usando um Arduino pela primeira vez, não compre uma destas placas maiores. É tentador porque elas são maiores e mais rápidas, mas apresentam problemas de compatibilidade com os shields e você se sairá muito melhor com uma placa Uno "padrão".

Figura 1.10   O Arduino Due.
Fonte: do autor.

o que tem a maior capacidade. Isso vem na forma de um processador de 84 MHz (comparado com os 16 Mhz de um Uno), mas à custa de problemas de compatibilidade. O maior desses problemas é que o Due opera com 3,3V em vez dos 5V da maioria dos Arduinos anteriores. Sem chegar a ser surpreendente, isso significa que muitos shields de Arduino são incompatíveis com o Due.

Entretanto, para projetos mais exigentes, essa placa tem muitas vantagens:

- Muita memória para programação e dados
- Capacidade para gerar música em hardware (conversores digitais-analógicos em hardware)
- Quatro portas seriais
- Duas portas USB
- Interfaces USB host e OTG
- Emulação USB de teclado e mouse

» Placas pequenas de Arduino

Assim como o Uno é pequeno demais para alguns projetos, ele também pode ser grande demais para outros. Embora as placas de Arduino sejam baratas, os custos poderão ficar elevados se você começar a instalar placas de forma permanente em cada projeto que fizer. Encontram-se à disposição placas de Arduino menores e "profissionais", que foram projetadas para serem fisicamente menores do que um Uno comum ou para baixar custos. Dessa forma, elas não contêm os recursos que não são necessários na maioria dos projetos.

A Figura 1.11 mostra uma placa de Arduino Mini. Essa placa não tem interface USB. No lugar dela, você precisa de um módulo separado para programar as placas. Assim como a placa Mini, há também Nanos e Micros que já têm USBs embutidas, mas custando mais.

Figura 1.11 Um Arduino Mini e um programador.
Fonte: do autor.

» Placas LilyPad e LilyPad USB

Dois dos Arduinos mais interessantes são o LilyPad (Figura 1.12) e o LilyPad USB, lançado recentemente. As suas placas foram projetadas para serem costuradas em vestimentas usando fios de linha condutora de eletricidade. Encontram-se à disposição também módulos LilyPad similares – para LEDs, chaves, acelerômetros, etc. As placas mais antigas de LilyPad requerem uma interface USB separada, a mesma necessária para o Arduino Mini. Entretanto, essas placas estão sendo gradualmente substituídas pela placa Arduino LilyPad USB, que já vem com um conector USB embutido.

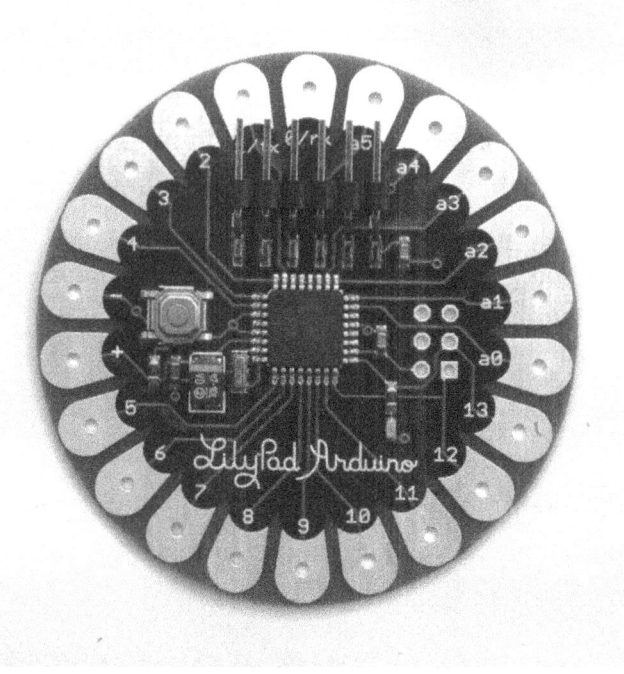

Figura 1.12 Um Arduino LilyPad.
Fonte: do autor.

» Arduinos não oficiais

Assim como dispomos da placa "oficial", há também versões não oficiais e variações no hardware do Arduino, tendo em vista a sua condição de projeto aberto. Os clones fiéis do Arduino são fáceis de serem encontrados no eBay e em outros sites similares. São simplesmente cópias dos arduinos oficiais. O que há de interessante nesses clones é o preço mais em conta. Há também algumas versões interessantes baseadas em Arduino que oferecem características extras.

Dois exemplos que merecem ser examinados desse tipo de placa são

- **EtherTen**   Uma placa de Arduino do tipo Ethernet (www.freetronics.com/products/etherten)
- **Leostick**   Uma placa do tipo Leonardo, de pouca espessura com conector USB embutido (www.freetronics.com/collections/arduino/products/leostick)

Agora que você tem mais informação sobre o hardware de um Arduino, podemos voltar à sua programação.

» *Linguagem de programação*

Uma concepção errônea a respeito do Arduino é que ele tem a sua própria linguagem de programação. Na realidade, ele é programado em uma linguagem denominada C. Essa linguagem já existe desde os primeiros dias da computação. O que o Arduino proporciona é um conjunto simples de comandos de fácil uso escrito em C que você pode usar em seus programas.

Os mais tradicionais poderão dizer que o Arduino usa C++, a extensão orientada a objetos da linguagem C. Rigorosamente falando, isso é verdade, mas o Arduino dispõe de somente 1 ou 2Kb de memória. Como resultado, as práticas encorajadas pela programação orientada a objetos não são uma boa ideia quando aplicadas ao Arduino. Na prática, fora alguns casos especiais, você está de fato programando em C.

Vamos começar modificando o sketch Blink (pisca).

» *Modificando o sketch Blink*

É possível que o Arduino tenha começado a piscar quando você o ligou pela primeira vez. Isso aconteceu porque o Arduino costuma vir com o sketch Blink já instalado.

Se for o caso, então você gostará da ideia de ver se consegue modificar o sketch. Para isso, você pode, por exemplo, alterar a velocidade do pisca-pisca. Vamos examinar o sketch Blink para ver como modificá-lo e fazer o LED piscar mais rapidamente.

A primeira parte do sketch é apenas um comentário dizendo o que o sketch faz. Um comentário não é um trecho executável de código de programa. Quando o sketch está sendo preparado para ser transferido ao Arduino, todos esses "comentários" são removidos. Qualquer coisa entre /* e */ (comentário em bloco) é ignorada pelo computador, mas pode ser lida por você.

```
/*
  Blink
  Liga um LED por um segundo, depois o desliga por um segundo, repetidamente.
  O código desse exemplo é de domínio público.
*/
```

A seguir, há dois comentários em linhas individuais, como os comentários em bloco, exceto que eles começam com //. Esses comentários dizem o que está acontecendo. Nesse caso, o comentário auxilia dizendo que o pino 13 é o pino que usaremos para controlar o pisca-pisca do LED. Esse pino foi escolhido porque já está conectado ao LED "L" que faz parte do Arduino Uno.

```
// Na maioria das placas de Arduino, há um LED conectado ao pino 13.
// Chamaremos esse pino de "led":
int led = 13;
```

A próxima parte do sketch é a função **setup** (inicialização). Todo sketch de Arduino deve ter uma função **setup**. Essa função é executada sempre que o Arduino é submetido a um reset (inicialização) porque o botão Reset foi pressionado (como o comentário afirma) ou porque o Arduino foi ligado.

```
// A rotina de setup é executada quando você pressiona o botão reset:
void setup() {
  // Inicializar o pino digital como sendo uma saída (OUTPUT).
  pinMode(led, OUTPUT);
}
```

A estrutura desse texto é um pouco confusa para quem está começando a programar. Uma *função* é uma seção do código do programa (sketch) que recebeu um nome (nesse caso, o nome é **setup**). Por enquanto, use o texto anterior como modelo e saiba que você deve iniciar o seu sketch com o comando **void setup(){** na primeira linha. A seguir, você deve incluir os comandos que deseja executar, cada um em uma linha terminada com um ponto e vírgula (;). O final da função é assinalado com o símbolo }.

Nesse caso, o único comando que o Arduino executará é o comando **pinMode(led, OUTPUT)**, que faz o pino (led) ser uma saída (OUTPUT).

A seguir vem a parte saborosa do sketch, a função **loop** (laço).

Assim como a função **setup**, todo sketch de Arduino deve conter uma função **loop** (laço de repetição). Diferentemente de **setup**, que é executada uma única vez depois de um reset, a função **loop** é executada repetidas vezes, indefinidamente. Isto é, após a execução de todas as suas instruções, ela volta a ser executada.

Na função **loop**, para acender o LED, devemos executar a instrução **digitalWrite(led,HIGH)**, que "escreve" (write) um nível alto (HIGH) no pino digital "led." A seguir, há uma pausa, ou retardo (delay), na execução do sketch, obtida por meio do comando **delay(1000)**. O valor 1000 significa 1000 milissegundos ou 1 segundo. Então você apaga o LED e espera por outro segundo antes que todo o processo comece novamente.

```
// A rotina loop é executada repetidas vezes, indefinidamente:
void loop() {
  digitalWrite(led, HIGH);     // Acender o LED (o nível da tensão é HIGH (alto)).
  delay(1000);                 // Esperar (delay) um segundo.
  digitalWrite(led, LOW);      // Apagar o LED baixando (LOW) o nível da tensão.
  delay(1000);                 // Esperar um segundo.
}
```

Para modificar esse sketch de modo que o LED pisque mais rapidamente, mude o valor de 1000 para 200 nos dois lugares onde aparece. Essas mudanças são feitas na função **loop**. Desse modo, a sua função será como se mostra a seguir:

```
void loop() {
  digitalWrite(led, HIGH);     // Acender o LED (o nível da tensão é HIGH (ALTO)).
  delay(200);                  // Esperar (delay) um segundo.
  digitalWrite(led, LOW);      // Apagar o LED baixando (LOW) o nível da tensão.
  delay(200);                  // Esperar um segundo.
}
```

Se você tentar salvar o sketch antes de transferi-lo (upload), o IDE do Arduino irá lembrá-lo de que o sketch "só pode ser lido" (read-only), porque se trata de um exemplo. Entretanto, ele dá a opção de salvá-lo como cópia que, então, poderá ser modificada segundo o seu desejo.

Não é necessário fazer isso. Você pode simplesmente fazer upload do sketch sem salvá-lo antes. Se decidir salvar esse ou outros sketches, você os encontrará no menu File | Sketchbook do IDE.

Assim, de qualquer modo, clique novamente no botão Upload e, quando a transferência estiver completa, o Arduino se inicializará automaticamente e o LED deverá começar a piscar muito mais rapidamente.

» Variáveis

Uma variável dá um nome a um número. Na realidade, as variáveis são capazes de muito mais, mas por enquanto nós as usaremos com essa finalidade.

Quando você define uma variável em C, deve especificar o tipo da variável. Por exemplo, se deseja que suas variáveis sejam números inteiros, você deverá usar *int*, de *integer* (inteiro). Para definir uma variável de nome **delayPeriod** (período do retardo) com um valor de **200**, você deve escrever:

```
int delayPeriod = 200;
```

Observe que, como **delayPeriod** é um nome, não deve haver espaços entre as palavras do nome. Por convenção, no nome de uma variável constituído por diversas palavras, a primeira palavra começa com letra minúscula e cada palavra seguinte começa com letra maiúscula. Essa forma de escrever é conhecida como *camel case*, ou *bumpy case*.

Vamos aplicar esse recurso ao sketch Blink. Assim, em vez de escrever o valor 200 de retardo, usaremos uma variável que chamaremos de **delayPeriod**:

```
int led = 13;
int delayPeriod = 200;

void setup()
{
  pinMode(led, OUTPUT);
}

void loop()
{
 digitalWrite(led, HIGH);
 delay(delayPeriod);
 digitalWrite(led, LOW);
 delay(delayPeriod);
}
```

Nos lugares do sketch onde antes havíamos escrito **200**, agora temos **delayPeriod**.

Agora, se quisermos fazer o sketch piscar mais rapidamente, basta alterar o valor de **delayPeriod** em um único lugar.

❯❯ *If*

Normalmente, as linhas do programa são executadas sequencialmente, uma depois da outra, sem exceção. No entanto, o que faremos se não quisermos que seja assim? O que fazer se quisermos executar uma parte do sketch somente se uma dada condição for verdadeira?

Um bom exemplo disso seria fazer alguma coisa somente se um botão, conectado ao Arduino, fosse apertado. O código seria algo como:

```
void setup()
{
  pinMode(5, INPUT_PULLUP);
  pinMode(9, OUTPUT);
}

void loop()
{
  if (digitalRead(5) == LOW;
  }
    digitalWrite(9, HIGH);
  }
}
```

Nesse caso, a condição está logo após o comando **if** (se). A condição é de que o valor lido (read) no pino digital 5 deve ter o valor **LOW** (baixo). O símbolo composto de dois sinais de igual (==) é usado para comparar dois valores. Pode ser facilmente confundido com o sinal simples de igual, que atribui valor a uma variável. Se a condição do **if** for verdadeira, os comandos dentro dos sinais de chaves ({}) serão executados. Nesse caso, a ação consiste em fazer com que a saída digital **9** tenha um nível alto (**HIGH**).

Se essa condição não for verdadeira, o Arduino simplesmente continuará com a execução da próxima coisa a ser feita. Nesse caso, é a função **loop** que é executada novamente.

>> Loops

Além de executar comandos de forma condicional, também pode ser necessário que o sketch execute comandos repetidas vezes de forma contínua. Para tanto, você coloca os comandos dentro da função **loop** do sketch. Isso é o que acontece no exemplo Blink.

Algumas vezes, entretanto, pode ser necessário ser mais específico sobre o número de vezes que você deseja repetir alguma coisa. Você pode conseguir isso com o comando **for**, que é um laço de repetição no qual é permitido usar uma variável de contagem. Por exemplo, vamos escrever um sketch que pisca o LED dez vezes. Mais adiante você verá por que essa abordagem pode ser considerada abaixo do ideal em algumas circunstâncias, mas por enquanto será suficiente.

```
// sketch 01_01_blink_10
int ledPin = 13;
int delayPeriod = 200;
void setup()
{
  pinMode(ledPin, OUTPUT);
}
void loop()

{
  for (int i = 0; i < 10; i++)
  {
    digitalWrite(ledPin, HIGH);
    delay(delayPeriod);
    digitalWrite(ledPin, LOW);
    delay(delayPeriod);
  }
}
```

O comando **for** define uma variável de nome **i** e atribui o valor inicial **0** a ela. Após o ponto e vírgula (;), aparece o texto **i < 10**. Essa é a condição para permanecer dentro do laço de repetição **for**. Em outras palavras, enquanto **i** for menor que **10**, siga fazendo as coisas que estão dentro das chaves ({}).

A última parte do comando **for** é **i++**. Essa é uma forma abreviada da linguagem C para o comando "i = i + 1", que acrescenta 1 ao valor de **i**. O valor 1 é adicionado a **i** sempre que o **loop** é repetido. Esse é o mecanismo que assegura a saída para fora do **loop**, porque, se ficarmos acrescentando 1 a **i**, acabaremos alcançando um valor maior que 10.

>> NO SITE

Como esse é o primeiro sketch completo, o seu nome é dado na forma de um comentário no início do arquivo. Todos os sketches cujos nomes têm essa forma podem ser baixados do site do autor: www.simonmonk.org. Para instalar todos os sketches no ambiente Arduino, descompacte (unzip) o arquivo que contém os sketches, colocando-os na pasta Arduino, que você encontrará dentro da pasta Meus Documentos. O IDE de Arduino automaticamente cria essa pasta quando você o executa pela primeira vez.

>> Funções

Funções são uma forma de agrupar um conjunto de comandos de programa em um bloco único. Isso ajuda a dividir o sketch em blocos administráveis, facilitando o seu uso.

Por exemplo, vamos escrever um sketch que faz o Arduino piscar rapidamente 10 vezes no início da execução do sketch e, após, piscar uma vez a cada segundo.

Leia inteiramente a seguinte listagem do sketch. Após, eu explicarei o que está acontecendo.

```
// sketch 01_02_blink_fast_slow
int ledPin = 13;
void setup()
{
  pinMode(ledPin, OUTPUT);
  flash(10, 100);
}
void loop()
{
  flash(1, 500);
}
```

```
void flash(int n, int delayPeriod)
{
  for (int i = 0; i < n; i++)
  {
    digitalWrite(ledPin, HIGH);
    delay(delayPeriod);
    digitalWrite(ledPin, LOW);
    delay(delayPeriod);
  }
}
```

Agora, a função **setup** contém a linha que diz **flash(10, 100);**. Isso significa piscar (flash) **10** vezes com um **delayPeriod** (período de retardo) de **100** milissegundos. Como o comando **flash** não é um comando interno do Arduino, você mesmo deve criar essa função de muita serventia.

A definição da função está no final do sketch. A primeira linha dessa definição de função é

```
void flash(int n, int delayPeriod)
```

Isso diz ao Arduino que você está definindo a sua própria função, que terá o nome **flash** e dois parâmetros, ambos do tipo **int**. O primeiro é **n**, o número de vezes que o LED deve piscar, e o segundo é **delayPeriod**, o tempo entre ligar e desligar o LED.

Esses dois parâmetros podem ser usados somente dentro da função. Assim, **n** é usado no comando **for** para determinar quantas vezes o laço deve ser repetido e **delayPeriod** é usado dentro do comando **delay**.

A seguir, aparece a função **loop**, que também usa a função **flash** que acabamos de ver. Agora, ela é executada com um **delayPeriod** mais longo e faz o LED piscar apenas uma vez a cada repetição do **loop**. Como ela está dentro do **loop**, o resultado é que o LED ficará piscando continuamente de qualquer forma.

» Entradas digitais

Para obter o máximo desta seção, você precisará de um pedaço de fio ou clipe de papel. Se você usar um clipe, desentorte-o para deixá-lo reto.

Carregue o seguinte sketch e execute-o:

```
// sketch 01_03_paperclip
int ledPin = 13;
int switchPin = 7;
```

```
void setup()
{
  pinMode(ledPin, OUTPUT);
  pinMode(switchPin, INPUT_PULLUP);
}
void loop()
{
  if (digitalRead(switchPin) == LOW)
  {
    flash(100);
  }
  else
  {
    flash(500);
  }
}
void flash(int delayPeriod)
{
  digitalWrite(ledPin, HIGH);
  delay(delayPeriod);
  digitalWrite(ledPin, LOW);
  delay(delayPeriod);
}
```

Use o pedaço de fio ou clipe para conectar o pino GND ao pino digital 7, como mostrado na Figura 1.13. Você pode fazer isso com o Arduino conectado ao computador, mas somente após ter carregado o sketch. A razão é que, se em algum sketch anterior o pino 7 foi definido como saída, então ele será danificado se for conectado ao pino GND. Como o sketch está definindo o pino 7 como entrada, então podemos ficar seguros.

O que deverá acontecer é o seguinte: quando o clipe de papel está conectado, o LED pisca rapidamente, e quando não está conectado, pisca lentamente.

Vamos dissecar o sketch e ver como ele funciona.

Primeiro, temos uma nova variável, denominada **switchPin** (pino da chave). Essa variável é atribuída ao pino 7. Assim, o clipe de papel atuará como uma chave. Na função **setup**, quando usamos o comando **pinMode** (modo do pino) estamos especificamos que esse pino será uma entrada. O segundo argumento de **pinMode** não é simplesmente **INPUT** (entrada), mas **INPUT_PULLUP** (entrada puxada para cima). Por *default*, isso diz ao Arduino que a entrada ficará normalmente em nível alto (**HIGH**), a menos que seja puxada para baixo (**LOW**) quando a conectamos ao pino GND (com o clipe de papel).

Na função **loop**, usamos o comando **digitalRead** (leitura digital) para testar qual é o valor presente no pino de entrada. Se for **LOW** (clipe conectado), então será chamada a função **flash** com o parâmetro **100** (valor do **delayPeriod**). Com isso, o LED pisca rapidamente.

Figura 1.13   Usando uma entrada digital.
Fonte: do autor.

Por outro lado, se a entrada for **HIGH**, os comandos da parte **else** do **if** serão executados. Com isso, a mesma função **flash** será chamada, mas com um retardo muito maior, fazendo o LED piscar lentamente.

A função **flash** definida nesse sketch é uma versão simplificada da que você usou no sketch anterior. Ela se limita a piscar uma única vez com o período especificado.

No caso de módulos ligados ao Arduino, as saídas digitais não funcionam como chaves, que produzem apenas um nível. Na realidade, essas saídas produzem ambos os níveis **HIGH** ou **LOW**. Nesse caso, você pode usar **INPUT** em vez de **INPUT_PULLUP** na função **pinMode**.

» ATENÇÃO

Quando o clipe está conectado ao pino GND (terra), a entrada está recebendo um nível baixo (LOW). No entanto, quando o clipe não está conectado ao GND, a entrada não está recebendo nada. Ou seja, com o clipe só obtemos um nível, o LOW. Nessa situação, usamos INPUT_PULLUP. Com isso, quando a entrada não estiver recebendo nada, estando em aberto, a eletrônica interna do Arduino produzirá um nível HIGH na entrada.

» Saídas digitais

Do ponto de vista de programação, não há muito mais o que dizer sobre saídas digitais. Você já as usou com o pino 13, que está conectado ao LED do Arduino.

A essência de uma saída digital é defini-la como saída dentro da função **setup** usando o seguinte comando:

```
pinMode(outputPin, OUTPUT);
```

Quando quer colocar a saída em nível **HIGH** ou **LOW**, você usa o comando **digitalWrite** (escrita digital):

```
digitalWrite(outputPin, HIGH);
```

» O Monitor Serial

Como o Arduino está conectado ao seu computador por USB, você pode enviar mensagens entre os dois usando um recurso do IDE de Arduino denominado *Serial Monitor* (Monitor Serial).

Para ilustrar, vamos modificar o sketch 01_03 de modo que, quando a entrada digital 7 está em nível LOW, ele envia uma mensagem em vez de alterar a velocidade de pisca-pisca do LED.

Carregue este sketch:

```
// sketch 01_04_serial
int switchPin = 7;
void setup()
{
  pinMode(switchPin, INPUT_PULLUP);
  Serial.begin(9600);
}
void loop()
{
  if (digitalRead(switchPin) == LOW)
  {
    Serial.println("Paperclip connected");
  }
  else
  {
    Serial.println("Paperclip NOT connected");
  }
  delay(1000);
}
```

Agora abra o Monitor Serial no IDE de Arduino clicando no ícone parecido com uma lupa na barra de ferramentas. Imediatamente, você começará a ver algumas

```
/dev/tty.usbmodem241131
                                            [ Send ]
Paperclip connected
Paperclip connected
Paperclip connected
Paperclip connected
Paperclip connected
Paperclip NOT connected
Paperclip NOT connected
Paperclip NOT connected
Paperclip NOT connected
Paperclip NOT connected




☑ Autoscroll         [ No line ending ♦ ] [ 9600 baud ♦ ]
```

Figura 1.14 O Monitor Serial.
Fonte: do autor.

mensagens, uma a cada segundo (Figura 1.14). As mensagens poderão ser "Paperclip connected" (Clipe de papel conectado) ou "Paperclip NOT connected" (Clipe de papel NÃO conectado).

Desconecte uma das extremidades do clipe de papel e você verá a mensagem mudar.

Como você não está mais usando o LED do Arduino, não precisa mais da variável **ledPin**. Em vez disso, você deve usar o comando **Serial.begin** (iniciar serial) para iniciar as comunicações seriais. O parâmetro é o "baud rate" (taxa de bauds). No Capítulo 13, você encontrará muito mais informações sobre comunicação serial.

Para escrever mensagens e enviá-las ao Monitor Serial, tudo o que você precisa fazer é usar o comando **Serial.println** (imprimir linha serial).

Nesse exemplo, o Arduino está enviando mensagens ao Monitor Serial.

» Arrays e strings

Arrays são uma forma de agrupar uma lista de valores. Cada uma das variáveis que você encontrou até agora continha apenas um único valor, geralmente do tipo **int**. Já um array contém uma lista de valores e você pode acessar qualquer um desses valores pela sua posição na lista.

A linguagem C, como a maioria das linguagens de programação, inicia a indexação das posições em 0 em vez de 1. Isso significa que o primeiro elemento é, na realidade, o elemento zero.

Na última seção, quando você conheceu o Monitor Serial, viu um tipo de array. Mensagens como **"Paperclip NOT connected"** ("Clipe de papel NÃO conectado") são denominadas *arrays de caracteres* porque basicamente são coleções de caracteres.

Por exemplo, vamos ensinar o Arduino a dizer algumas "bobagens" por meio do Monitor Serial.

O seguinte sketch tem um array de arrays de caracteres. O sketch escolherá ao acaso um deles e o exibirá no Monitor Serial depois de um tempo aleatório. Esse sketch tem a vantagem adicional de lhe mostrar como produzir números aleatórios (randômicos) com um Arduino.

```
// sketch 01_05_gibberish
char* messages[] = {
            "My name is Arduino",           // "Meu nome é Arduino"
            "Buy books by Simon Monk",  // "Compre livros de Simon Monk"
            "Make something cool with me",   // "Faça algo legal comigo"
            "Raspberry Pis are fruity"};     // "Raspberry Pis são saborosos"
void setup()
{
  Serial.begin(9600);
}
void loop()
{
  int delayPeriod = random(2000, 8000);
  delay(delayPeriod);
  int messageIndex = random(4);
  Serial.println(messages[messageIndex]);
}
```

As mensagens ou *strings*, como também são denominadas as coleções de caracteres, utilizam um tipo de dado denominado **char***. O sinal * é um apontador para alguma coisa. Trataremos desse tópico avançado sobre apontadores no Capítulo 6. Os sinais [] no fim da declaração de variável indicam que a variável é um array do tipo **char*** e não simplesmente um único caractere do tipo **char***.

Dentro da função **loop**, o valor de **delayPeriod** (período de retardo) é atribuído de forma aleatória entre **2000** e **7999** (o segundo argumento da função "**random**" é exclusivo).[†] Então, uma pausa com essa duração é iniciada por meio da função **delay** (retardo).

[†] N. de T.: Isso significa que o segundo argumento é excluído do intervalo válido de valores inteiros. Como os argumentos da função random são 2000 e 8000, resulta que o intervalo válido é de 2000 a 7999 e não de 2000 a 8000.

A variável **messageIndex** (índice mensagem) também recebe um valor aleatório usando a função **random**. No entanto, dessa vez a função **random** recebe apenas um argumento como parâmetro. Nesse caso, um número aleatório entre 0 e 3 é gerado como índice para a mensagem que será exibida.

Finalmente, a mensagem contida na posição dada pelo índice é enviada ao Monitor Serial. Teste o sketch, não esquecendo de abrir o Monitor Serial.

» *Entradas analógicas*

Os pinos do Arduino de A0 até A5 podem medir a tensão aplicada neles. A tensão deve estar entre 0 e 5V. A função interna do Arduino que faz isso é a **analogRead** (leitura analógica), a qual retorna um valor entre 0 e 1013: o valor 0 corresponde a 0V e 1023, a 5V. Assim, para converter esse número lido em um valor entre 0 e 5, o número lido deve ser dividido por 204,6 (de 1023/5).

Para medir a tensão, o tipo de dado ideal não é **int** porque ele só representa números inteiros. Seria bom conhecer também a parte fracionária da tensão. Para isso, você deverá usar o tipo de dado **float** (flutuante).

Carregue esse sketch de leitura analógica (analog) no Arduino e em seguida instale o clipe de papel entre o pino A0 e o de 3,3V (Figura 1.15).

```
// sketch 01_06_analog
int analogPin = A0;

void setup()
{
  Serial.begin(9600);
}
void loop()
{
  int rawReading = analogRead(analogPin);
  float volts = rawReading / 204.6;
  Serial.println(volts);
  delay(1000);
}
```

> » **ATENÇÃO**
> Não conecte entre si nenhuma das tensões de alimentação (5V, 3,3V ou GND). A criação desse curto-circuito provavelmente danificará o seu Arduino e até mesmo o seu computador.

Abra o Monitor Serial e uma sequência de números deverá aparecer (Figura 1.16). Os seus valores deverão estar próximos de 3,3.

Se você mantiver uma das extremidades do clipe em A0 e mudar de lugar a outra extremidade inserindo-a em 5V, as leituras passarão para valores em torno de 5V. Se você deslocar esta mesma extremidade para GND, as leituras serão de 0V.

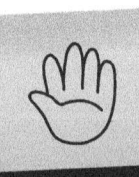

Figura 1.15   Conectando 3,3V a A0.
Fonte: do autor.

Figura 1.16   Leitura de tensões.
Fonte: do autor.

» Saídas analógicas

Na realidade, o Arduino Uno não produz saídas verdadeiramente analógicas (para isso você precisaria de um Arduino Due). No entanto, ele tem pinos que são capazes de produzir saídas moduladas por largura de pulso (PWM, *pulse width modulation*). Isso permite que uma forma aproximada de saída analógica seja produzida pelo controle da duração de cada pulso de uma sequência, como você pode ver na Figura 1.17.

Quanto mais tempo o pulso permanecer em nível alto (HIGH), maior será a tensão média do sinal. Como são cerca de 600 pulsos por segundo e a maioria das coisas que você conecta a uma saída PWM responde muito lentamente, o efeito resultante é uma mudança no valor da tensão.

Em um Arduino Uno, os pinos marcados com um pequeno sinal ~ (pinos 3, 5, 6, 9, 10 e 11) podem ser usados como saídas analógicas.

Se você tiver um multímetro, coloque-o na escala de 20V CC (DC). A seguir, conecte a ponteira positiva ao pino digital 6 e a negativa ao pino GND (Figura 1.18). Então, carregue o sketch PWM seguinte:

```
// sketch 01_07_pwm
int pwmPin = 6;

void setup()
{
  pinMode(pwmPin, OUTPUT);
  Serial.begin(9600);
}

void loop()
{
  if (Serial.available())
  {
    int dutyCycle = Serial.parseInt();
    analogWrite(pwmPin, dutyCycle);
  }
}
```

Abra o Monitor Serial e digite um número entre 0 e 255 na janela de entrada de texto na parte superior da tela próximo do botão Send (enviar). A seguir, aperte o botão Send e você verá no seu multímetro que a tensão mudará. Ao enviar um valor 0, deve resultar uma tensão em torno de 0V. O valor 127 corresponde a um valor entre 0 e 5V (2,5V, aproximadamente), e o valor 255 deverá produzir um valor próximo de 5V.

Nesse sketch, a função **loop** começa com um comando **if** (se). A condição para o **if** é **Serial.available()** (serial disponível). Isso significa que, se o Serial Monitor tiver enviado para o Arduino uma mensagem que está disponível e pronta para ser lida, os comandos contidos entre os sinais {} serão executados. Nesse caso, o comando **Serial.parseInt** converte a mensagem que você digitou no Monitor Serial para o tipo **int**, colocando o resultado na variável **dutyCycle** (ciclo de trabalho). O valor inteiro resultante é então usado como argumento de **analogWrite** (escrita analógica) que ativará a saída PWM.

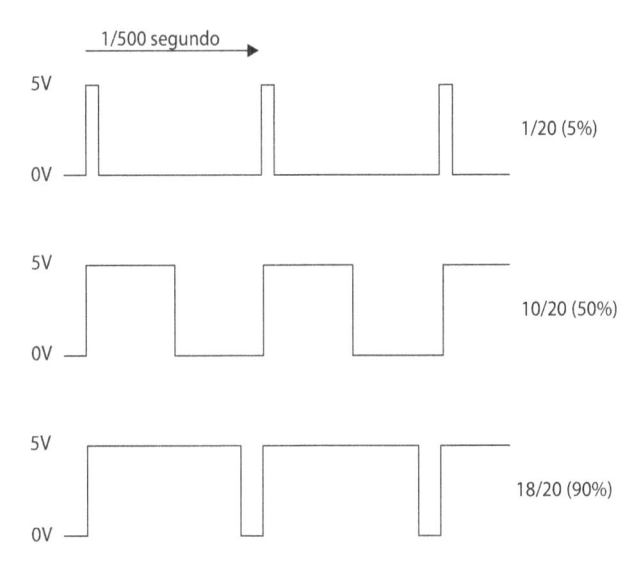

Figura 1.17 Modulação por largura de pulso.
Fonte: do autor.

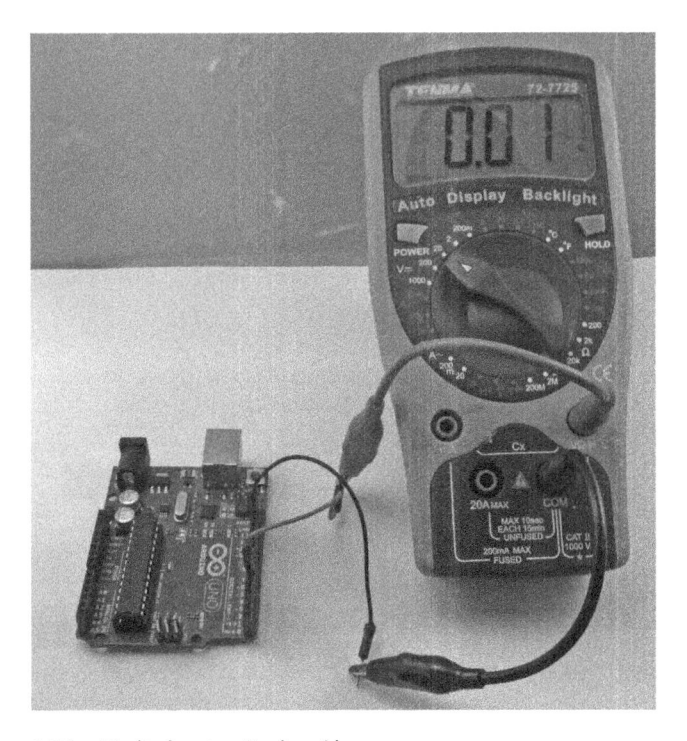

Figura 1.18 Medindo a tensão de saída.
Fonte: do autor.

» Como usar bibliotecas

Como as placas de Arduino têm uma quantidade bem limitada de memória, você achará válido que seja incluído apenas o código que será usado de fato em uma aplicação de Arduino. Uma maneira de conseguir isso é com o uso de bibliotecas. No Arduino, e em C em geral, uma *biblioteca* (*library*) é uma coleção de funções úteis.

Assim, por exemplo, o IDE de Arduino contém uma biblioteca que permite o uso de um display LCD. Para isso, são necessários cerca de 1,5kB de memória de programa. Não faz sentido incluir essa biblioteca a não ser que você vá realmente usá--la. Portanto, essa biblioteca é "incluída" somente quando necessária.

Para conseguir isso, você deve usar a diretiva **#include** (incluir) no começo do sketch. Você pode incluir um comando **include** para qualquer biblioteca que já tenha sido previamente instalada no IDE de Arduino. Para instalar uma biblioteca, usamos a opção de menu Sketch | Import Libray ... (Sketch | Importar Biblioteca ...).

O IDE de Arduino contém uma seleção ampla de bibliotecas "oficiais", incluindo:

- **EEPROM** Para o armazenamento em memória EEPROM
- **Ethernet** Para programação de rede
- **Firmata** A forma padrão de comunicação serial entre Arduino e computador
- **LiquidCrystal** Para displays LCD alfanuméricos
- **SD** Para ler e escrever em cartões SD de memória flash
- **Servo** Para controlar servomotores
- **SPI** O barramento de comunicação entre Arduino e periféricos
- **Software Serial** Para comunicação serial usando pinos não seriais
- **Stepper** Para controlar motores de passo
- **WiFi** Para acesso à rede WiFi
- **Wire** Para comunicação I2C com periféricos

Algumas bibliotecas são específicas para um dado tipo de placa de Arduino:

- **Keyboard** Emulação de teclado USB (Leonardo, Due e Micro)
- **Mouse** Emulação de mouse USB (Leonardo, Due e Micro)
- **Audio** Utilitários para áudio (Due apenas)
- **Scheduler** Para gerenciar a execução de múltiplas tarefas (Due apenas)
- **USBHost** Periféricos USB (Due apenas)

Finalmente, há um grande número de bibliotecas escritas por outros usuários de Arduino que podem ser baixadas da Internet. Algumas das mais populares são:

- **OneWire** Para leitura de dados com os dispositivos digitais da Dallas Semiconductors que utilizam a interface de barramento 1-Wire (um fio)

- **Xbee**   Para comunicação serial sem fio
- **GFX**   Uma biblioteca gráfica da Adafruit para muitos tipos diferentes de displays
- **CapSense**   Para detecção por proximidade
- **FFT**   Biblioteca para análise em frequência

Se você quiser utilizar alguma dessas últimas bibliotecas, então você deverá instalá-la baixando-a e salvando-a na pasta Libraries (bibliotecas) dentro da pasta Arduino (em Meus Documentos). Observe que, se a pasta Libraries não existir, você deverá criá-la na primeira vez que incluir uma biblioteca.

Para que o IDE de Arduino saiba que você instalou uma biblioteca, você deverá sair do IDE e executá-lo novamente.

> **» NO SITE**
> Novas bibliotecas são lançadas continuamente, podendo ser encontradas no site oficial do Arduino (http://arduino.cc/en/Reference/Libraries) ou por meio de uma busca na Internet.

» Tipos de dados do Arduino

Na linguagem C do Arduino, uma variável do tipo **int** utiliza dois bytes de dados. A menos que um sketch necessite de muita memória, a tendência é usar o tipo **int** para quase tudo, mesmo com valores inteiros pequenos e booleanos que facilmente poderiam ser representados utilizando apenas um byte.

A Tabela 1.1 contém uma lista completa de todos os tipos disponíveis de dados.

> **» NO SITE**
> Para consultar a referência de todos os comandos de Arduino, acesse a documentação oficial de Arduino em http://arduino.cc.

» Comandos do Arduino

Na biblioteca do Arduino há um grande número de comandos disponíveis. Uma seleção dos comandos mais comumente usados, juntamente com exemplos, está listada na Tabela 1.2

» PARA SABER MAIS

Por necessidade, este capítulo foi uma introdução muito resumida ao mundo do Arduino. Se você precisar de mais informações a respeito do básico, poderá encontrar muitos recursos na Internet, incluindo tutoriais grátis sobre Arduino em http://www.learn.adafruit.com.

Tabela 1.1 » **Tipos de dados na linguagem C do Arduino**

Tipo	Memória (bytes)	Intervalo	Observações
boolean	1	verdadeiro ou falso (0 ou 1)	Usado para representar valores lógicos.
char	1	−128 até +128	Usado para representar um código de caractere ASCII. Por exemplo, A é representado como 65. Normalmente, valores negativos não são usados.
byte	1	0 até 255	Frequentemente usado na comunicação serial de dados como uma unidade simples de dados. Veja o Capítulo 9.
int	2	−32768 até +32767	São valores de 16 bits com sinal.
unsigned int	2	0 até 65536	Pode ser usado para obter mais precisão quando não há necessidade de números negativos. Use com cautela, porque a aritmética que usa o tipo **int** pode produzir resultados inesperados.
long	4	2.147.483,648 até 2.147.483,647	Necessário apenas para representar números muito grandes.
unsigned long	4	0 até 4.294.967,295	*Veja* **unsigned int**.
float	4	−3.4028235E+38 até + 3.4028235E+38	Usado para representar números de ponto flutuante.
double	4	como **float**	Normalmente, seriam 8 bytes com uma precisão maior do que com **float** e um intervalo de representação maior. Entretanto, no Arduino, **double** é o mesmo que **float**.

Tabela 1.2 » Funções da biblioteca do Arduino

Comando	Exemplo	Descrição
Entrada/saída digital		
pinMode	**pinMode(8, OUTPUT);**	Define o pino 8 como sendo saída. A alternativa é que seja entrada, usando **INPUT** ou **INPUT_PULLUP**.
digitalWrite	**digitalWrite(8, HIGH);**	Faz o nível do pino 8 ser alto. Para que seja baixo, use **LOW** em vez de **HIGH**.
digitalRead	**int i;** **i = digitalRead(8);**	Faz o valor de **i** ser **HIGH** ou **LOW**, dependendo da tensão no pino especificado (neste caso, pino 8).
pulseIn	**i = pulseIn(8, HIGH)**	Retorna a duração em microssegundos do próximo pulso com nível **HIGH** no pino 8.
tone	**tone(8, 440, 1000);**	Faz o pino 8 oscilar em 440 Hz durante 1.000 milissegundos.
noTone	**noTone();**	Corta imediatamente a geração de áudio que estiver em andamento.
Entrada/saída analógica		
analogRead	**int r;** **r = analogRead(0);**	Atribui um valor a **r** entre 0 e 1023; 0 para 0V, 1023 se pino0 tiver 5V (3,3V no caso de uma placa de 3V).
analogWrite	**analogWrite(9, 127);**	Produz um sinal PWM na saída. O ciclo de trabalho apresenta um valor entre 0 e 255. 255 corresponde a 100%. Esse comando deve ser usado com qualquer pino marcado (~) como PWM na placa de Arduino (3, 5, 6, 9, 10 e 11).
Comandos de tempo		
millis	**unsigned long l;** **l = millis();**	No Arduino, o tipo de variável **long** é representado com 32 bits. O valor retornado por **millis()** é o número de milissegundos decorridos desde a última inicialização (reset). O valor volta a zero depois de aproximadamente 50 dias.
micros	**long l;** **l = micros();**	*Veja* **millis**, exceto que é em microssegundos decorridos desde a última inicialização (reset). O valor volta a zero depois de aproximadamente 70 minutos.
delay	**delay(1000);**	Retardo de 1.000 milissegundos ou um segundo.

(continua)

Tabela 1.2 Funções da biblioteca do Arduino (*continuação*)

Comando	Exemplo	Descrição
delayMicroseconds	**delayMicroseconds(100000);**	Retardo de 100.000 microssegundos. Observe que o retardo mínimo é 3 microssegundos e o máximo é em torno de 16 milissegundos.
Interrupções (veja o Capítulo 3)		
attachInterrupt	**attachInterrupt(1, myFunction, RISING);**	Associa a função **myFunction** (minha função) à ocorrência de uma transição de subida (RISING) na interrupção 1 (D3 em um Uno).
detachInterrupt	**detachInterrupt(1);**	Desabilita interrupções no pino 1 de interrupção.

… capítulo 2

Por dentro do Arduino

Uma coisa legal do Arduino é que, para carregar um sketch, você não precisa saber o que está acontecendo no interior da placa. No entanto, à medida que vai aprofundando seus conhecimentos a respeito da programação com Arduino, sentirá necessidade de conhecer melhor o seu funcionamento. Neste capítulo, exploraremos o que há dentro do Arduino: como ele funciona e o que há no interior de seu ambiente de trabalho.

Objetivos de aprendizagem

» Explicar quando, onde e por que a placa de Arduino foi desenvolvida.

» Identificar os tipos de microcontroladores utilizados pelas placas de Arduino.

» Discutir a função da biblioteca Wiring.

» Descrever como o código (sketch) é transferido para a memória flash do microcontrolador da placa de Arduino.

» Explicar o que é um programa AVR Studio e sua função.

» Instalar um bootloader.

❯❯ Uma breve história do Arduino

A primeira placa de Arduino foi desenvolvida em 2005 na Itália, no Interaction Design Institute (Instituto de Design Interativo) de Ivrea, próximo de Turim. O objetivo era projetar uma ferramenta de baixo custo e fácil uso para que estudantes de *design* pudessem usá-la na construção de sistemas interativos. O software por trás do Arduino, responsável em grande parte pelo seu sucesso, é derivado de um ambiente de trabalho de código aberto denominado Wiring. Ele também foi criado por um estudante do Instituto.

Esse software do Arduino, derivado do Wiring, se parece muito com o próprio Wiring. O IDE de Arduino foi escrito utilizando o irmão mais velho do Wiring, que pode ser executado em PCs, Macs e assim por diante. O nome desse irmão mais velho é Processing. Se você tiver um projeto no qual o seu Arduino precisa conversar com um PC por meio de USB ou Bluetooth, valerá a pena dar uma olhada no Processing.

O hardware do Arduino evoluiu ao longo dos anos, mas as placas atuais dos Arduinos Uno e Leonardo mantêm o mesmo formato básico e os pinos do original.

❯❯ Anatomia de um Arduino

A Figura 2.1 mostra a anatomia de um Arduino Uno. O Leonardo é similar, mas tem a interface USB integrada ao chip principal do microcontrolador. O Due também é similar, mas o processador é alimentado com 3,3V e não com 5V.

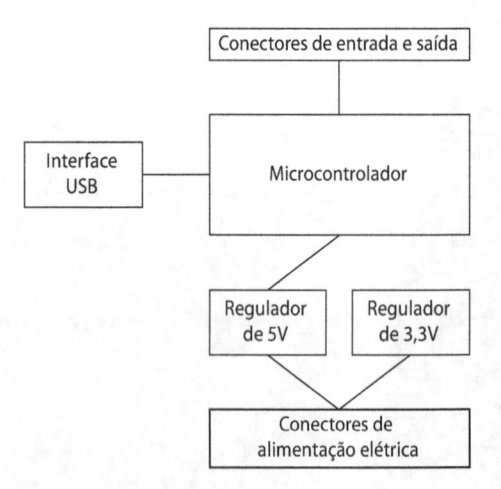

Figura 2.1 A anatomia de um Arduino Uno.
Fonte: do autor.

O Arduino nada mais é do que um chip de microcontrolador com alguns componentes de apoio. De fato, é perfeitamente possível construir um Arduino em um protoboard, usando o chip do processador e alguns poucos componentes extras. Também podemos criar uma placa de circuito impresso (PCB) em um projeto que iniciou usando um Arduino como protótipo. As placas de Arduino tornam as coisas fáceis, mas, de qualquer forma, um projeto com Arduino pode ser convertido em algo que usa apenas o microcontrolador e alguns poucos componentes de que necessita. Por exemplo, se o projeto se destinasse a ser programado apenas uma única vez, você não necessitaria da interface USB, porque poderia programar o microcontrolador em um Arduino e então transplantar o chip do microcontrolador já programado para um soquete de circuito integrado instalado em uma placa de circuito impresso ou protoboard.

Mais adiante, vamos ver como é possível programar diretamente o Arduino usando a interface ICSP (In Circuit Serial Programming).

>> Processadores AVR

Todas as placas da família Arduino utilizam microcontroladores produzidos pela Atmel. Todos têm princípios similares de projeto de hardware e, com exceção do microcontrolador usado no Due (SAM3X8E ARM Cortex-M3 CPU), eles têm *designs* semelhantes.

>> ATmega328

O ATmega328 é o microcontrolador utilizado no Arduino Uno, e seu antecessor é o Duemilanove. De fato, o ATmega168 que foi usado nas primeiras placas de Arduino é basicamente um ATmega328, mas com metade de cada tipo de memória.

A Figura 2.2 mostra as partes internas de um ATmega328, retiradas diretamente dos dados de especificação fornecidos pelo fabricante.

A unidade central de processamento (CPU – *Central Processing Unit*) é o local onde ocorre toda a ação. A CPU lê as instruções (código do sketch compilado) armazenadas na memória flash – uma instrução de cada vez. Esse processo é diferente de um computador convencional, no qual os programas são armazenados em disco e carregados em memória de acesso aleatório (RAM – *Random Access Memory*) antes de ser possível executá-los. As variáveis que você usa em seus programas são armazenadas em separado na RAM estática (SRAM). Ao contrário da memória flash que contém o código do programa, a RAM é volátil e perde seus conteúdos quando você desliga a alimentação elétrica.

Para permitir o armazenamento não volátil de dados, que não se perdem mesmo depois que a alimentação elétrica é desligada, usamos um terceiro tipo de memó-

> **>> NO SITE**
> Os dados completos podem ser obtidos em www.atmel.com/Images/doc8161.pdf. Vale a pena consultá-los para aprender como funciona internamente esse microcontrolador.

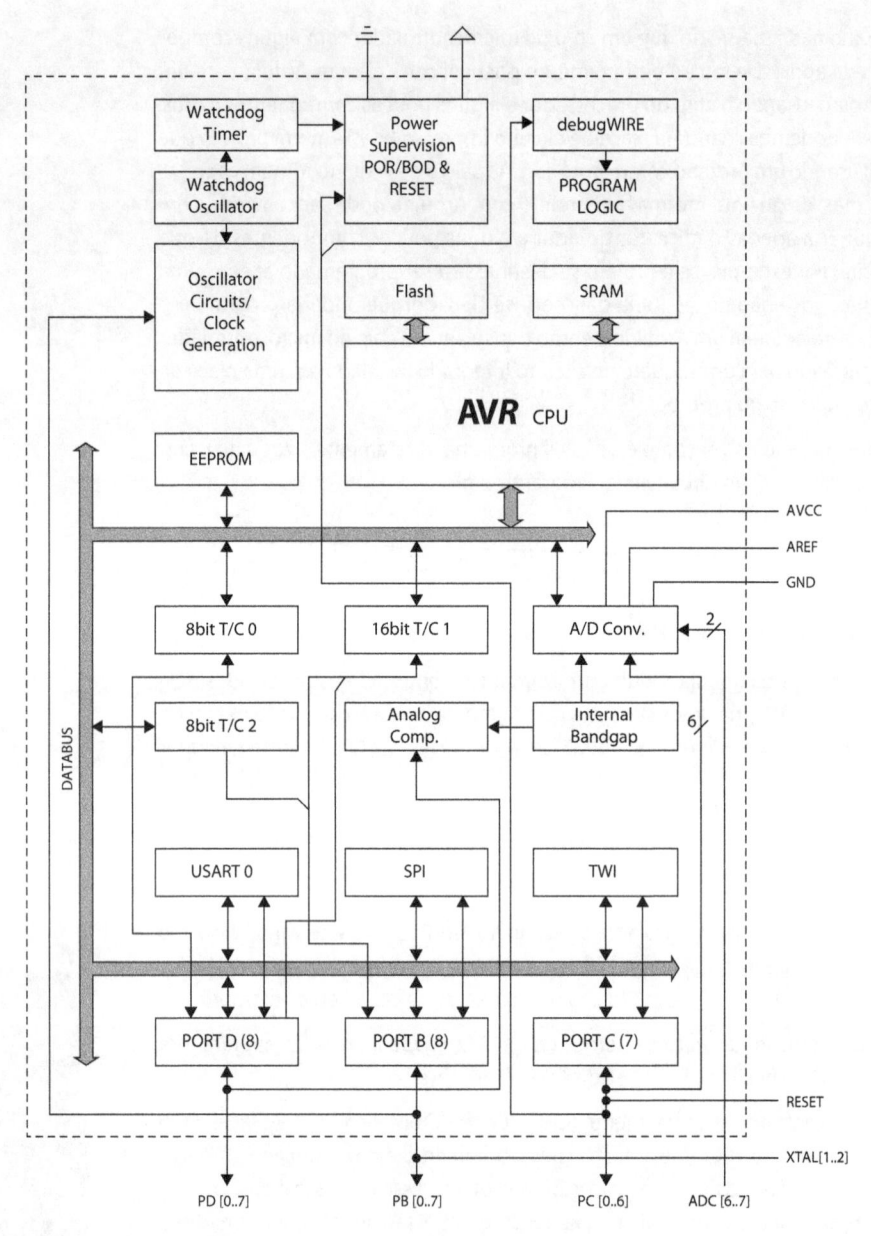

Figura 2.2 O ATmega328.
Fonte: do autor.

ria denominada *Electrically Erasable Programmable Read Only Memory* (EEPROM) – memória programável apenas de leitura e eletricamente apagável.

Outras áreas de interesse são as unidades denominadas *Watchdog Timer* e *Power Supervision* – temporizador cão de guarda e supervisão de energia elétrica. Essas unidades dão ao microcontrolador a capacidade de fazer coisas que normalmente não estão visíveis quando trabalhamos no nível simplificado do Arduino. Isso inclui truques engenhosos como adormecer o chip e colocar um temporizador para acordá-lo periodicamente. Esse recurso é muito útil em aplicações que utilizam baixas correntes. Você pode ler mais a respeito no Capítulo 5.

O restante do diagrama de blocos contém o conversor analógico-digital, as portas de entrada e saída e os três tipos de interfaces seriais suportadas pelo chip: UART-Serial, SPI e TWI (I2C).

>> ATmega32u4

O ATmega32u4 é usado no Arduino Leonardo, no LilyPad USB e nos Arduinos Micro e Nano. Esse processador é similar ao ATmega328, mas é um chip mais moderno, com alguns melhoramentos em relação ao ATmega328:

- Uma interface USB interna, tornando desnecessário um hardware extra para USB.
- Há mais pinos capazes de PWM.
- Há duas portas seriais.
- Pinos dedicados para I2C (esses pinos são compartilhados com os pinos analógicos no Arduino).
- Há mais 0,5K de SRAM.

A versão usada no Leonardo é de montagem superficial. Isso significa que é soldado diretamente na placa do Arduino, ao passo que o ATmega328 tem encapsulamento DIL, permitindo a inserção em um soquete de circuito integrado no Arduino Uno.

>> ATmega2560

O ATmega2560 é usado no Arduino Mega 2560 e no Arduino Mega ADK. Ele não é mais rápido do que os outros chips ATmega, mas contém muito mais memória de todos os tipos (256K de flash, 8K de SRAM e 4K de EEPROM) e muito mais pinos de entrada e saída.

>> AT91SAM3X8E

Esse é o chip que está no coração do Arduino Due. É muito mais rápido do que os chips ATmega que vimos até agora. O seu relógio trabalha na frequência de 84 MHz em vez de na frequência normal de 16 MHZ dos ATmegas. Ele tem 512 K de flash e 96 K de SRAM. O microcontrolador não tem qualquer EEPROM. Para guardar dados de forma permanente, você precisa providenciar o seu próprio hardware adicional, podendo ser uma unidade de cartão SD ou circuitos integrados de memória flash ou EEPROM. O chip em si contém diversos recursos avançados, incluindo duas saídas analógicas que o tornam ideal para a produção de áudio.

» Arduino e Wiring

A biblioteca Wiring dá ao Arduino as funções fáceis de usar que permitem controlar os pinos de hardware. Entretanto, a parte estrutural principal da linguagem é proporcionada inteiramente pela linguagem C.

Até recentemente, se você examinasse a pasta de instalação do Arduino, ainda poderia encontrar um arquivo de nome **WProgram.h** (Programa Wiring). Esse arquivo foi substituído por um arquivo similar, denominado **Arduino.h**, mostrando o afastamento gradual do Arduino de seu projeto original em Wiring.

Se você for até a pasta de instalação do Arduino, encontrará uma pasta de nome "hardware" e, dentro dela, outra pasta denominada "arduino", e, finalmente, dentro desta última, a pasta de nome "cores" ("núcleos"). Observe que, se você estiver usando um Mac para sua aplicação de Arduino, então só chegará nessa pasta clicando no botão direito do mouse e selecionando View Package Contents no menu, para então navegar até Resources/Java/ pasta.

Dentro da pasta "cores" há outra pasta denominada "arduino" e, dentro dela, uma lista inteira de arquivos "header" ("cabeçalho") em C, com a extensão **.h**, e arquivos de implementação em C++, com a extensão **.cpp** (Figura 2.3).

Se você abrir **Arduino.h** em um editor, verá que ele consiste em muitos comandos **#include**. Esses comandos, por sua vez, trazem definições de outros arquivos

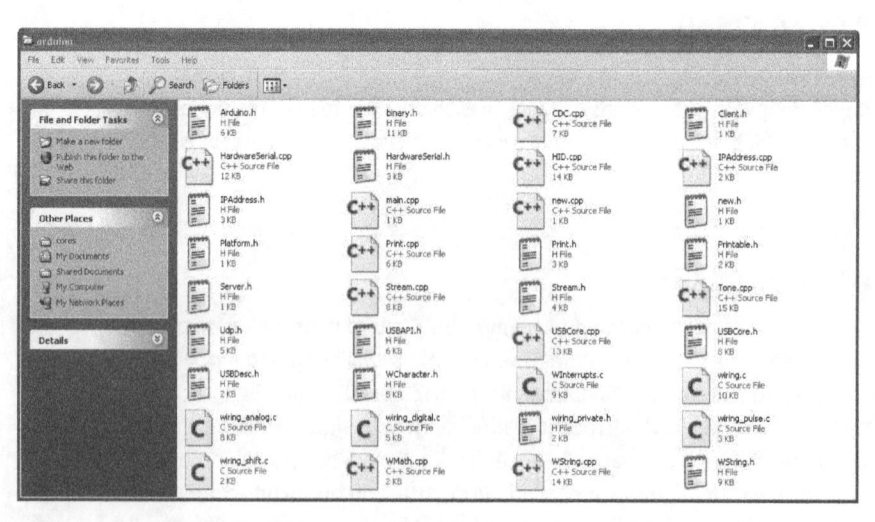

Figura 2.3 Dentro da pasta "cores".
Fonte: do autor.

"header" de dentro da pasta cores / arduino, de modo tal que todos são incluídos durante a compilação (convertendo o sketch em uma forma apropriada para instalação na memória flash do microcontrolador).

Você também encontrará definições de constantes como as seguintes:

```
#define HIGH 0x1
#define LOW  0x0

#define INPUT 0x0
#define OUTPUT 0X1
#define INPUT_PULLUP 0x2
```

Você pode considerá-las como se fossem semelhantes a variáveis. Assim, o valor 1 é dado ao nome **HIGH**. O valor é especificado como **0x1**, em vez de apenas 1, porque todos os valores são em *hexadecimal* (número de base 16). Rigorosamente, não são definições de variáveis; elas são *diretivas C de pré-compilação*. Isso significa que, enquanto seu sketch está sendo convertido em algo que pode ser instalado na memória flash do microcontrolador, qualquer ocorrência das palavras **HIGH**, **LOW** e assim por diante é convertida automaticamente no número correspondente. Em relação ao uso de variáveis, isso é uma vantagem, porque não há necessidade de reservar memória para ser ocupada por elas.

Como essas constantes são números, você pode escrever algo parecido no seu sketch para que o pino 5 seja uma **OUTPUT** (saída), mas é melhor usar um nome para o caso de os desenvolvedores de Arduino decidirem alterar o valor da constante. O uso de um nome também facilita a leitura do código.

```
setMode(5, 1);
setMode(5, OUTPUT);
```

Além disso, dentro de **arduino.h**, você encontrará diversas "assinaturas" de função como as seguintes:

```
void pinMode(uint8_t, uint8_t);
void digitalWrite(uint8_t, uint8_t);
int digitalRead(uint8_t);
int analogRead(uint8_t);
void analogReference(uint8_t mode);
void analogWrite(uint8_t, int);
```

Desse modo, o compilador é avisado sobre funções cujas implementações reais devem ser encontradas em algum outro lugar. Considere a primeira linha. Ela indica que a função **pinMode** deve ter dois argumentos (número do pino e modo) do tipo **uint8_t**. O comando **void** significa que a função não retornará valores quando for chamada.

Você deve estar se perguntando por que o tipo desses parâmetros foi especificado como **uint8_t** em vez de **int**. Normalmente, você especifica o tipo **int** na definição do pino que será usado. Na realidade, **int** é um tipo universal usado para escrever sketches. Significa que os usuários não precisam se preocupar com os diversos tipos possíveis de dados que poderiam ser usados. No entanto, na linguagem C do Arduino, um **int** é na realidade um número de 16 bits com sinal que pode representar um valor entre –32.768 e 32.767. Além disso, na especificação de um pino, não faz sentido ter números negativos, e é muito improvável que venha a surgir um Arduino com 32.767 pinos.

O tipo **uint_8** é uma convenção muito mais precisa para definir tipos, porque um **int** em C pode representar qualquer coisa entre 16 e 64 bits, dependendo de que forma a linguagem C foi implementada. O modo de ler "**uint_8**" começa com o **u**, que significa sem sinal (**u**nsigned); a seguir, você tem **int**; e finalmente, após o sinal "_", você tem o número de bits. Assim, **uint_8** é um inteiro de 8 bits sem sinal que pode representar um valor entre 0 e 255.

Você pode usar esses tipos bem definidos dentro de seus sketches; muitas pessoas fazem isso. Entretanto, deve lembrar-se de que isso torna seus códigos menos acessíveis para alguém sem experiência com a programação do Arduino.

A razão pela qual o uso do tipo regular **int** de 16 bits com sinal funciona, em vez de, digamos, um **uint_8**, é que o compilador automaticamente executa a conversão para você. Na realidade, o uso de variáveis do tipo **int** para números de pino desperdiça memória. Entretanto, você deve achar um meio termo entre o desperdício e a simplicidade e legibilidade do código. Geralmente, em programação é melhor facilitar a leitura do código em vez de minimizar o uso de memória, a menos que você saiba que está fazendo algo complexo que forçará os limites do microcontrolador.

É como ter um caminhão para entregar mercadorias. Se tiver muita coisa para entregar, você deverá pensar bem como dispor as mercadorias para que tudo caiba. Se você souber que só será necessário ocupar um canto do caminhão, então não será necessário perder tempo minimizando o espaço.

Também dentro da pasta "arduino" você encontrará um arquivo de nome **main.cpp**. Abra esse arquivo. Você verá que ele é bem interessante.

```
#include <Arduino.h>
int main(void)
{
      init();
#if defined(USBCON)
      USBDevice.attach();
#endif
      setup();
      for (;;) {
             loop();
             if (serialEventRun) serialEventRun();
      }
      return 0;
}
```

Se você já escreveu programas em C, C++ ou Java, está familiarizado com o conceito de função **main**. Essa função é chamada automaticamente quando o programa é executado. A função **main** é o ponto de partida do programa inteiro. Isso também é verdadeiro para os programas de Arduino, mas essa função está escondida do programador. Ele deve implementar apenas duas funções – **setup** e **loop** – dentro de seus sketches.

Se você examinar cuidadosamente a função **main.cpp**, ignorando as primeiras linhas, verá que, na realidade, ela chama **setup()**, e então haverá um laço de **for** não condicional, com a função **loop** dentro do **for**.

O comando **for(;;)** é uma forma não elegante de escrever **while (true)**. Observe que, além de executar a função **loop**, há também um comando **if** dentro do **for** que verifica se há mensagens seriais disponíveis. Em caso afirmativo, elas serão atendidas.

Retornando ao início de **main.cpp**, você pode ver que a primeira linha é um comando **include** que traz todas as definições do arquivo "header" **arduino.h** que mencionei antes.

A seguir, você vê o início da definição da função **main**, que começa chamando uma função **init()**. Ao analisá-las, verá o que essa função faz no arquivo **wiring.c** que, por sua vez, chama uma função **sei** para habilitar as interrupções.

As linhas

```
#if defined(USBCON)
      USBDevice.attach();
#endif
```

são outro exemplo de uma diretiva de pré-processamento em C. Esse código é parecido com um comando **if** que você poderia usar em seu sketch. Entretanto, a decisão no **if** não ocorre quando o sketch está sendo executado no Arduino. A diretiva **#if** é avaliada quando o sketch está sendo compilado. Essa diretiva é uma ótima maneira de incluir ou não trechos de código no sketch, de acordo com o tipo de placa que está sendo usado pelo Arduino. Nesse caso, se o Arduino suportar USB, então será incluído o código para controlar a interface USB (inicializando-a). Caso contrário, não faz sentido nem mesmo compilar o código capaz de controlar a USB.

❯❯ *Do sketch ao Arduino*

Agora que você já tem um entendimento básico de onde vem todo o código mágico que surge quando escreve um simples sketch de Arduino, vamos ver exatamente como o código é transferido para a memória flash do microcontrolador da placa de Arduino quando você clica no botão de Upload no IDE.

A Figura 2.4 mostra o que acontece quando você clica no botão de Upload.

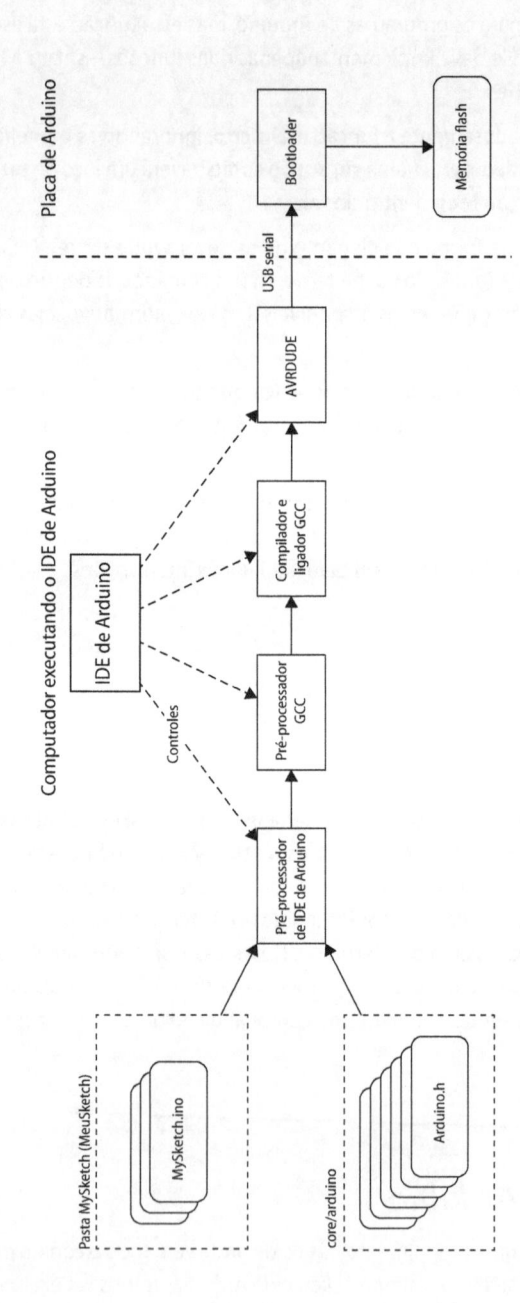

Figura 2.4 A cadeia de ferramentas do Arduino.
Fonte: do autor.

Os sketches de Arduino são mantidos em arquivos de texto com a extensão **.ino** em uma pasta do mesmo nome, mas sem a extensão.

O que realmente acontece é que o IDE de Arduino controla diversos programas utilitários que fazem todo o trabalho real. Primeiro, uma parte do IDE de Arduino, que eu denominei *pré-processador de IDE de Arduino* (na falta de um nome melhor), reúne os arquivos que foram fornecidos como parte do sketch. Observe que normalmente só há um arquivo na pasta do sketch. Entretanto, se desejar, você poderá colocar outros arquivos na pasta, mas precisará usar um editor separado para criá-los.

Se você tiver outros arquivos na pasta, eles serão incluídos nesse processo. Os arquivos C e C++ são compilados separadamente. Uma linha para incluir **arduino.h** é adicionada no início do arquivo principal do sketch.

Como há muitos tipos de placas de Arduino usando diferentes microcontroladores e pinos, o IDE de Arduino deve definir corretamente qual é a função de cada pino da placa selecionada. Se você examinar a pasta hardware/arduino/variants, você encontrará uma pasta para cada tipo de placa de Arduino e, dentro de cada pasta, verá um arquivo denominado **pins_arduino.h**. Esse arquivo contém constantes para os pinos da placa de Arduino escolhida.

Quando tudo estiver reunido, o próximo passo é chamar o compilador GCC. Trata-se de um compilador C++ de código aberto que está incluído na distribuição do Arduino. Ele toma os arquivos dos códigos de sketch, header e implementação C e os converte em alguma coisa que pode ser executada em um Arduino. Isso é feito em uma sequência de passos:

1. O pré-processador interpreta todos os comandos **#if** e **#define**, determinando o que deve ser incluído.
2. A seguir, o código é compilado e suas partes são ligadas (linker), formando um único arquivo executável adequado ao tipo de processador usado pela placa.
3. Quando o compilador termina seu trabalho, um outro software de código aberto denominado *avrdude* envia o código executável à placa por meio da interface USB serial. Esse código foi salvo como uma representação hexadecimal do código binário.

Agora estamos no território do Arduino. O Arduino tem um pequeno programa residente instalado no microcontrolador que faz parte de cada placa. Esse programa é denominado *bootloader*. Na realidade, o bootloader é executado rapidamente sempre que um Arduino é inicializado (reset) ou energizado. Essa é a razão pela qual, quando se inicia a comunicação serial com um Arduino Uno, o hardware serial força uma inicialização para que o bootloader possa verificar se há algum sketch sendo enviado.

Se houver um sketch, então o Arduino passará a executar um programa seu que converte para binário a representação hexadecimal do programa. A seguir, ele armazena o sketch na memória flash. Na próxima inicialização do Arduino, após verificar se um novo sketch foi enviado, o programa que foi armazenado na memória flash será automaticamente executado.

>> PARA REFLETIR

Você pode se perguntar por que o computador hospedeiro não pode programar diretamente o microcontrolador em vez de seguir por esse caminho tortuoso. A razão é que a programação de um microcontrolador requer um hardware especial que usa uma interface diferente na placa do Arduino (você já se perguntou para que serve o pequeno conector de seis pinos?). Usando um bootloader que pode verificar o que está chegando pela porta serial, você pode programar o Arduino pela USB sem precisar de um hardware especial de programação.

Entretanto, se você dispor desse programador em hardware, como o AVRISPv2, o AVRDragon ou o USBtinyISP, então você poderá programar o Arduino diretamente, passando por cima inteiramente do bootloader. Na realidade, como veremos mais adiante neste capítulo, você também poderá usar um segundo Arduino como programador.

>> *AVR Studio*

Alguns engenheiros inflexíveis poderão ter certo desprezo pelo Arduino. Para programar a família de microcontroladores AVR, eles argumentam que o Arduino não oferece qualquer vantagem técnica em relação ao que se consegue com as ferramentas fornecidas pela ATmel. Mesmo que isso seja tecnicamente verdadeiro, deixa-se de levar em consideração o objetivo principal do Arduino, que é desmistificar o processo completo de utilização de um microcontrolador, libertando-o do controle daqueles especialistas. Isso significa realmente que algumas das coisas que nós, aficionados de Arduino, conseguimos fazer podem ser um tanto amadoras, mas eu digo: "E daí?!".

O AVR Studio é o software proprietário do fabricante, que permite programar os microcontroladores dos Arduinos. Você pode usá-lo para programar diretamente o Arduino em vez de usar o IDE de Arduino. Contudo, quando fizer isso, você deve aceitar o seguinte:

• Um ambiente que só é executado em Windows.

• Utilizar um programador em hardware em vez de usar USB.

• Um ambiente mais complexo.

Agora talvez seja o momento de você analisar as razões para utilizar o AVR Studio. Aqui estão algumas boas razões:

- Você quer se livrar do bootloader (ele ocupa 500 bytes em um Uno), porque dispõe de pouca memória flash ou porque você quer mais rapidez após a inicialização (reset).

- Você quer usar microcontroladores diferentes dos usados nos Arduinos comuns, como os da família ATtiny, menores e de custo inferior.

- Você simplesmente quer aprender algo novo.

Todas as placas de Arduino vêm com um soquete de seis pinos que pode ser usado para programar diretamente o Arduino usando o AVR Studio. Algumas placas têm dois soquetes de seis pinos: um para o processador principal e outro para a interface de USB. Portanto, tenha cuidado para usar o soquete correto.

A Figura 2.5 mostra o AVR Studio 4 em ação.

Está além dos objetivos deste livro ensinar a usar o AVR Studio. Como você pode ver na Figura 2.5, o sketch Blink não parece maior, mas certamente parece mais complicado! Além disso, depois de compilado, ele ocupará uma quantidade menor de memória flash, em comparação com a memória utilizada no ambiente do Arduino.

A Figura 2.6 mostra um Arduino conectado a um programador AVR Dragon. Ele é particularmente potente e flexível, permitindo analisar passo a passo a execução dos programas assim como são executados no chip ATmega.

No Capítulo 4, veremos o tipo de manipulação direta de porta que ocorre na Figura 2.5, como uma forma de melhorar o desempenho de entrada e saída sem abandonar o IDE de Arduino.

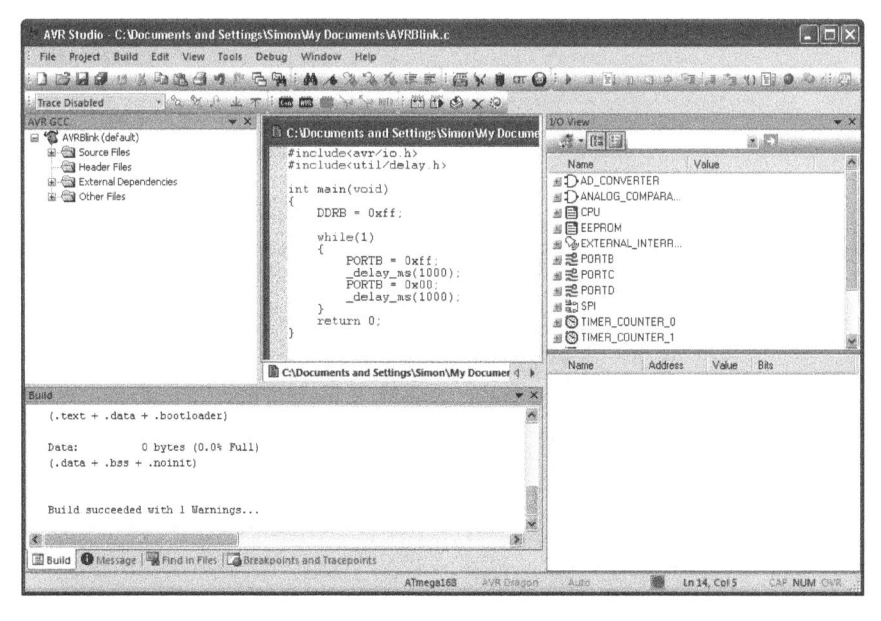

Figura 2.5 AVR Studio.
Fonte: do autor.

Figura 2.6 Um Arduino conectado a um programador AVR Dragon.
Fonte: do autor.

》 Instale um bootloader

A instalação do bootloader do Arduino em uma placa de Arduino pode ser necessária por diversas razões. O ATmega328 (que pode ser removido) de um Arduino Uno foi danificado e você quer substituir o chip por outro ATmega328 (comprado sem o bootloader). Você também pode estar pensando em passar um projeto feito com Arduino para uma placa de protótipo. Para isso, você deseja remover o ATmega328 de uma placa de Arduino e colocá-lo em uma placa projetada por você mesmo.

Não importando a razão, você pode instalar (ou "queimar," como também se diz) um bootloader em um ATmega partindo do zero. Para isso, você pode utilizar um dos programadores mencionados na seção anterior ou mesmo um Arduino para programar outro Arduino.

》 Queimando um bootloader com o AVR studio e um programador

A pasta de instalação do Arduino contém arquivos de bootloader em hexadecimal que podem ser colocados na memória flash de um ATmega328 usando o AVR Studio. Você encontrará esses arquivos na pasta hardware/arduino/bootloaders. Lá você encontrará arquivos em hexadecimal para todos os tipos de hardware. Se você quiser instalar um bootloader para um Uno, use a opção **optiboot_atmega328.hex** da pasta "optiboot" (Figura 2.7).

Primeiro, um aviso. Se você for tentar fazer isso, deve ter em mente que há uma possibilidade de inutilizar seu chip de processador. Esses chips têm o que se denomina "fuses", que algumas vezes podem ser programados uma única vez, e outras vezes não. Eles operam dessa forma devido a razões comerciais do fabricante, evitando que sejam reprogramados. Antes de começar, verifique cuidadosamente se os "fuses" estão configurados corretamente para o tipo de placa de Arduino que você está programando: leve em conta que você poderá perder o chip.

Para queimar o bootloader usando AVR Studio e um AVR Dragon, conecte o programador ao soquete ISP de seis pinos do Arduino (veja a Figura 2.6). Observe que um Arduino Due tem, na realidade, dois conjuntos de soquetes ISP. O outro soquete é usado para programar a interface USB.

> » **IMPORTANTE**
> Esses "fuses" (fusíveis) não devem ser confundidos com os fusíveis usados para proteger eletricamente algum equipamento. São conjuntos de bits armazenados em posições de memória flash e destinados à configuração dos diversos recursos do chip.

> » **NO SITE**
> O forum de Arduino em www.arduino.cc/forum contém muitas discussões a respeito da configuração do "fuse", juntamente com "surpresas" que poderão ocorrer se não forem evitadas.

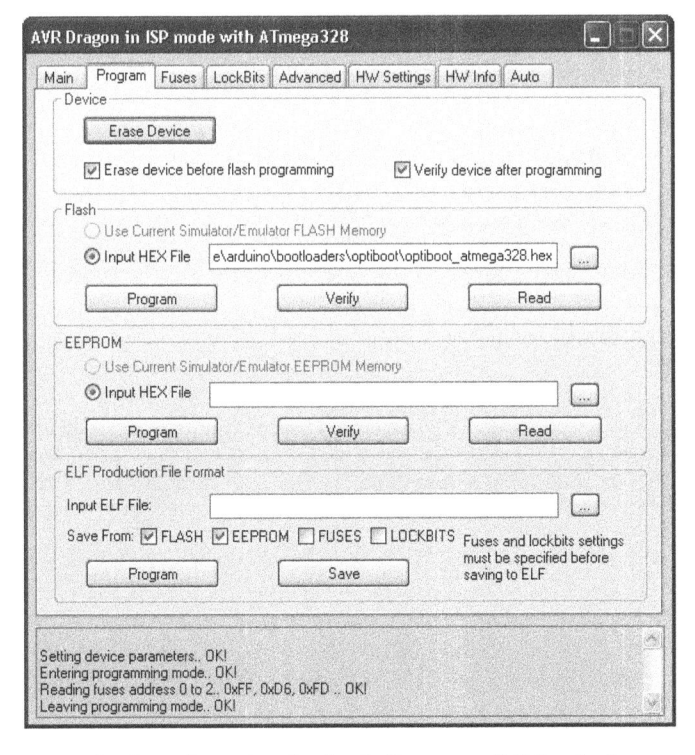

Figura 2.7 Queimando um bootloader de Uno com o AVR Studio 4.
Fonte: do autor.

No menu "Tools" (Ferramentas), escolha a opção "Program AVR" e então faça a conexão ao ATmega328 na placa de Arduino. A seguir, na seção "Flash", localize o arquivo correto em hexadecimal e então clique em "Program".

» Queimando um bootloader com o IDE de Arduino e um segundo Arduino

É extremamente fácil queimar um bootloader em um Arduino a partir de outro Arduino, sendo menos trabalhoso e arriscado do que usar o AVR Studio. O IDE de Arduino contém uma opção que permite fazer isso. Aqui está tudo que será necessário:

- Dois Arduinos Unos
- Seis cabos (jumpers) de conexão macho-macho (ou pedaços de fio rígido)
- Um pedaço curto de fio rígido
- Um capacitor de 10 microfarads e 10V (também pode ser usado um de 100 microfarads e 10V)

Primeiro você deve fazer as conexões listadas na Tabela 2.1.

Você também precisa conectar um capacitor de 10 microfarads entre Reset e GND no Arduino-alvo (o que está sendo programado). O capacitor terá um terminal positivo mais longo, que deve ir para o Reset.

A Figura 2.8 mostra os Arduinos conectados. O Arduino da direita na Figura 2.8 é o que faz a programação. Observe como um fio rígido é usado para fazer a conexão entre o pino 10 no Arduino que faz a programação e o pino de Reset no Arduino-alvo. Isso é feito de maneira que ambos o fio rígido e o terminal positivo do capacitor sejam inseridos no pino de Reset.

Observe que o Arduino que faz a programação alimenta eletricamente o Arduino-alvo. Assim, somente o Arduino que faz a programação precisa ser conectado a seu computador por USB.

Tabela 2.1 » Conexões de programação de Arduino para Arduino

Arduino atuando como programador	Arduino-alvo
GND	GND
5V	5V
13	13
12	12
11	11
10	Reset

Figura 2.8 Gravando na memória flash de Arduino para Arduino.
Fonte: do autor.

O Arduino que fará a programação precisa que um sketch seja instalado nele. Você o encontrará em "File | Examples". O sketch tem o nome **ArduinoISP** e está na primeira parte (em cima) de "Examples".

Selecione a placa e a porta do modo usual e transfira **ArduinoISP** para o Arduino que fará a programação. Agora, a partir do menu "Tools" (Ferramentas), escolha o submenu "Programmer" (Programador) e escolha "Arduino as ISP" (Arduino como ISP).

Finalmente, selecione a opção "Burn Bootloader" (Queimar Bootloader) no menu "Tools". O processo demora um ou dois minutos, durante os quais deverão piscar os LEDs Rx e Tx no Arduino que faz a programação e o LED "L" no Arduino-alvo.

Quando o processo estiver terminado, o microcontrolador do Arduino-alvo terá um novo bootloader instalado.

capítulo 3

Interrupções e temporizadores

As interrupções permitem que os microcontroladores respondam a eventos sem que seja preciso consultá-los a toda hora para verificar se houve alguma alteração. Além de associar interrupções a certos pinos, você também pode usar interrupções geradas por temporizadores ou marcadores de tempo. Neste capítulo, veremos como utilizar interrupções e como fazer o Arduino responder a eventos disparados no tempo por meio de interrupções.

Objetivos de aprendizagem

» Explicar o que são interrupções.

» Explicar o que são interrupções de hardware e como utilizá-las.

» Explicar o que são pinos e modos de interrupção.

» Explicar o que é uma Rotina de Serviços de Interrupção (ISR).

» Habilitar e desabilitar interrupções.

» Identificar o que pode e o que não pode ser feito dentro de um ISR.

» Utilizar variáveis voláteis.

» Explicar o que são interrupções de temporizador e como utilizá-las.

» Interrupções de hardware

Como exemplo de utilização de interrupções, vamos visitar novamente as entradas digitais. A forma mais comum de detectar quando algo acontece em uma entrada (como, por exemplo, se uma chave foi fechada) é usar um código como o seguinte:

```
void loop
{
  if (digitalRead(inputPin) == LOW)        //Entrada em nível baixo?
  {
    // Faça alguma coisa.
  }
}
```

Esse código significa que estamos continuamente testando **inputPin** (pino de entrada) e, no momento em que a leitura se tornar **LOW** (nível baixo), faremos o que está especificado no comentário **// Faça alguma coisa**. Esse processo funciona bem, mas o que acontecerá se houver muitas mais coisas para fazer dentro do **loop**? Essas outras coisas consomem tempo, de modo que, em princípio, é possível que você não consiga detectar um fechamento da chave que dure pouco tempo, porque o processador está ocupado fazendo outras coisas. Na realidade, no caso de uma chave, é improvável que isso ocorra, porque a chave se manterá fechada por um tempo que, do ponto de vista de um microcontrolador, é bastante demorado.

Como fica, no entanto, o caso de pulsos bem mais curtos produzidos por um sensor, os quais podem permanecer ativos por somente alguns milionésimos de segundo? Você pode usar as interrupções para receber esses eventos. Você define uma função que será executada sempre que eles ocorrerem, independentemente do que mais o microcontrolador está fazendo. Essas são as *interrupções de hardware*.

No Arduino Uno, você pode usar apenas dois pinos para as interrupções de hardware, sendo essa uma das razões de serem pouco utilizadas. O Leonardo tem quatro pinos com capacidade de interrupção de hardware. Placas maiores como a do Mega2560 têm muitos mais pinos e, na do Due, todos os pinos podem servir para interrupções.

A seguir, veremos como funcionam as interrupções de hardware. Para esse exemplo, você precisará de uma placa protoboard, uma chave de contato momentâneo, um resistência de 1 kΩ e alguns fios de conexão.

A Figura 3.1 mostra a disposição dos componentes. O resistor mantém a tensão do pino de interrupção (D2) em nível HIGH (alto) até que o botão da chave seja pressionado quando, então, o ponto D2 é aterrado e assume o nível LOW (baixo).

Carregue o sketch seguinte no seu Arduino:

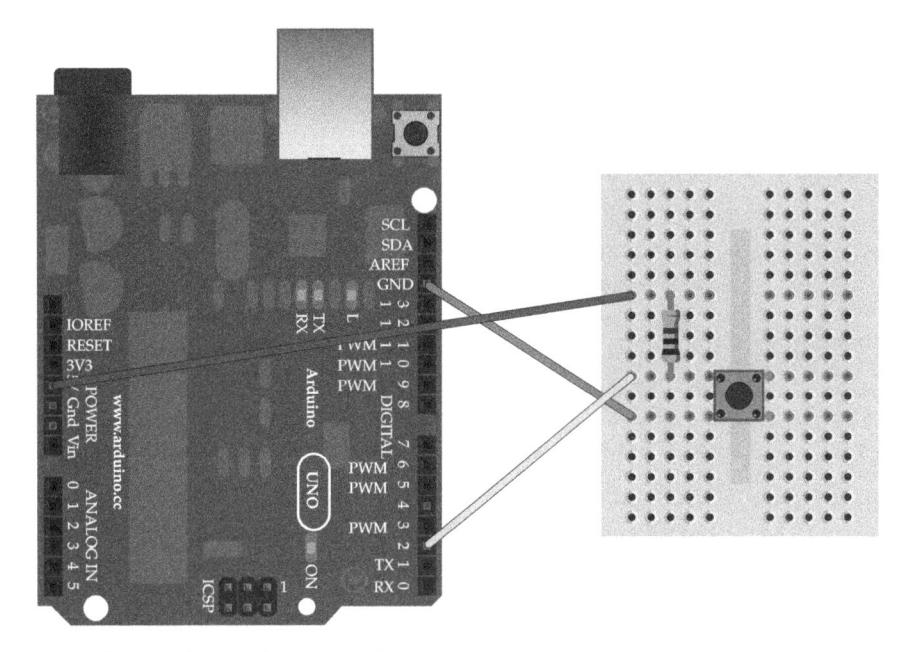

Figura 3.1 Circuito de teste de interrupção.
Fonte: do autor.

```
// sketch 03_01_interrupts
int ledPin = 13;
void setup()
{
  pinMode(ledPin, OUTPUT);
  attachInterrupt(0, stuffHapenned, FALLING);
}
void loop()
{
}
void stuffHapenned()
{
  digitalWrite(ledPin, HIGH);
}
```

Além de definir o pino de LED como sendo de saída, a função **setup** também contém uma linha que associa uma função a uma interrupção. Assim, sempre que ocorre a interrupção, a função é executada. Vamos olhar essa linha de perto, porque os argumentos são um pouco confusos:

```
attachInterrupt(0, stuffHapenned, FALLING);
```

O primeiro argumento, **0**, é o número da interrupção. Faria mais sentido se esse número representasse um pino do Arduino, mas não é o caso. Em um Arduino

Uno, a interrupção 0 corresponde ao pino D2, e a interrupção 1, ao pino D3. A situação pode ser mais confusa ainda porque, em outros tipos de Arduino, esses pinos não são os mesmos e, no Arduino Due, basta especificar o número do pino. No Arduino Due, todos os pinos podem ser usados como interrupções.

Voltarei a esse assunto mais adiante, mas agora vamos examinar o segundo argumento. O argumento **stuffHapenned** (algo aconteceu) é o nome da função que será chamada quando ocorrer uma interrupção. Você também pode ver essa função definida mais adiante no sketch. Essas funções recebem um nome especial: são denominadas *Rotinas de Serviço ou Atendimento de Interrupção*, ou simplesmente *ISR (Interrupt Service Routines)*. Elas não podem ter parâmetros e não devem retornar valor algum. Isso faz sentido porque, embora possam ser chamadas de qualquer lugar de dentro do sketch, nenhuma linha de código do sketch fará isso. Por essa razão, não há maneira delas receberem parâmetros ou retornarem um valor.

O parâmetro final, **attachInterrupt** (vincular interrupção), é uma constante, no caso, **FALLING** (em queda, ir para baixo). Isso significa que a rotina de serviço de interrupção (ISR) só será chamada se a tensão presente em D2 estiver indo do nível HIGH para LOW (em outras palavras, se ela estiver em queda, indo para baixo). Isso é o que acontece quando o botão é pressionado: D2 vai de HIGH para LOW.

Você notará que não há código na função **loop**. Normalmente essa função conteria o código que estaria sendo executado quando ocorresse a interrupção. Em si, a ISR se limita simplesmente a acender o LED "L".

Quando você testar o sketch, após o Arduino ser inicializado (Reset), o LED "L" deverá se apagar. Então, logo que você pressionar o botão, o LED "L" deverá acender imediatamente e assim permanecer.

Agora troque o argumento final de **attachInterrupt** por **RISING** (em subida, ir para cima) e carregue o sketch assim modificado. O LED deverá permanecer apagado após a inicialização do Arduino, porque o sinal de interrupção deverá estar em nível HIGH. Até agora, o sinal foi HIGH sem ter passado por LOW e "ido para cima", assumindo o nível HIGH.

Quando você apertar o botão e mantê-lo pressionado, o LED deverá permanecer apagado até que você o solte. Ao liberá-lo, a interrupção é disparada porque a tensão em D2, que era LOW enquanto a botão estava sendo apertado, somente subirá para HIGH quando você soltá-lo.

Se isso não estiver funcionando, então a chave provavelmente está apresentando o efeito denominado "*bouncing*". Não há um salto único perfeito passando de chave aberta para fechada. Na realidade, em vez disso, a chave abrirá e fechará algumas vezes antes de se estabilizar na posição de fechada. Experimente algumas vezes, pressionando a chave firmemente. Você deverá conseguir o fechamento da chave sem "*bouncing*".

A outra forma de fazer o teste é manter a chave pressionada enquanto você aperta o botão Reset no Arduino. Então, quando você estiver pronto, solte o botão de teste e o LED "L" acenderá.

» Pinos de interrupção

Retornando ao assunto espinhoso de como são dados nomes às interrupções, a Tabela 3.1 mostra como as placas mais comuns fazem o mapeamento entre os números e os pinos físicos do Arduino.

No Uno e no Leonardo, os pinos das duas primeiras interrupções estão trocados, levando-nos facilmente a cair em uma armadilha. A abordagem adotada no Due, que usa o nome do pino do Arduino em vez do número da interrupção, é uma forma muito mais lógica de fazer as coisas.

» Modos de interrupção

Os modos RISING (em subida, ir para cima) e FALLING (em queda, ir para baixo) que usamos no exemplo anterior são os modos mais úteis. Há, entretanto, alguns outros modos de interrupção. A Tabela 3.2 dá uma lista desses modos, juntamente com uma descrição.

» Habilitando o pull-up interno

O circuito de hardware do exemplo anterior usa um resistor de "pull-up" (puxar para cima, referindo-se à tensão). Frequentemente, o sinal que causa a interrupção se origina na saída digital de um sensor. Nesse caso, não é necessário um resistor de pull-up.

Tabela 3.1 » Pinos de interrupção de diferentes placas de Arduino

Placa	Número da interrupção						Notas
	0	1	2	3	4	5	
Uno	D2	D3	–	–	–	–	
Leonardo	D3	D2	D0	D1	–	–	Sim, realmente – os números são opostos ao do Uno
Mega2560	D2	D3	D21	D20	D19	D18	
Due							Números de pinos são usados em vez de números de interrupção

Tabela 3.2 » Modos de interrupção

Modo	Operação	Discussão
LOW	Dispara a interrupção sempre que estiver em nível baixo (LOW)	Esse modo faz a ISR ser executada continuamente enquanto o pino estiver em nível baixo (LOW)
RISING	Dispara quando o pino passa de baixo (LOW) para alto (HIGH)	
FALLING	Dispara quando o pino passa de alto (HIGH) para baixo (LOW)	
CHANGE	Dispara sempre que o pino muda de nível em qualquer sentido	
HIGH	Dispara a interrupção sempre que estiver em nível alto (HIGH)	Esse modo está disponível apenas no Arduino Due e, como o modo LOW, é usado raramente

Se, entretanto, o sensor for uma chave conectada do mesmo modo que na placa de teste da Figura 3.1, você poderá diminuir o número de componentes retirando um resistor. Para isso, você deverá habilitar o resistor interno de pull-up (em torno de 40 kΩ) e definir explicitamente o pino de interrupção como sendo do tipo **INPUT_PULLUP**, adicionando a linha em negrito mostrada abaixo dentro da função **setup**:

```
void setup()
{
  pinMode(ledPin, OUTPUT);
  pinMode(2, INPUT_PULLUP);
  attachInterrupt(0, stuffHapenned, RISING);
}
```

» Rotinas de serviço de interrupção (ISR)

Algumas vezes, pode parecer que a ideia de poder interromper o que está sendo feito dentro da função **loop** é um modo fácil de detectar quando uma chave é pressionada e assim por diante. Na realidade, há algumas condições rigorosas que devem ser obedecidas em relação ao que pode ser feito dentro de uma ISR.

A primeira coisa é que uma ISR deve ser tão curta e rápida quanto possível. Se ocorrer outra interrupção enquanto uma ISR estiver sendo executada, então a ISR não será interrompida. Em vez disso, o sinal de interrupção será ignorado até que a execução da ISR tenha terminado. Se, por exemplo, você estiver usando a ISR para medir uma frequência, você poderá obter um valor incorreto.

Além disso, enquanto a ISR estiver ativa, nada do código da função **loop** será executado até terminar a execução da ISR.

Quando uma ISR está sendo executada, as interrupções são automaticamente desligadas. Isso evita a confusão que poderia ser causada se as ISRs interrompessem umas as outras. Contudo, alguns efeitos colaterais podem ocorrer. A função **delay** usa temporizadores e interrupções, de modo que ela poderá não funcionar corretamente. O mesmo é verdadeiro para **millis**. Embora **delay** use **millis** e forneça os milissegundos que decorreram desde a inicialização (reset) até o momento em que começou a execução da ISR, ela não funcionará enquanto a ISR estiver em execução. Contudo, você pode usar a função **delayMicroseconds**, porque ela não utiliza interrupções.

A comunicação serial também usa interrupções. Por essa razão, não utilize **Serial.print** ou tente ler de **Serial**. Bem, você pode tentar e poderá funcionar, mas não espere que funcione sempre de forma confiável.

» Variáveis voláteis

Como não é permitido à função ISR receber parâmetros e retornar um valor, você precisa de um meio de passar dados entre a ISR e o resto do programa. Em geral, usamos variáveis globais, como ilustra o exemplo seguinte:

```
// sketch 03_02_interrupt_flash

int ledPin = 13;
volatile boolean flashFast = false;

void setup()
{
  pinMode(ledPin, OUTPUT);
  attachInterrupt(0, stuffHapenned, FALLING);
}

void loop()
{
  int period = 1000;
  if (flashFast) period = 100;
  digitalWrite(ledPin, HIGH);
  delay(period);
  digitalWrite(ledPin, LOW);
  delay(period);
}

void stuffHapenned()
{
  flashFast = ! flashFast;
}
```

Esse sketch usa uma variável global **flashFast** (pisca rápido) na função **loop** para determinar o período da espera ou retardo. A seguir, a ISR troca o valor dessa mesma variável, alternando-a entre **true** (verdadeiro) e **false** (falso).

Observe que a declaração da variável **flashFast** inclui a palavra "volatile" (volátil). O sketch até poderá funcionar corretamente se você não usar **volatile**, mas você deve usá-la porque, se uma variável não for declarada como volátil, o compilador C poderá gerar um código de máquina que coloca o seu valor em um registrador especial com o objetivo de melhorar o desempenho. Como é o caso aqui, se esse processo for interrompido, então a variável poderá não ser atualizada corretamente.

» Resumo da ISR

Tenha os seguintes pontos em mente quando escrever uma ISR:

- Procure fazer com que seja rápida.
- Passe dados entre a ISR e o resto do programa usando variáveis do tipo **volatile** (volátil).
- Não utilize **delay**. Se for preciso, use **delayMicroseconds**.
- Não espere que a comunicação, a leitura e a escrita seriais sejam confiáveis.
- Não espere que o valor retornado por **millis** seja modificado.

» Habilite e desabilite interrupções

Por default, em um sketch as interrupções estão habilitadas e, como mencionei antes, são automaticamente desabilitadas quando você está dentro de uma ISR. Entretanto, você pode explicitamente habilitar e desabilitar as interrupções de dentro do seu código de programa usando as funções **interrupts** e **noInterrupts**. Nenhuma dessas funções precisa de parâmetros e elas habilitam e desabilitam todas as interrupções, respectivamente.

É possível que você queira habilitar ou desabilitar as interrupções quando houver em seu código um trecho que deve ser executado inteiramente sem ser perturbado por alguma interrupção. Por exemplo, isso pode ocorrer quando você está usando a função **delayMicroseconds** para escrever dados seriais ou gerar pulsos com durações precisas.

» Interrupções de temporizador

Assim como você dispõe de interrupções que são disparadas por eventos externos, também pode disparar as ISRs chamando-as como resultado de eventos ocorridos no tempo. Essa capacidade poderá ser realmente útil se você precisar fazer algo crítico envolvendo tempo.

A biblioteca "TimerOne" facilita o uso de interrupções controladas pelo tempo. Você pode baixar a biblioteca TimerOne de http://playground.arduino.cc/Code/Timer1.

O exemplo seguinte mostra como usar TimerOne para gerar um sinal de onda quadrada de 1 kHz. Se você tiver um osciloscópio ou multímetro com ajuste de frequência, conecte-o ao pino 12 para ver o sinal (Figura 3.2).

```
// sketch_03_03_1kHz
#include <TimerOne.h>
int outputPin = 12;
volatile int output = LOW;
void setup()
{
  pinMode(12, OUTPUT);
  Timer1.initialize(500);
  Timer1.attachInterrupt(toggleOutput);
}
void loop()
{
}
void toggleOutput()
{
  digitalWrite(outputPin, output);
  output = ! output;
}
```

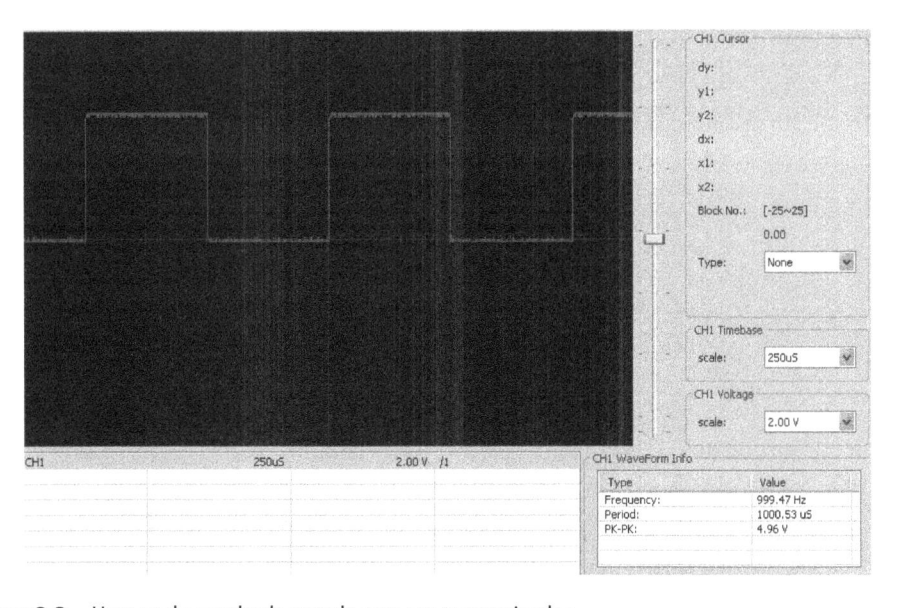

Figura 3.2 Uma onda quadrada gerada com um temporizador.
Fonte: do autor.

Você poderia ter escrito esse sketch usando **delay**, mas usando uma interrupção disparada por temporizador você poderá fazer outras coisas dentro do **loop**. Além disso, se você tivesse usado **delay**, então a frequência não seria tão exata, porque o tempo necessário para fazer a saída assumir o nível alto não teria sido levado em consideração.

Na especificação do período da interrupção disparada por temporizador, você pode aplicar esse método a qualquer intervalo desde 1 até 8.388.480 microssegundos, aproximadamente 8,4 segundos. Isso é feito especificando o período em microssegundos na função **initialize** (inicializar) do temporizador.

A biblioteca TimerOne permite também que você use o temporizador para gerar sinais do tipo PWM (*Pulse Width Modulation*, modulação por largura de pulso) nos pinos 9 e 10 do Arduino. Isso pode parecer redundante porque a função **analogWrite** já faz isso, mas o método que usa a biblioteca TimerOne oferece um controle melhor do sinal PWM. Especificamente, permite que você ajuste o ciclo de trabalho para valores entre 0 e 1.023, em vez de 0 a 255, como no caso de **analogWrite**. Além disso, quando usamos **analogWrite**, a frequência do sinal PWM está fixada em 500 Hz, ao passo que, quando usamos a biblioteca TimerOne, podemos alterar o período do temporizador e, com isso, a frequência.

Para usar a biblioteca TimerOne e gerar sinais PWM, utilize a função **pwm** de **Timer1**, como mostra o seguinte exemplo de código:

```
// sketch_03_04_pwm
#include <TimerOne.h>

void setup()
{
  pinMode(9, OUTPUT);
  pinMode(10, OUTPUT);
  Timer1.initialize(1000);
  Timer1.pwm(9, 512);
  Timer1.pwm(10, 255);
}

void loop()
{
}
```

> » **DICA**
> Todas as restrições em relação ao que você pode fazer em uma ISR no caso de interrupções externas também se aplicam a interrupções disparadas por temporizador.

Nesse caso, eu ajustei o período para 1.000 microssegundos, resultando uma frequência PWM de 1 kHz. A Figura 3.3 mostra as formas de onda geradas nos pinos 10 (em cima) e 9 (embaixo).

Como experimento, vamos verificar até onde poderemos elevar a frequência PWM. Se alterarmos o período para 10, resultará uma frequência PWM de 100 kHz. Essas formas de onda estão mostradas na Figura 3.4.

Embora haja, como seria de se esperar, uma grande quantidade de transitórios de ruído nos sinais, você pode ver que os ciclos de trabalho ainda se assemelham muito a 25 e 50%, respectivamente.

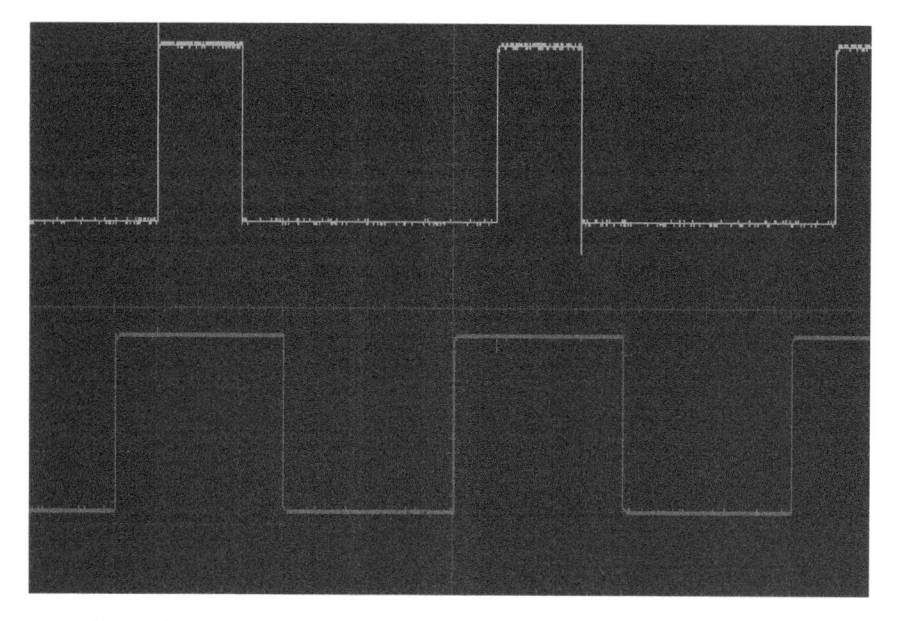

Figura 3.3 Usando TimerOne para gerar PWM de 1 kHz.
Fonte: do autor.

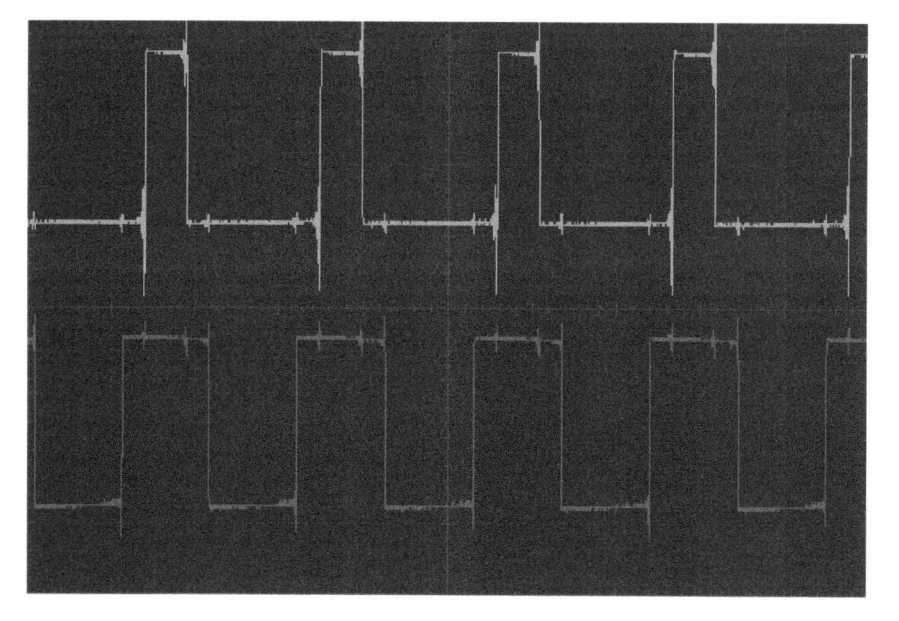

Figura 3.4 Usando TimerOne para gerar PWM de 100 kHz.
Fonte: do autor.

>> RESUMO

Embora pareçam ser a solução ideal para um projeto complexo, as interrupções podem dificultar a verificação de um código. Não podemos afirmar que sempre serão a melhor forma de lidar com as tarefas. Pense cuidadosamente antes de usá-las. No Capítulo 14, exploraremos uma técnica diferente para superar a aparente incapacidade do Arduino de realizar mais de uma tarefa por vez.

Voltaremos ao tema das interrupções no Capítulo 5, onde veremos como podem ser utilizadas para economizar energia "acordando" periodicamente um Arduino que está "dormindo". No Capítulo 13, veremos como usá-las para obter tempos exatos no processamento digital de sinal.

capítulo 4

Como tornar o Arduino mais rápido

Os Arduinos têm processadores de baixa velocidade (modestos 16 MHz) e baixo consumo de energia. A função interna digitalWrite, por exemplo, é segura e fácil de usar, mas não é muito eficiente, principalmente quando muitas saídas devem ser ativadas ao mesmo tempo. Neste capítulo, aprenderemos como aumentar ao máximo o desempenho do Arduino. Descobriremos qual é sua velocidade máxima e como fazer para atingir uma velocidade maior quando for necessário.

Objetivos de aprendizagem

» Explicar qual é a velocidade máxima da placa de Arduino.

» Distinguir o desempenho das diferentes placas de Arduino.

» Aumentar a velocidade quando estiver realizando operações aritméticas.

» Aumentar a velocidade quando estiver ligando e desligando os pinos de saída digital.

» Reconhecer a estrutura interna em nível de bit das portas digitais.

» Identificar e acelerar as leituras e escritas digitais manipulando diretamente em nível de bit as portas digitais.

» Acelerar as leituras analógicas.

≫ *Qual é a velocidade de um Arduino?*

Antes de começarmos a aumentar a velocidade dos sketches, vamos testar o Arduino e ver como ele se compara com outros computadores, começando com os MHz e GHz.

O relógio de um Arduino trabalha a 16 MHz. Como a maioria das instruções (adição ou armazenamento de um valor em uma variável) é executada em um único ciclo de relógio, isso significa que o Uno pode realizar 16 milhões de coisas em um segundo. Parece bem bom, não é? Entretanto, a história não é tão simples, porque a linguagem C usada para escrever um sketch converte isso em um número maior de instruções, além de fazer modificações para otimizar o código.

Agora, vamos fazer uma comparação com o laptop Mac antigo do autor, que tem dois processadores funcionando, cada um a mais de 2,5 GHz. O meu laptop tem uma frequência de relógio superior a 150 vezes a frequência do Arduino. Como seria de esperar, embora o processador necessite de mais ciclos de relógio para executar uma instrução, ele é bem mais rápido.

Vamos executar o seguinte programa de teste em um Arduino e uma versão ligeiramente modificada em meu Mac:

```
// sketch 04_01_benchmark

void setup()
{
  Serial.begin(9600);
  while (! Serial) {};
  Serial.println("Starting Test");        // "Início do teste".
  long startTime = millis();              // Tempo de início.

  // Aqui está o código do teste.
  long i = 0;
  long j = 0;
  for (i = 0; i < 20000000; i ++)
  {
    j = i + i * 10;
    if (j > 10) j = 0;
  }
  // Fim do código do teste.
  long endTime = millis();                //Tempo de término.

  Serial.println(j);                      //Evita a otimização do
                                          //laço pelo compilador.
  Serial.println("Finished Test");        //"Teste terminado".
  Serial.print("Seconds taken:");         //"Segundos gastos".
  Serial.println((endTime - startTime) / 1000l);
}

void loop()
{

}
```

≫ **NO SITE**
Acesse www.simonmonk.org para fazer o download da versão em C deste código.

Os resultados são os seguintes: em um MacBook Pro de 2,5 GHz, o programa de teste necessitou de 0,068 segundos para ser executado, ao passo que, em um Arduino Uno, foram necessários 28 segundos. Nessa tarefa em particular, o Arduino é aproximadamente 400 vezes mais lento.

» Comparando placas de Arduino

A Tabela 4.1 mostra o resultado da execução do teste anterior em algumas placas diferentes de Arduino.

Como você pode ver, os resultados para a maioria das placas são consistentes, mas são impressionantes para o Arduino Due – velocidade superior a dez vezes a das outras placas.

» Como acelerar a aritmética

Como exercício, iremos alterar o código de teste que acabamos de usar e realizaremos as operações aritméticas usando o tipo de dado **float** em vez de **long**. Como ambos são números de 32 bits, poderíamos esperar que os tempos necessários para completar as tarefas fossem similares. No teste seguinte é usado um Arduino Uno.

```
// sketch 04_02_benchmark_float
void setup()
{
  Serial.begin(9600);
  while (! Serial) {};
  Serial.println("Starting Test");      //"Início do teste".
  long startTime = millis();            // Tempo de início.

 // Aqui está o código do teste.
  long  i = 0;
  float j = 0.0;
  for (i = 0; i < 20000000; i ++)
  {
    j = i + i * 10.0;
    if (j > 10) j = 0.0;
  }
 // Fim do código do teste.
  long endTime = millis();              // Tempo de término.

  Serial.println(j);                    // Evita a otimização do
                                        // laço pelo compilador.

  Serial.println("Finished Test");      // "Teste terminado".
  Serial.print("Seconds taken:");       // "Segundos gastos"
```

```
    Serial.println((endTime - startTime) / 10001);
}
void loop()
{

}
```

Tabela 4.1 » Resultados do teste de desempenho do Arduino

Placa	Tempo para completar a tarefa (segundos)
Uno	28
Leonardo	29
Arduino Mini Pro	28
Mega 2560	28
Due	2

Infelizmente, a tarefa leva muito mais tempo quando usamos o tipo **float**. No Arduino, esse exemplo necessitou de aproximadamente 467 segundos em vez de 28. Assim, ao fazer a troca de tipo de dado, o meu código se tornou cerca de 16 vezes mais lento do que quando usei o tipo **double**. Para ser honesto, parte do custo do desempenho deveu-se provavelmente à conversão de tipos entre **float** e **integer**, o que é bem custosa em termos de tempo.

» Você realmente precisa usar um float?

Uma concepção errônea comum é de que, se você estiver medindo alguma coisa como temperatura, então deverá armazenar os valores como sendo do tipo **float** porque em geral são fracionários, como 23,5. De fato, algumas vezes você pode querer mostrar a temperatura como **float**, mas, para isso, não precisa armazenar o valor como **float** no sketch.

Quando se faz uma leitura em uma entrada analógica, o valor lido é do tipo **int**, com 12 bits correspondendo a um valor entre 0 e 1.023. Se desejar, você poderá colocar esses 12 bits em um **float** de 32 bits, mas isso não tornará o dado mais exato ou preciso.

Por exemplo, a leitura do sensor deve corresponder a uma temperatura em graus Celsius (C). Um sensor comumente usado (o TMP36) tem uma tensão de saída proporcional à temperatura. O cálculo seguinte costuma ser encontrado em sketches para converter uma leitura analógica em graus Celsius (C). Os valores analógicos estão entre 0 e 1.023.

```
int raw = analogRead(sensePin);   //Leitura do dado bruto (raw)
float volts = raw / 205.0;
float tempC = 100.0 * volts - 50;
```

Na realidade, só há necessidade de representar o número na forma de ponto flutuante (**float**) no momento de exibi-lo. Outras coisas que necessitaremos fazer com a temperatura como, por exemplo, comparar ou achar a média de diversas leituras, serão realizadas muito mais rapidamente se a aritmética for feita utilizando a variável inteira **raw** (bruto) que foi usada para realizar a leitura da temperatura.

» Dados: consultar uma tabela versus fazer os cálculos

Como vimos, é melhor evitar o tipo **float**. No entanto, se você quiser fazer uma onda senoidal usando uma saída analógica, então, como a palavra *seno* sugere, você deverá usar a função matemática **sin** (seno) para "desenhar" a forma de onda na saída analógica. Para isso, você deve fazer incrementos angulares até chegar a 2π radianos. O valor que você envia à saída analógica é o seno do ângulo obtido a cada incremento. Bem, na realidade, é mais complicado, porque você precisa centrar a forma de onda em torno do valor da saída analógica, que corresponde à metade do valor máximo de saída.

O código a seguir gera uma onda senoidal dando, a cada ciclo, 64 passos incrementais na saída DAC0 de um Arduino Due. Observe que, nesse experimento, apenas um Arduino com saída verdadeiramente analógica é capaz de produzir valores corretos.

```
// sketch_04_03_sin
void setup()
{
}
float angle = 0.0;              //Ângulo tipo float.
float angleStep = PI / 32.0;    //Passo angular incremental.
void loop()
{
  int x = (int)(sin(angle) * 127) + 127;
  analogWrite(DAC0, x);
  angle += angleStep;
  if (angle > 2 * PI)
  {
    angle = 0.0;
  }
}
```

Se medirmos o sinal de saída, veremos uma bela onda senoidal sendo produzida com uma frequência de apenas 310 Hz. O relógio do Arduino Due trabalha na frequência de 80 MHz, de modo que podemos esperar um sinal mais rápido. O problema aqui é que você está repetindo continuamente os mesmos cálculos. Como eles são sempre os mesmos, por que não gerar os resultados apenas uma vez para montar uma tabela que será armazenada em um array?

O código a seguir também gera uma onda senoidal em 64 passos incrementais, mas utiliza uma tabela de consulta de valores que estão prontos para serem escritos diretamente em uma saída DAC.

```
// sketch_04_04_lookup

byte sin64[] = {127, 139, 151, 163, 175, 186, 197, 207, 216, 225,
232, 239, 244, 248, 251, 253, 254, 253, 251, 248, 244, 239, 232,
225, 216, 207, 197, 186, 175, 163, 151, 139, 126, 114, 102, 90, 78,
67, 56, 46,37, 28, 21, 14, 9, 5, 2, 0, 0, 0, 2, 5, 9, 14, 21, 28, 37,
46, 56, 67, 78, 90, 102, 114, 126};

void setup()
{
}
void loop()
{
  for (byte i = 0; i < 64; i++)
  {
    analogWrite(DAC0, sin64[i]);
  }
}
```

A forma de onda gerada por esse código é igual à do exemplo anterior, exceto que tem uma frequência de 4,38 kHz, ou seja, é cerca de 14 vezes mais veloz.

Você pode calcular a tabela com os valores de seno de diversos modos. Você pode gerar os números usando uma planilha de cálculo e uma simples fórmula. Você também pode escrever um sketch que transfere os números ao Monitor Serial exibindo-os na tela, de onde podem ser copiados e colados em outro sketch. Aqui está um exemplo de como modificar o **sketch_04_03_sin** para que os valores de seno sejam enviados ao Monitor Serial.

```
// sketch_04_05_sin_print

float angle = 0.0;
float angleStep = PI / 32.0;

void setup()
{
  Serial.begin(9600);
  Serial.print("byte sin64[] = {");
  while (angle < 2 * PI)
  {
```

```
    int x = (int)(sin(angle) * 127) + 127;
    Serial.print(x);
    angle += angleStep;
    if (angle < 2 * PI)
    {
      Serial.print(",");
    }
  }
  Serial.println("};");
}
void loop()
{
}
```

Se abrirmos o Monitor Serial, veremos na tela os valores que foram gerados (Figura 4.1).

» Entrada e saída rápidas

Nesta seção, veremos como você pode aumentar a velocidade quando estiver ligando e desligando os pinos de saída digital. Faremos melhoramentos em um código básico elevando a frequência máxima de 73 kHz para aproximadamente 4 MHz.

» Otimização de um código básico

Vamos iniciar com um código básico que liga e desliga a saída digital do pino 10 usando a função **digitalWrite**:

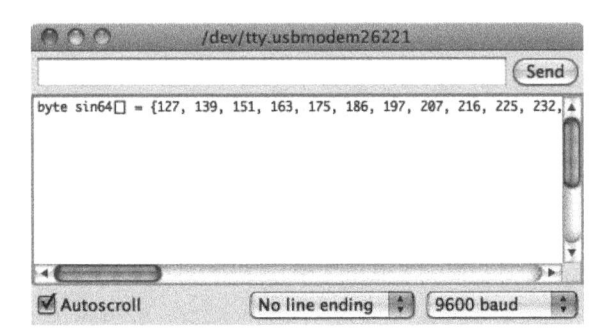

Figura 4.1 Usando um sketch para gerar valores de seno.
Fonte: do autor.

```
// sketch_04_05_square
int outPin = 10;
int state = 0;

void setup()
{
  pinMode(outPin, OUTPUT);
}

void loop()
{
  digitalWrite(outPin, state);
  state = ! state;
}
```

Se você executar esse código conectando um osciloscópio ao pino 10, verá uma onda quadrada (*square*) com frequência de aproximadamente 73 kHz (73,26 kHz em meu osciloscópio).

Antes de darmos o grande passo de manipularmos diretamente as portas, faremos algumas coisas para otimizar o código em C. Primeiro, nenhuma das variáveis precisa ser do tipo **int** de 16 bits; ambas podem ser trocadas para **byte**. Essa alteração aumenta a frequência para 77,17 kHz. A seguir, vamos converter para constante a variável do nome do pino. Para isso, colocamos a palavra **const** antes da variável. Com essa alteração, a frequência sobe para 77,92 kHz.

No Capítulo 2, você aprendeu que a função **loop** é mais do que um simples laço de **while** porque ela verifica também a comunicação serial. Portanto, o próximo passo para melhorar o desempenho é abandonar a função principal **loop** e deslocar o código para dentro de **setup**. O código com todas essas modificações é o seguinte:

```
// sketch_04_08_no_loop
const byte outPin = 10;
byte state = 0;

void setup()
{
  pinMode(outPin, OUTPUT);
  while (true)
  {
    digitalWrite(outPin, state);
    state = ! state;
  }
}

void loop()
{
}
```

Com isso, melhoramos ainda mais o desempenho, obtendo uma nova frequência máxima: 86,39 kHz.

A Tabela 4.2 resume os melhoramentos que foram feitos no código básico de Arduino antes de darmos o passo final e trocarmos **digitalWrite** por algo mais rápido.

» Bytes e Bits

Antes de manipularmos diretamente as portas de entrada e saída, precisamos entender um pouco o que significam binário, bit, byte e **int**.

A Figura 4.2 mostra a relação entre bits e bytes.

Um *bit* (que é a forma abreviada de ***bi****nary dig****it***, ou dígito binário) pode ser um de dois valores, 0 ou 1. Um *byte* é um conjunto de 8 bits. Como cada um desses bits pode ser 1 ou 0, temos 256 combinações diferentes. Usamos um byte para representar qualquer número inteiro entre 0 e 255.

Cada um desses bits pode ser usado para indicar se algo está ligado ou desligado. Assim, se você quiser ligar ou desligar um dado pino, precisará atribuir o valor 1 ao bit para que a saída daquele pino assuma o valor HIGH (alto).

» Portas do ATmega328

A Figura 4.3 mostra as portas de um ATmega328 e os respectivos pinos digitais de um Arduino Uno.

Não é por acaso que cada porta tem 8 bits (um byte), embora as portas B e C usem apenas 6 dos 8 bits. Cada porta é constituída por três *registradores*. Um registrador

Tabela 4.2 » **Aumentando a velocidade de execução do código de Arduino**

	Sketch	Frequência
Código original	04_05	73,26 kHz
byte em vez de **int**	04_06	77,17 kHz
Variável para pino do tipo **const**	04_07	77,92 kHz
Deslocamento de **loop** para **setup**	04_08	86,39 kHz

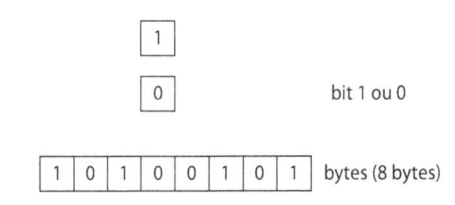

1
0 bit 1 ou 0

| 1 | 0 | 1 | 0 | 0 | 1 | 0 | 1 | bytes (8 bytes)

Figura 4.2 Bits e bytes.
Fonte: do autor.

pode ser visto como uma variável especial que pode ser lida ou receber um valor. Os registradores para a porta D estão mostrados na Figura 4.4.

DDRD (Data Direction Register D) é o *registrador de direção de dados D* de 8 bits, cada um dos quais determina se o respectivo pino no microcontrolador é uma entrada ou uma saída. Se o bit for 1, o pino será uma saída, e, se for 0, será uma entrada. A função **pinMode** do Arduino usa esse registrador.

PORTD (porta de saída D) é o registrador usado para dar valores às saídas. Assim, um **digitalWrite** atribui um 1 ou um 0 (HIGH ou LOW) ao bit associado a um pino da saída.

PIND (Port Input D) é o *registrador de porta de entrada D*. Lendo esse registrador, podemos saber quais bits da porta estão em 1 (HIGH) e quais estão em 0 (LOW).

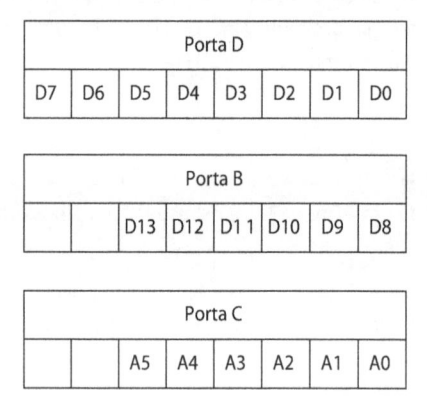

Porta D							
D7	D6	D5	D4	D3	D2	D1	D0

Porta B							
		D13	D12	D11	D10	D9	D8

Porta C							
		A5	A4	A3	A2	A1	A0

Figura 4.3 Portas do ATmega328.
Fonte: do autor.

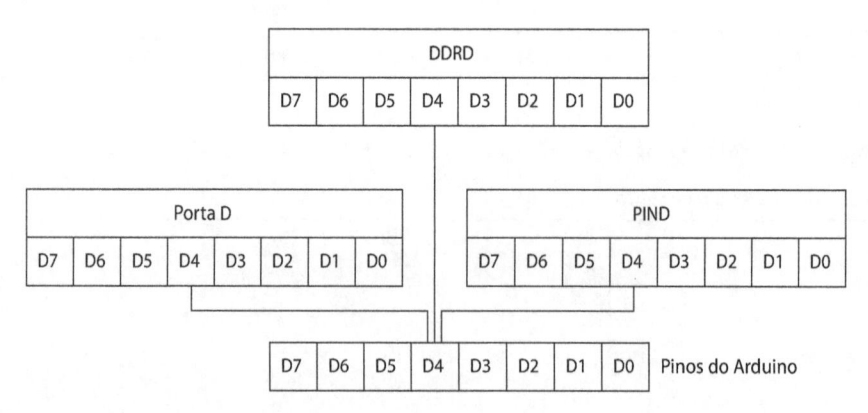

DDRD							
D7	D6	D5	D4	D3	D2	D1	D0

Porta D									PIND							
D7	D6	D5	D4	D3	D2	D1	D0		D7	D6	D5	D4	D3	D2	D1	D0

D7	D6	D5	D4	D3	D2	D1	D0	Pinos do Arduino

Figura 4.4 Os registradores da porta D.
Fonte: do autor.

Cada uma das portas tem seus próprios registradores. Assim, além dos registradores da porta D que acabamos de ver, os da porta B são DDRB, PORTB e PINB e os da porta C são DDRC, PORTC e PINC.

❯❯ Saída digital muito rápida

Este código usa diretamente as portas, em vez de usar **pinMode** e **digitalWrite**:

```
// sketch_04_09_square_ports
byte state = 0;
void setup()
{
  DDRB = B00000100;           //Definir o pino D10 como saída.
  while (true)
  {
    PORTB = B00000100;        //Atribuir 1 à saída D10.
    PORTB = B00000000;        //Atribuir 0 à saída D10.
  }
}
void loop()
{
}
```

Aqui estamos chaveando o pino 10, que pertence à porta B. Desse modo, primeiro atribuímos o valor 1 ao terceiro bit (D10) a partir da direita, definindo-o como saída. Observe o uso de uma constante binária **B00000100**. No laço principal (**while**), tudo que você deve fazer é ficar alternando o valor de saída do pino 10, dando-lhe o valor 1 e, em seguida, o valor 0. Você faz isso simplesmente dando valores ao registrador PORTB, como se fosse uma variável.

Quando esse código é executado, é gerada uma frequência de 3,97 MHz (Figura 4.5) – aproximadamente 4 milhões de pulsos por segundo e em torno de 46 vezes mais rápido do que se usássemos **digitalWrite**.

A forma de onda não é muito quadrada, mostrando o tipo de transitórios que pode ser esperado nessa frequência.

Uma outra vantagem do uso direto de registradores de porta é que podemos escrever em até oito pinos de saída ao mesmo tempo. Isso é muito útil quando estamos escrevendo em um barramento paralelo de dados.

❯❯ Entrada digital rápida

O mesmo método de acessar diretamente os registradores das portas pode ser usado para acelerar as leituras digitais. Entretanto, se você pensar em fazer isso para capturar um pulso muito curto, então provavelmente será melhor usar as interrupções (ver o Capítulo 3).

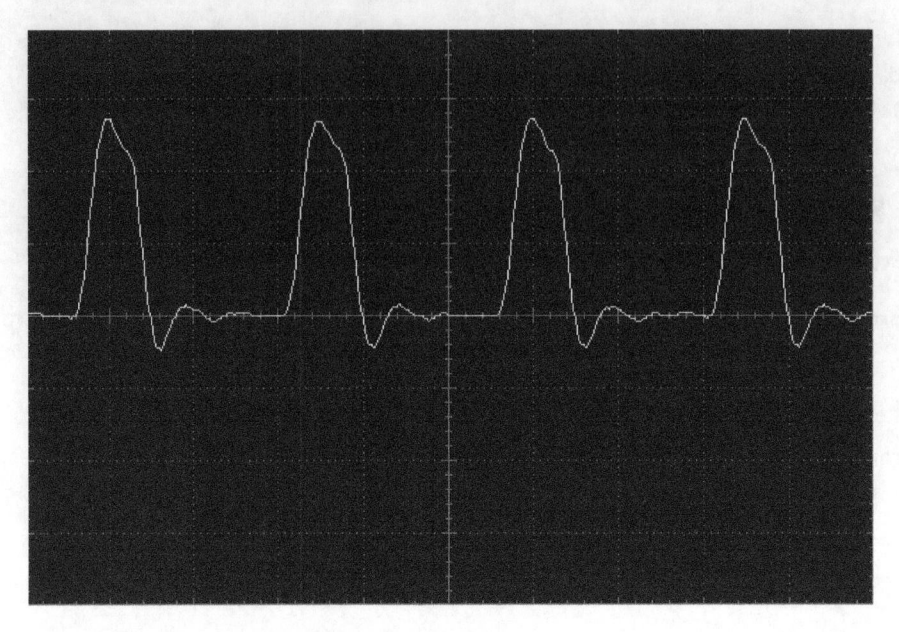

Figura 4.5 Gerando um sinal de 4 MHz com um Arduino.
Fonte: do autor.

Uma situação na qual é útil o uso direto das portas é quando você deseja ler diversos bits simultaneamente. O sketch a seguir lê todas as entradas da porta B (D8 a D13) e escreve o resultado na forma de um número binário no Monitor Serial (Figura 4.6).

```
// sketch_04_010_direct_read
byte state = 0;
void setup()
{
  DDRB = B00000000; //todos os pinos da porta B são entradas
  Serial.begin(9600);
}
void loop()
{
  Serial.println(PINB, 2);
  delay(1000);
}
```

Como todos os bits do registrador DDRB receberam o valor 0, então os respectivos pinos da porta B serão entradas. Dentro de **loop**, você usa **Serial.println** para enviar os números ao Monitor Serial, onde são mostrados em binário. Para forçar a exibição em binário, use **2** como argumento extra em vez de usar o atributo decimal (default).

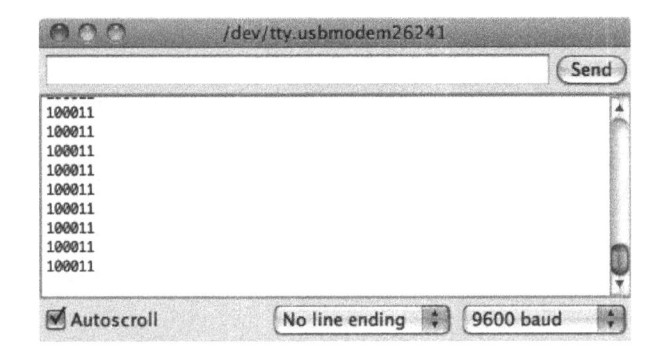

Figura 4.6 Lendo oito entradas ao mesmo tempo.
Fonte: do autor.

» Como acelerar as entradas analógicas

Antes de tentar aumentar a velocidade, vamos modificar o sketch de teste para verificar quanto tempo é necessário para **analogRead** fazer uma leitura analógica.

```
// sketch 04_11_analog
void setup()
{
  Serial.begin(9600);
  while (! Serial) {};
  Serial.println("Starting Test");      // "Início do teste".
  long startTime = millis();             // Tempo de início.

  // aqui está o código do teste
  long i = 0;
  for (i = 0; i < 1000000; i ++)
  {
    analogRead(A0);                      // Leitura analógica.
  }
  // fim do código do teste
  long endTime = millis();

  Serial.println("Finished Test");       //"Teste terminado".
  Serial.print("Seconds taken:");        //"Segundos gastos".
  Serial.println((endTime - startTime) / 1000l);
}
void loop()
{
}
```

Esse sketch demora 112 segundos para ser executado em um Arduino Uno. Isso significa que o Uno pode fazer em torno de 9.000 leituras ou amostras analógicas por segundo.

A função **analogRead** usa um conversor analógico-digital (ADC*) do microcontrolador do Arduino. O Arduino usa um tipo de ADC denominado *ADC de aproximação sucessiva*. Efetivamente, ele trabalha chegando cada vez mais próximo do valor analógico por meio de comparações com uma tensão de referência que é ajustável. O ADC é controlado por um relógio cuja frequência pode ser alterada para tornar a conversão mais rápida.

O código a seguir (sketch 04_12_analog_fast**) aumenta a frequência do ADC de 128 kHz para 1 MHz, acelerando aproximadamente oito vezes o processo:

```
// sketch 04_12_analog_fast
const byte PS_128 = (1 << ADPS2) | (1 << ADPS1) | (1 << ADPS0);
const byte PS_16 = (1 << ADPS2);

void setup()
{
  ADCSRA &= ~PS_128;                  //Remover o pré-escalamento de 128.
  ADCSRA |= PS_16;                    //Acrescentar o pré-escalamento de 16 (1MHz).
  Serial.begin(9600);
  while (! Serial) {};
  Serial.println(PS_128, 2);
  Serial.println(PS_16, 2);
  Serial.println("Starting Test");    // "Início do teste".
  long startTime = millis();          // Tempo de início.
  // aqui está o código do teste
  long i = 0;
  for (i = 0; i < 1000000; i ++)
  {
    analogRead(A0);
  }
  // fim do código do teste
  long endTime = millis();            // Tempo de término.
  Serial.println("Finished Test");    // "Teste terminado".
  Serial.print("Seconds taken:");     // "Segundos despendidos".
  Serial.println((endTime - startTime) / 1000l);
}

void loop()
{
}
```

Agora o código demora apenas 17 segundos para ser executado, sendo aproximadamente 6,5 vezes mais rápido e aumentando a taxa de amostragem para cerca de 58.000 amostras por segundo. Isso é suficientemente rápido para tornar possí-

---

* N. de T.: ADC de *Analog-Digital Converter*.

** N. de T.: Quando você baixar esse sketch do site do autor, verá que sua primeira linha contém um equívoco: deve ser `"//sketch 04_12_analog_fast"` em vez de `"//sketch 04_11_analog"`.

vel a amostragem de sinais de áudio. No entanto, não é possível armazenar muitas amostras numa RAM de 2 Kb!

Se o sketch original "sketch 04_11_analog" for executado em um Arduino Due, o teste será executado em 39 segundos. No Arduino Due, não podemos usar o "truque" que fizemos com os registradores, porque a sua arquitetura interna é diferente.

capítulo 5

Arduino com baixo consumo de energia

Quando alimentado com 5V a partir da conexão USB, normalmente um Arduino não consome muita energia. Um Arduino Uno consome cerca de 40 mA, correspondendo a apenas 200 mW. Isso significa que pode facilmente funcionar com uma bateria de 9V (e 150 mAh) durante umas quatro horas. O consumo de corrente é importante quando o Arduino deve funcionar por um longo período de tempo usando baterias, como na monitoração remota ou no caso de situações de controle em que o uso de bateria ou energia solar é a única opção. Neste capítulo, aprenderemos como otimizar o projeto de hardware e escrever o código de forma que a energia consumida pelo Arduino seja reduzida.

Objetivos de aprendizagem

» Discutir diversas técnicas para reduzir o consumo de energia do processador de Arduino.

» Reconhecer a corrente consumida por diversos tipos de Arduino.

» Identificar a melhor opção de bateria para o seu Arduino.

» Reduzir a velocidade do relógio.

» Desligar blocos internos do Arduino.

» Colocar o microcontrolador para dormir e acordar com interrupções externas.

» Utilizar saídas digitais para controlar o consumo de energia.

» Consumo de energia das placas de Arduino

Vamos estabelecer alguns números iniciais para o consumo de energia de algumas das placas mais populares de Arduino. A Tabela 5.1 mostra os resultados da medição direta do consumo de corrente das placas com um amperímetro. Observe que essa medição exige um pouco de engenhosidade, porque a corrente varia quando os temporizadores e outras partes do microcontrolador e da placa do Arduino realizam ou não tarefas periódicas.

É interessante observar que, se você analisar as medidas obtidas com um Arduino que opera a 5V com e sem microcontrolador, a diferença será de apenas 15 mA. Isso significa que os demais 32 mA estão sendo consumidos pela placa. A placa de Arduino contém o chip da interface USB, um LED "ON" (Arduino ligado) e os reguladores de tensão de 3,3V. Todos consomem alguma energia mesmo sem o microcontrolador. Observe também como a corrente consumida pelo microcontrolador é muito menor quando ele está funcionando em 3,3V.

As técnicas descritas aqui reduzem o consumo de energia do processador, não o consumo requerido apenas pela placa. Nos exemplos seguintes, usaremos uma placa de Arduino Mini Pro alimentada diretamente com 3,3V por meio de seus pinos VCC e GND (Figura 5.1), passando por cima do regulador de tensão. Assim, fora o LED "ON", eu estarei alimentando apenas o chip do microcontrolador.

Provavelmente, essa configuração seria usada em um sistema com bateria. Quando está quase sem carga, uma bateria de polímero de lítio (LiPo) de uma célula fornece 2,7V e, quando está a plena carga, fornece 4,2V. Essa faixa de tensão é muito adequada para o microcontrolador ATmga328.

Tabela 5.1 » Consumo de energia para algumas placas de Arduino

Placa	Corrente
Uno (5V USB)	47 mA
Uno (fonte de alimentação de 9V)	48 mA
Uno (5V, processador removido)	32 mA
Uno (9V, processador removido)	40 mA
Leonardo (5V USB)	42 mA
Due (5V USB)	160 mA
Due (fonte de alimentação de 9V)	70 mA
Mini Pro (fonte de alimentação de 9V)	42 mA
Mini Pro (5V USB)	22 mA
Mini Pro (3,3V direto)	8 mA

Figura 5.1 Um Arduino Mini Pro alimentado diretamente com 3,3V.
Fonte: do autor.

» Corrente e baterias

Este livro trata de software. Por essa razão, eu não vou me alongar mais do que o necessário. A Figura 5.2 mostra uma seleção de baterias que você pode escolher para a alimentação elétrica do Arduino.

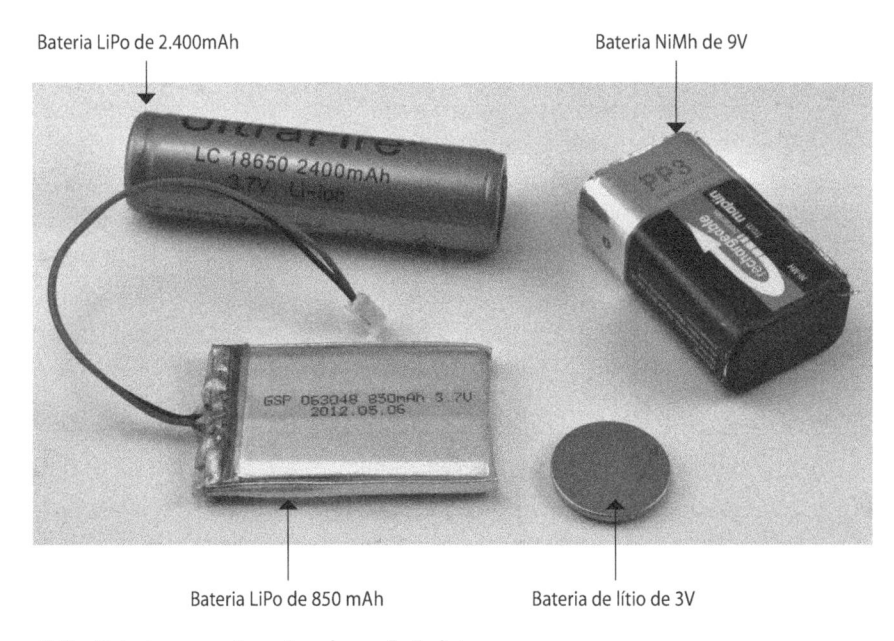

Figura 5.2 Baterias para alimentar placas de Arduino.
Fonte: do autor.

Em cima, à esquerda, vemos uma bateria LiPo cilíndrica de 2.400 mAh. Embaixo dela, há uma bateria LiPo plana chata de 850 mAh. As baterias LiPo são leves e podem ser recarregadas muitas vezes, armazenando bastante energia para o seu tamanho e peso. Em cima, à direita, vemos uma bateria NiMh de 9V, com capacidade de 200 mAh. Essa bateria também é recarregável, mas usa uma tecnologia mais antiga. Como é de 9V, ela seria adequada para alimentar um Arduino somente quando usássemos o regulador de tensão do Arduino. Você pode comprar clipes adaptadores para bateria que permitem fazer a conexão com o jack de alimentação de um Arduino. Finalmente, embaixo, à direita, está uma bateria de lítio (CR2025) de 3V não recarregável com uma capacidade de aproximadamente 160 mAh.

Como regra prática, para calcular o número de horas que uma bateria pode funcionar antes de descarregar, você divide a capacidade em miliamperes-horas (mAh) pelo número de miliamperes (mA) que estão sendo consumidos:

Vida da bateria em horas = Capacidade da bateria em mAh / Corrente em mA

Por exemplo, se fossemos usar a CR2025 para alimentar um Mini Pro com 3V, poderíamos esperar que a carga da bateria durasse 160 mAh/8 mA = 20 horas. Se alimentássemos a mesma placa com a bateria LiPo de 2.400 mAh, poderíamos esperar 2.400/8 = 300 horas de funcionamento.

» Como reduzir a velocidade do relógio

A maioria das placas da família Arduino tem uma frequência de relógio de 16 MHz. O microcontrolador só consome quantidades significativas de corrente quando a sua lógica binária está fazendo transições do nível alto (HIGH) para baixo (LOW). Assim, a frequência de funcionamento do chip tem um grande efeito sobre a corrente consumida. Naturalmente a diminuição da frequência faz o microcontrolador trabalhar mais lentamente, o que pode ou não ser um problema.

Você pode baixar a frequência de trabalho de um ATmega328 de dentro do sketch que está sendo executado. Um modo conveniente de fazer isso é por meio da biblioteca "Prescaler" (pré-escalamento) do Arduino (http://playground.arduino.cc/Code/Prescaler).

Além de permitir a mudança da frequência de funcionamento do microcontrolador, a biblioteca Prescaler também fornece as funções **trueMillis** e **trueDelay** (true = verdadeiro), que substituem **millis** e **delays**. Essas substituições são necessárias porque, ao reduzir a frequência do relógio, a duração do retardo (**delay**) aumentará na mesma proporção.

O exemplo seguinte liga o LED "L" por 1 segundo e o desliga por 5 segundos. Durante a execução do sketch, é feita a medição da corrente para cada um dos valores de Prescaler que alteram a frequência.

```
// sketch_05_01_prescale
#include <Prescaler.h>
void setup()
{
  pinMode(13, OUTPUT);
  setClockPrescaler(CLOCK_PRESCALER_256);
}
void loop()
{
  digitalWrite(13, HIGH);
  trueDelay(1000);
  digitalWrite(13, LOW);
  trueDelay(5000);
}
```

A biblioteca fornece diversas constantes que permitem ajustar o divisor da frequência do relógio. Assim, o valor **CLOCK_PRESCALER_1** mantém a frequência do relógio inalterada em 16 MHz e, no outro extremo, a constante **CLOCK_PRESCALER_256** dividirá a frequência do relógio por 256, dando uma frequência de apenas 62,5 kHz.

A Tabela 5.2 mostra o consumo de corrente para cada uma dessas frequências e a Figura 5.3 mostra esses dados em um gráfico. Vemos nesse gráfico que a curva se torna horizontal bem rapidamente, de modo que a frequência de 1 MHz é um bom meio-termo entre frequência de relógio *versus* consumo de energia.

Além de ser necessário usar outras versões de **millis** e **delay**, há outras consequências para a diminuição da frequência do relógio. Realmente, qualquer tarefa

Tabela 5.2 » Consumo de corrente *versus* velocidade de relógio

Constante	Frequência de relógio equivalente	Corrente (LED desligado)
CLOCK_PRESCALER_1	16 MHz	7,8 mA
CLOCK_PRESCALER_2	8 MHz	5,4 mA
CLOCK_PRESCALER_4	4 MHz	4,0 mA
CLOCK_PRESCALER_8	2 MHz	3,2 mA
CLOCK_PRESCALER_16	1 MHz	2,6 mA
CLOCK_PRESCALER_32	500 kHz	2,3 mA
CLOCK_PRESCALER_64	250 kHz	2,2 mA
CLOCK_PRESCALER_128	125 kHz	2,1 mA
CLOCK_PRESCALER_256	62,5 kHz	2,1 mA

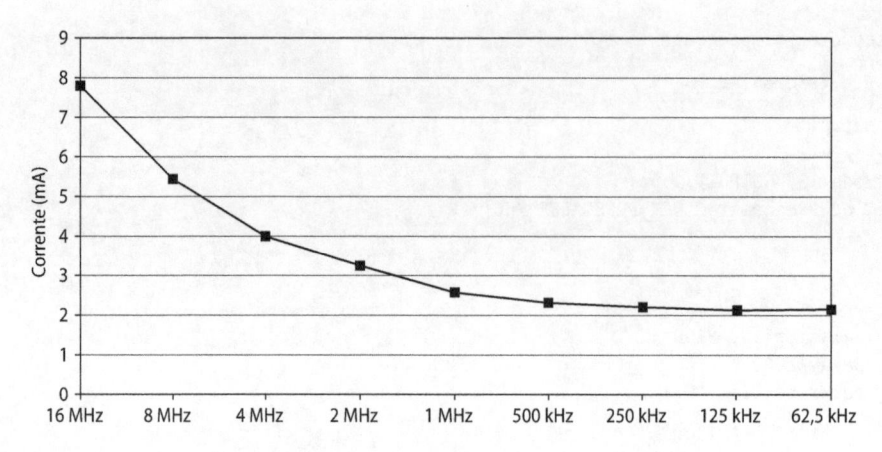

Figura 5.3 Um gráfico de consumo de corrente *versus* velocidade de relógio.
Fonte: do autor.

em que o tempo for crítico, como saída PWM e controle de servomotores, não funcionará como esperado.

Provavelmente, a maior parte dos 2,1 mA consumidos na frequência de relógio mais baixa, é destinada ao LED "ON". Portanto, para sermos realmente econômicos, deveremos retirá-lo da placa.

>> Desligar coisas

Os chips ATmega dispõem de um gerenciador muito sofisticado do consumo de energia, sendo possível desligar os recursos (módulos) que não estão sendo usados no momento pelo microcontrolador, economizando assim uma pequena quantidade de corrente.

Além disso, você pode ligar e desligar coisas de dentro do seu sketch. Assim, por exemplo, quando você precisa realizar uma leitura **analogRead**, pode ativar o conversor analógico-digital (ADC) e desativá-lo após a leitura.

O consumo de energia (*power*) é controlado através de uma biblioteca denominada **avr/power.h**, que contém funções na forma de pares que desabilitam/habilitam (*disable/enable*) os recursos do microcontrolador. Assim, a função **power_adc_disable** desabilita o ADC e a função **power_adc_enable** volta a habilitá-lo.

Entretanto, a economia obtida não é grande. Nos meus testes, após desabilitar tudo de um Mini Pro com 5V e 16 MHz, o total economizado foi de apenas 1,5 mA, tendo a redução indo de 16,4 mA, com tudo ligado, até 14,9 mA, com tudo desligado. Eu utilizei o seguinte sketch de teste:

```
// sketch_05_02_powering_off
#include <avr/power.h>
void setup()
{
  pinMode(13, OUTPUT);
// power_adc_disable();
// power_spi_disable();
// power_twi_disable();
// power_usart0_disable();
// power_timer0_disable();
// power_timer1_disable();
   power_timer2_disable();
// power_all_disable();         //Desligar tudo.
}
void loop()
{
}
```

As funções disponíveis estão listadas na Tabela 5.3. Para cada função da lista, há outra terminando em **enable** em vez de em **disable**.

>> Opção de dormir

O último modo de economizar energia no seu Arduino é o modo de sono, que consiste em colocá-lo para "dormir" quando ele não tem nada de útil a fazer. Esse modo de sono também é conhecido como modo de espera ou de suspensão.

Tabela 5.3 >> Funções de gerenciamento de energia para Arduinos ATmega

Função	Descrição
power_adc_disable	Desabilita as entradas analógicas
power_spi_disable	Desabilita a interface SPI
power_twi_disable	Desabilita TWI(I2C)
power_usart0_disable	Desabilita a UART serial (essa função é usada na comunicação USB serial)
power_timer0_disable	Desabilita o Temporizador 0 (essa função é usada pelas funções **millis** e **delay**)
power_timer1_disable	Desabilita o Temporizador 1
power_timer2_disable	Desabilita o Temporizador 2
power_all_disable	Desabilita todos os módulos listados acima

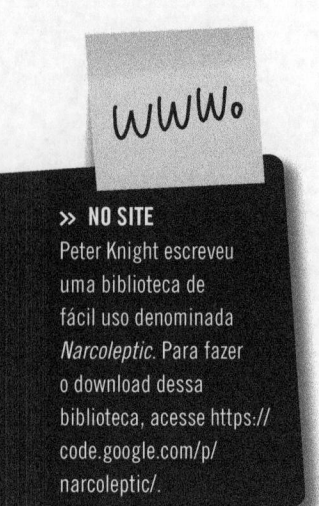

» Narcoleptic

Obviamente, adormecer o Arduino não seria útil se não houvesse um modo de despertá-lo novamente! Há dois métodos para acordar um Arduino. Um é usando uma interrupção externa e o outro é programando um temporizador para acordar o Arduino após um determinado tempo. A biblioteca Narcoleptic utiliza apenas o método do temporizador.

A biblioteca Narcoleptic fornece uma função **delay** alternativa que coloca o Arduino para dormir por um período de tempo que é especificado como parâmetro da função **delay**. Como nada acontece enquanto o Arduino está em **delay**, esse método funciona muito bem.

Por exemplo, vamos começar com o nosso antigo sketch padrão, o Blink (piscar). O sketch a seguir executa um ciclo ligando o LED durante 1 segundo e desligando-o por 10 segundos. O processo é repetido indefinidamente:

```
// sketch_05_03_blink_standard
void setup()
{
  pinMode(13, OUTPUT);
}
void loop()
{
  digitalWrite(13, HIGH);
  delay(1000);
  digitalWrite(13, LOW);
  delay(10000);
}
```

Esta é a versão Narcoleptic desse sketch:

```
// sketch_05_04_narcoleptic_blink
#include <Narcoleptic.h>
void setup()
{
  pinMode(13, OUTPUT);
}
void loop()
{
  digitalWrite(13, HIGH);
  Narcoleptic.delay(1000);
  digitalWrite(13, LOW);
  Narcoleptic.delay(10000);
}
```

A única diferença é que você importa a biblioteca Narcoleptic e usa a sua própria função **delay** e não a função **delay** comum.

> **» NO SITE**
> Peter Knight escreveu uma biblioteca de fácil uso denominada *Narcoleptic*. Para fazer o download dessa biblioteca, acesse https://code.google.com/p/narcoleptic/.

Quando executamos ambos os sketches em um Mini Pro com 5V e 16 MHz, verificamos que o primeiro sketch consome em torno de 17,2 mA quando o LED se encontra na parte desligada do ciclo. Por outro lado, na versão Narcoleptic do sketch, esse tempo é reduzido a uns poucos 3,2 mA. O LED "ON" consome a maior parte dessa corrente (cerca de 3 mA). Assim, se você removê-lo, o consumo médio poderá ser reduzido a um valor bem inferior a 1 mA.

O microcontrolador pode adormecer muito rapidamente. Por isso, se seu projeto depender de que um botão seja pressionado para disparar alguma ação, então você não precisará necessariamente de uma interrupção externa para acordá-lo. Você pode (o que será provavelmente mais fácil) escrever seu código de modo que o Arduino acorde 10 vezes por segundo, verifique se uma entrada está em nível HIGH (alto) e, em caso afirmativo, faça alguma coisa em vez de voltar a adormecer. Este sketch ilustra esse processo:

```
// sketch_05_05_narcoleptic_input
#include <Narcoleptic.h>

const int ledPin = 13;
const int inputPin = 2;

void setup()
{
  pinMode(ledPin, OUTPUT);
  pinMode(inputPin, INPUT_PULLUP);
}

void loop()
{
  if (digitalRead(inputPin) == LOW)
  {
    doSomething();           //Função que "faz algo".
  }
  Narcoleptic.delay(100);
}

void doSomething()
{
  for (int i = 0; i < 20; i++)
  {
    digitalWrite(ledPin, HIGH);
    Narcoleptic.delay(200);
    digitalWrite(ledPin, LOW);
    Narcoleptic.delay(200);
  }
}
```

Ao executar esse sketch, um Mini Pro com 5V e 16 MHz consome apenas 3,25 mA enquanto espera que aconteça alguma coisa. Quando o pino 2 está conectado a GND, o LED pisca 20 vezes e, como você também está usando a própria função **delay** de Narcoleptic para fazer o LED piscar, a corrente sobe uma média de apenas 4 ou 5 mA.

Se você modificar o **delay** dentro do **loop**, para fazer o Arduino acordar, digamos, 100 vezes por segundo, o consumo de energia subirá novamente porque leva um tempo, ainda que curto, para o Arduino adormecer. Entretanto, um retardo de 50 milissegundos (ou 20 vezes por segundo) parece ser um bom valor.

» Acordando com interrupções externas

A abordagem que acabamos de descrever funciona na maioria das situações. Entretanto, se você precisar responder com mais rapidez a um evento externo, então será necessário acordar o microcontrolador quando ocorrer uma interrupção externa.

É necessário refazer o exemplo anterior usando o pino P2 como interrupção externa. Os resultados serão melhores porque não há necessidade de periodicamente testar o pino de interrupção. O código nesse caso é bem complexo. Por isso, primeiro mostrarei o código e então descreverei como tudo funciona. Se você não leu o Capítulo 3, recomendo que você o leia antes de prosseguirmos com este exemplo:

```
// sketch_05_06_sleep_external_wake
#include <avr/sleep.h>

const int ledPin = 13;
const int inputPin = 2;

volatile boolean flag;

void setup()
{
  pinMode(ledPin, OUTPUT);
  pinMode(inputPin, INPUT_PULLUP);
  goToSleep();
}

void loop()
{
  if (flag)
  {
    doSomething();
    flag = false;
    goToSleep();
  }
}

void setFlag()
{
  flag = true;
}
```

```
void goToSleep()
{
   set_sleep_mode(SLEEP_MODE_PWR_DOWN);
   sleep_enable();
   attachInterrupt(0, setFlag, LOW);     // Pino D2.
   sleep_mode();                          //Entrar em modo de sono.
   //Agora ficar dormindo até ser interrompido (LOW). Então, ...
   sleep_disable();
   detachInterrupt(0);
}
void doSomething()
{
  for (int i = 0; i < 20; i++)
  {
    digitalWrite(ledPin, HIGH);
    delay(200);
    digitalWrite(ledPin, LOW);
    delay(200);
  }
}
```

A primeira coisa a observar é que o exemplo usa algumas funções que estão definidas na biblioteca **avr/sleep.h**. Assim como a biblioteca **avr/power.h** que usei antes, essa biblioteca não faz parte do núcleo do Arduino. Trata-se de uma biblioteca destinada à família AVR de microcontroladores. Isso significa que ela não funcionará no Arduino Due, mas, novamente, se você está desenvolvendo um projeto de baixo consumo com Arduino, o Due deve ser a sua última escolha de placa.

Depois de definir os pinos que usarei, defino uma variável do tipo **volatile** para permitir que a ISR se comunique com o resto do sketch.

A função **setup** configura os pinos e então chama a função **goToSleep** (vá dormir). Essa função define o tipo de modo de sono, que, no caso, é **SLEEP_MODE_PWR_DOWN**. Esse modo é o que economiza mais energia, e faz sentido, portanto, usá-lo.

A seguir, é necessário fazer a habilitação (*enable*) de dormir chamando **sleep.enable**. Ao chamá-la, o microcontrolador não adormece. Antes disso, eu preciso associar uma rotina de serviço de interrupção (ISR) à interrupção 0 (pino D2) de modo que o Arduino possa acordar quando chegar o momento.

Depois de definir a ISR, chamamos **sleep_mode()**, que realmente faz adormecer o microcontrolador. Quando ele voltar a acordar, a ISR é executada e, em seguida, o sketch continua a partir da linha seguinte a **goToSleep**. Essa, por sua vez, faz a desabilitação (*disable*) de dormir chamando **disable_sleep** e desfaz a associação da ISR com a interrupção. Assim, a ISR não poderá ser chamada novamente até que o sketch coloque de novo o microcontrolador para dormir.

> **» DICA**
> Observe que o tipo de interrupção foi configurado como LOW. Esse é o único tipo de interrupção que você pode usar neste exemplo. Os tipos RISING, FALLING e CHANGE não funcionarão.

Quando ocorre uma interrupção em D2, a ISR simplesmente ativa (**setFlag**) uma variável sinalizadora "**flag**" (bandeira) que é testada pela função **loop**. Lembre-se de que, em uma ISR, o uso da função **delay** e outras não funciona corretamente. Portanto, a função **loop** deve monitorar a variável **flag** até que ela seja ativada e então chamar a mesma função **doSomething** que foi usada no exemplo Narcoleptic. Depois de realizar a ação, a variável **flag** é desativada e o Arduino é colocado de volta para dormir.

O consumo de energia foi muito semelhante ao do exemplo Narcoleptic, exceto que, enquanto os LEDs estavam piscando, o consumo de corrente foi maior porque foi usada a função **delay** normal.

» *Usar saídas digitais para controlar o consumo de energia*

Embora este capítulo seja sobre o uso de software para minimizar o consumo de energia, é oportuno mencionar uma sugestão útil de hardware que pode ser usada para manter baixo o consumo de energia.

Na Figura 5.4, vemos um Arduino com uma entrada analógica à qual foi conectado um sensor luminoso. Esse sensor é composto de um fotorresistor (a resistência varia com a luz) e um resistor fixo, permitindo medir a intensidade luminosa.

O problema dessa forma de medir a luz é que há uma corrente constante circulando desde os 5V, passando pelo fotorresistor e o resistor fixo. Se o fotorresistor estiver com uma resistência de 500 ohms (luz intensa), então, pela lei de Ohm, a corrente que circula é I = V/R = 5V / (1.000 ohms + 500 ohms) = 3,3 mA.

Em vez de usar a tensão de alimentação fixa de 5 V do Arduino, você poderá usar uma saída digital (veja a Figura 5.5) para colocar o pino em nível **HIGH** (5V), fazer uma leitura e, em seguida, retornar ao nível **LOW** (0V). A corrente de 3,3 mA circula apenas durante um intervalo curto de tempo sempre que é feita uma leitura, reduzindo muito o consumo médio de corrente.

Este sketch ilustra essa abordagem:

```
// sketch_05_07_light_sensing
const int inputPin = A0;
const int powerPin = 12;

void setup()
{
  pinMode(powerPin, OUTPUT);
  Serial.begin(9600);
}
```

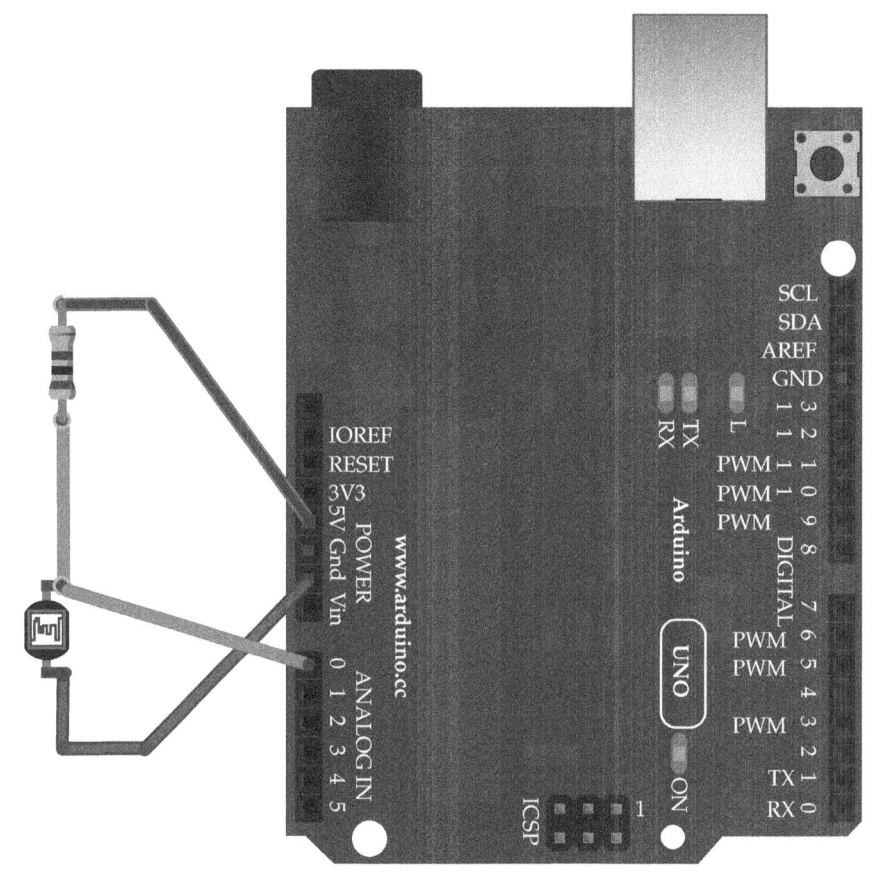

Figura 5.4 Medição da intensidade luminosa com um LDR* (fotorresistor).
Fonte: do autor.

```
void loop()
{
  Serial.println(takeReading()); // Tomada de leitura.
  delay(500);
}
int takeReading()
{
  digitalWrite(powerPin, HIGH);
  delay(10);                     // Os fotorresistores  demoram para responder.
  int reading = analogRead(inputPin);
  digitalWrite(powerPin, LOW);
  return reading;
}
```

Além de simplesmente medir a intensidade luminosa, você poderá usar essa técnica em muitas outras situações. Você poderia, por exemplo, usar a saída digital para

---

* N. de T.: *Light Dependent Resistor*, ou resistor dependente de luz.

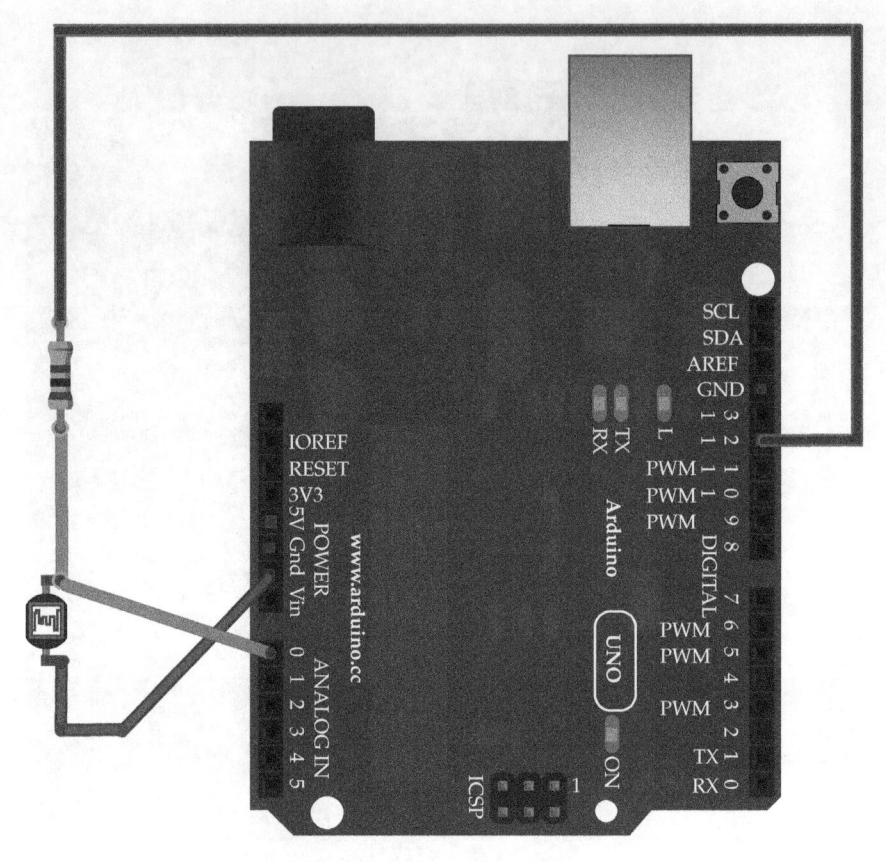

Figura 5.5 Medição da intensidade luminosa economizando energia.
Fonte: do autor.

controlar um transistor MOSFET que, por sua vez, ligaria e desligaria as partes de alta potência de um projeto conforme a necessidade.

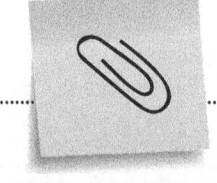

>> RESUMO

Os melhores métodos de minimizar o consumo de corrente são:

• Colocar o microcontrolador para dormir quando ele não está fazendo nada.

• Fazer o Arduino funcionar com tensão menor.

• Fazer o Arduino funcionar com uma frequência de relógio menor.

capítulo 6

Memória

Enquanto a maioria dos computadores tem memórias com capacidades medidas em gigabytes, o Arduino Uno tem apenas 2 KB. Embora seja muito importante escrever um código que use a memória de maneira eficiente, você não pode fazer isso à custa de um código de fáceis leitura e manutenção. Ainda, mesmo com os recursos limitados do Arduino, a maioria dos sketches não chegará a utilizar toda a memória RAM disponível. Neste capítulo, você aprenderá tudo sobre a memória e a capacidade de armazenamento do Arduino.

Objetivos de aprendizagem

» Descrever como o Arduino utiliza sua memória.

» Minimizar o uso das memórias RAM e flash.

» Diferenciar as alocações estática e dinâmica de memória.

» Explicar o que são strings e os dois métodos básicos utilizados para usá-las no Arduino.

» Utilizar a biblioteca String Object do Arduino.

» Escrever e ler bytes e blocos de bytes em uma memória EEPROM.

» Discutir os empecilhos de utilizar a memória flash.

» Utilizar cartões SD.

» A memória do Arduino

Comparar a memória de um Arduino com a dos computadores convencionais é um tanto injusto, porque, na realidade, as memórias RAM deles são usadas de modos diferentes. A Figura 6.1 mostra como um computador PC usa a memória quando executa um programa.

Quando um PC executa um programa, ele primeiro copia o programa inteiro do HD (hard disk) na memória RAM e então executa essa cópia do programa. Além disso, as variáveis do programa também usam mais espaço na RAM. Fazendo uma comparação, a Figura 6.2 mostra como um Arduino usa a memória quando um programa é executado. O programa é executado diretamente na memória flash, não sendo copiado para a memória RAM.

A RAM de um Arduino é usada apenas para armazenar os conteúdos das variáveis e outros dados relacionados com a execução do programa. A RAM não é permanente, isto é, quando a alimentação elétrica é desligada, a RAM é limpa, perdendo seus conteúdos. Se o programa necessitar armazenar dados de forma permanente,

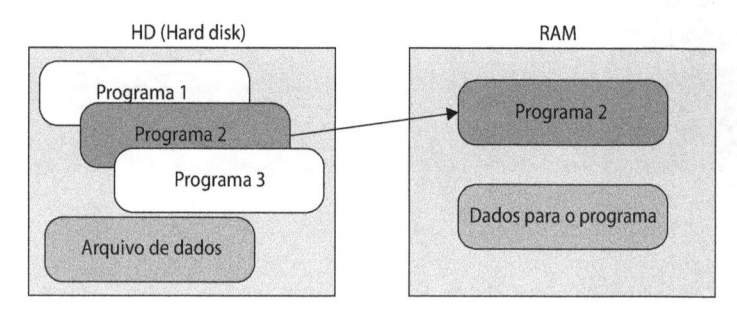

Figura 6.1 Como um PC usa a memória.
Fonte: do autor.

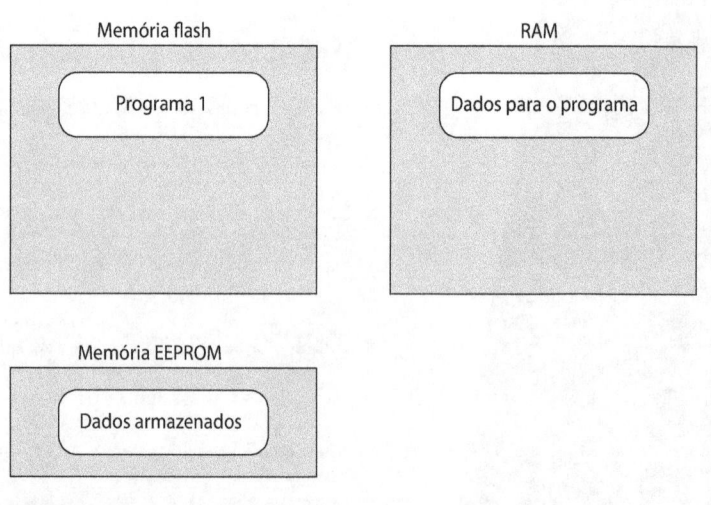

Figura 6.2 Como um Arduino usa a memória.
Fonte: do autor.

deveremos escrever esses dados em uma memória EEPROM. Mais tarde, os dados poderão ser lidos de volta quando o sketch for novamente executado.

Quando você está próximo dos limites de um Arduino, você tem que se preocupar com o uso da RAM e, em extensão menor, com o tamanho do programa na memória flash. Como um Arduino Uno tem 32 Kb de memória flash, esse limite não costuma ser alcançado.

» Minimizando o uso de RAM

Como você viu, uma forma de reduzir o uso da RAM é diminuindo a quantidade dela utilizada pelas variáveis.

» Use as estruturas de dados corretas

De longe, o tipo de dado mais comum na linguagem C do Arduino é o **int**. Cada **int** usa 2 bytes, mas, na maioria das vezes, você não usa números entre –32.768 e +32.767. Nesse caso, o intervalo bem menor de 0 a 255 oferecido pelo tipo **byte** é mais do que suficiente. A maioria dos métodos internos que funcionam com **int** também funcionará igualmente bem com **byte**.

Um exemplo comum de como isso funciona é dado pelas variáveis usadas para indicar os números de pino. Para isso, é comum usar **int**, como mostra o seguinte exemplo:

```
// sketch_06_01_int
int ledPins[] = {2, 3, 4, 5, 6, 7, 8, 9, 10, 11, 12, 13};
void setup()
{
  for (int i = 0; i < 12; i++)
  {
    pinMode(ledPins[i], OUTPUT);
    digitalWrite(ledPins[i], HIGH);
  }
}
void loop()
{
}
```

Em vez disso, você poderia facilmente trocar o array do tipo **int** por um array do tipo **byte**. Se você fizer isso, o programa levará o mesmo tempo, mas o array ocupará metade da memória.

Uma maneira realmente boa de reduzir o uso da memória é assegurando que as variáveis constantes sejam declaradas como tal. Para isso, simplesmente coloque a palavra **const** à frente da declaração de variável. Sabendo que o valor nunca será alterado, o compilador pode usar diretamente o valor no lugar do nome da variável, o que economiza espaço na memória. Por exemplo, a declaração de array do exemplo anterior torna-se

```
const byte ledPins[] = {2, 3, 4, 5, 6, 7, 8, 9, 10, 11, 12, 13};
```

» Cuidado com a recursão

Recursão é uma técnica na qual uma função chama a si própria. A recursão pode ser um meio poderoso de expressar e resolver um problema. Em linguagens de programação funcional, como Lisp e Scheme, a recursão é muito usada.

Quando uma função é chamada, uma área da memória denominada *pilha* é usada. Imagine um tubo de pastilhas de menta que tem por baixo das pastilhas uma mola para pressionar as pastilhas enfileiradas contra o topo do tubo. Você insere as pastilhas no topo, carregando o tubo, e retira-as também pelo topo (Figura 6.3). O termo *inserir* indica que algo está sendo acrescentado à pilha e o termo *remover* indica a retirada de algo da pilha.

Cada vez que uma função é chamada, um bloco de dados é preparado e inserido na pilha criada na memória. Cada bloco desses, denominado *frame de pilha*, é um pequeno conjunto de dados (ou registro) que ocupa diversas posições da memória e contém os parâmetros, as variáveis locais usadas pela função e ainda um endereço de retorno. Quando a execução da função chamada terminar, esse endereço de retorno é o ponto no sketch a partir do qual a execução do programa deve prosseguir.

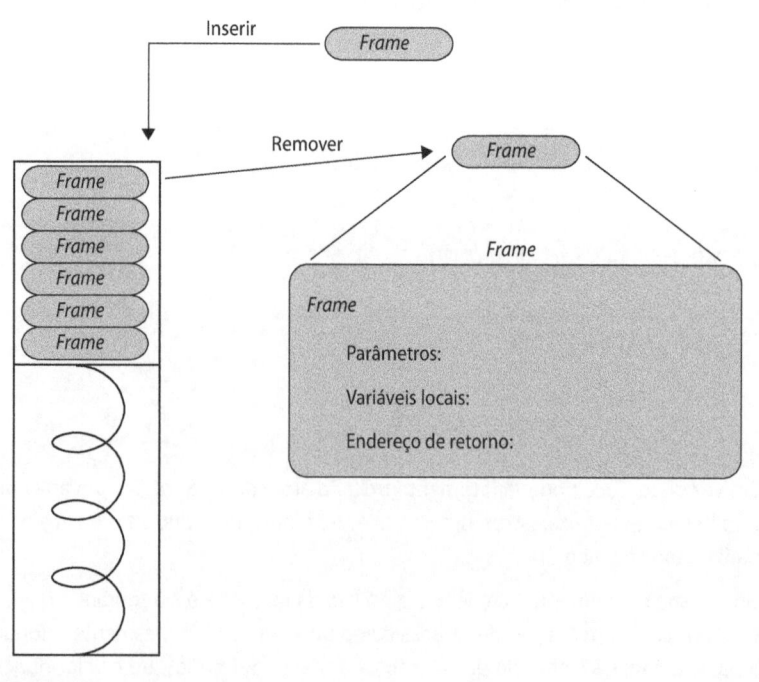

Figura 6.3 A pilha.
Fonte: do autor.

Inicialmente, a pilha está vazia, mas quando você chama uma função (vamos chamá-la de "função A"), uma área de memória é reservada para ela e um *frame* é inserido na pilha. Se a função A chamar outra função (função B), então um segundo *frame* é inserido no topo da pilha, de forma que a pilha tem agora dois *frames*. Quando a execução da função B termina, o seu *frame* na pilha é removido dela. Como as variáveis locais de uma função também são armazenadas no *frame* na pilha, elas não são lembradas entre chamadas sucessivas de função.

A pilha usa parte da nossa preciosa memória e, na maior parte do tempo, nunca contém mais do que três ou quatro *frames*. A exceção ocorre quando permitimos que as funções chamem a si mesmas ou quando estão em um **loop** chamando-se entre si. Nesses casos, há uma possibilidade concreta de o programa "estourar" a memória de pilha.

Por exemplo, a função matemática "fatorial" de um número inteiro é calculada multiplicando esse número e todos os inteiros que lhe antecedem. O fatorial de 6 é $6 \times 5 \times 4 \times 3 \times 2 \times 1 = 720$.

Uma definição recursiva do fatorial de *n* é:

> Se *n* = 0, o fatorial de *n* é 1.
> Caso contrário, o fatorial de *n* é *n* vezes o fatorial de (*n* – 1).

Em C de Arduino, isso é escrito como:

```
long factorial(long n)
{
  if (n == 0)
  {
    return 1;
  }
  else
  {
    return n * factorial(n - 1);
  }
}
```

Esse código e o sketch completo que imprime os resultados podem ser encontrado em **sketch_06_02_factorial**. Em geral, as pessoas com mentalidade matemática pensam que isso é muito simples. A profundidade da pilha é igual ao número do qual estamos calculando o fatorial. Também é muito fácil ver como se pode escrever uma versão não recursiva da função **factorial**:

```
long factorial(long n)
{
  long result = 1;
  while (n > 0)
  {
    result = result * n;
    n--;
  }
  return result;
}
```

Em termos de legibilidade, esse código é de fácil compreensão. Ele também usa menos memória e é mais rápido. Em geral, evitamos a recursão ou a utilizamos com algoritmos recursivos muito eficientes, como o Quicksort (http://en.wikipedia.org/wiki/Quicksort). Esse algoritmo pode ordenar um array de números de forma muito eficiente.

» Armazene as constantes de string em memória flash

Por default, se você declarar strings como constantes, como no exemplo a seguir, esses arrays de caracteres serão armazenadas em memória flash e em RAM – uma vez no código do programa e outra vez na RAM quando seus valores são copiados durante a execução do sketch:

```
Serial.println("Programa Iniciado");
```

Se, entretanto, você usar o código seguinte, a string constante será armazenada apenas na memória flash:

```
Serial.println(F("Programa Iniciado"));
```

Na seção "Usando Memória Flash" deste capítulo, veremos outros modos de utilizar a memória flash.

» Concepções errôneas comuns

Uma concepção errônea comum é a de que um nome de variável curto ocupa menos memória. Isso não é verdade. O compilador trata essas coisas de tal maneira que os nomes definitivos das variáveis não interferem no sketch em binário. Outra concepção errônea é de que os comentários de um programa têm relação com o tamanho do programa quando ele é instalado e também com o uso da RAM. Isso não é verdadeiro.

Também é errônea a concepção de que a decomposição do código em numerosas funções pequenas aumenta o tamanho do código compilado. Em geral, esse não é o caso, porque o compilador é suficientemente "inteligente" para substituir as chamadas da função por cópias do corpo da função em todos os locais onde ela é chamada. O uso dessas cópias, denominadas *inline*, faz parte do processo de otimização do código durante a compilação. Isso permite escrever códigos mais inteligíveis.

» Meça a memória livre

Quando um sketch está sendo executado, podemos saber quanta RAM está sendo ocupada usando a biblioteca **MemoryFree**, que pode ser baixada de http://playground.arduino.cc/Code/AvailableMemory.

Essa biblioteca é de uso fácil. Ela oferece uma função denominada **freeMemory** (memória livre), que retorna o número de bytes disponíveis. O sketch seguinte mostra como usá-la:

```
#include <MemoryFree.h>
void setup()
{
    Serial.begin(115200);
}
void loop()
{
    Serial.print("freeMemory()=");
    Serial.println(freeMemory());
    delay(1000);
}
```

Essa biblioteca pode ser útil quando, em um sketch, você começa a experimentar alguns problemas inexplicáveis, possivelmente causados pela escassez de memória. Naturalmente, a utilização dessa biblioteca significa um pequeno aumento do uso da memória.

» Como minimizar o uso de memória flash

Após uma compilação bem-sucedida de um sketch, você verá uma linha no final do processo dizendo algo como:

```
Binary sketch size: 1.344 bytes (of a 32.256 byte maximum)
```

Essa linha informa exatamente quanto da memória flash do Arduino será usada pelo sketch, permitindo que você saiba se está próximo do limite de 32 Kb. Se você não estiver próximo do limite, então não haverá necessidade de otimizar a memória flash, mas, se estiver chegando perto, poderá fazer algumas coisas.

» Use constantes

Quando variáveis são definidas, especialmente nomes de pinos, é muito comum ver uma definição como:

```
int ledPin = 13;            //Pino do LED = 13
```

A menos que você pretenda trocar o pino do LED durante a execução do sketch, você pode usar simplesmente uma constante. Basta colocar a palavra **const** à frente da definição:

```
const int ledPin = 13;
```

Essa modificação permite economizar 2 bytes, mais 2 bytes por cada lugar onde a constante será usada. No caso de uma variável muito usada, a economia pode chegar a algumas dezenas de bytes.

» Remova comandos desnecessários

Quando se está testando um sketch de Arduino, costuma-se espalhar comandos **Serial.println** no código com a finalidade de exibir no Monitor Serial os valores das variáveis. Isso permite detectar falhas no programa. Na realidade, esses comandos usam uma boa quantidade de memória flash. Para cada comando **Serial.println**, cerca de 500 bytes de código da biblioteca são inseridos no sketch. Portanto, quando você estiver convencido de que o sketch está funcionando corretamente, poderá remover essas linhas ou transformá-las em comentários.

» Dispense o bootloader

No Capítulo 2, você aprendeu a programar diretamente o microcontrolador do Arduino usando o conector ISP e também a fazer a programação em hardware. Dessa forma, podemos economizar uns preciosos Kbs, porque não há necessidade de instalar o bootloader.

» *Alocação de memória estática* versus *dinâmica*

> » **CURIOSIDADE**
> Em computação, o "coletor de lixo" (*garbage collector*) é um recurso destinado a auxiliar no gerenciamento da memória. Ele procura recuperar as posições de memória que deixaram de ser usadas ("lixo") e reorganizar as que estão ocupadas de forma a otimizar o uso da memória e o desempenho da execução do programa.

Se você tem experiência com sistemas de computação de grande porte usando linguagens como Java ou C#, deve estar acostumado a criar objetos durante a execução dos programas, permitindo que um *garbage collector* ponha ordem nas coisas que vão ficando para trás. Em um microcontrolador com apenas 2 Kb de memória, essa forma de programação é simplesmente inadequada. Para começar, não há "coletor de lixo" e, além disso, a reserva e a liberação de memória durante a execução de um sketch raramente são necessárias ao tipo de programa escrito para Arduinos.

O exemplo a seguir define um array estático, assim como você faria normalmente em um sketch:

```
// sketch_06_04_static

int array[100];

void setup()
{
  array[0] = 1;
  array[50] = 2;
  Serial.begin(9600);
  Serial.println(array[50]);
}
void loop()
{
}
```

Quando o sketch for compilado, já será possível saber quanto de memória o array ocupará. Desse modo, o compilador pode reservar a quantidade necessária de memória para o array. O exemplo a seguir também cria um array do mesmo tamanho, mas a memória é reservada (alocada) durante a execução do sketch com base na memória disponível no momento. Observe que as versões anteriores a 1.0.4 do software de Arduino não aceitam a função **malloc** (alocação de memória).

```
// sketch_06_05_dynamic
int *array;
void setup()
{
  array = (int *)malloc(sizeof(int) * 100);
  array[0] = 1;
  array[50] = 2;
  Serial.begin(9600);
  Serial.println(array[50]);
}
void loop()
{
}
```

Você pode começar definindo uma variável **int *array**. O asterisco indica que se trata de um apontador para um valor inteiro (ou, nesse caso, um array de inteiros, em vez de um único valor inteiro). A memória que deverá ser utilizada pelo array não é reservada até que a seguinte linha seja executada no **setup**:

```
array = (int *)malloc(sizeof(int) * 100);
```

O comando **malloc** (*memory allocate*, ou *alocação de memória*) reserva memória em uma área da RAM denominada *heap*. O seu argumento é o número de bytes que devem ser alocados. Como o array conterá 100 **int**s, você precisa fazer alguns cálculos para determinar quantos bytes serão reservados. Na realidade, você poderia simplesmente escrever **200** como parâmetro de **malloc**, porque sabe que um **int** ocupa 2 bytes de memória. No entanto, usando a função **sizeof()**, você pode ter certeza de que está utilizando o número correto.

> **» DICA**
> A função **sizeof()** (tamanho de) fornece o tamanho necessário em bytes para representar o tipo de dado usado como argumento. No caso do exemplo dado no texto, trata-se de um **int**. Portanto, **sizeof(int)** retorna o valor **2** bytes.

Depois de alocar a memória, você poderá usar o array como se ele tivesse sido alocado estaticamente. A única vantagem de alocá-lo dinamicamente é que você pode retardar a decisão sobre seu tamanho até a execução de fato do sketch (tempo de execução).

O risco de alocar dinamicamente a memória é que pode surgir uma situação na qual a memória é alocada, mas não liberada, de modo que inesperadamente o sketch fica sem memória. O "estouro" ou esgotamento de memória pode levar o Arduino a ficar "pendurado". Entretanto, se a memória for alocada estaticamente, isso não irá acontecer.

Eu já desenvolvi centenas de projetos com Arduino e ainda não encontrei uma boa razão para utilizar alocação dinâmica de memória em um Arduino.

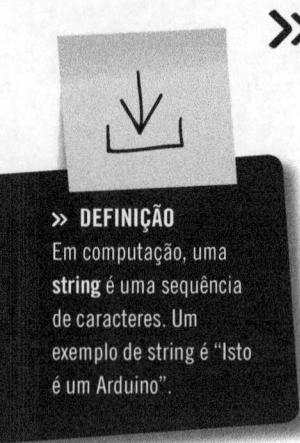

» Strings

Em geral, na programação com Arduino, as *strings* (textos) são menos usadas do que no desenvolvimento de software mais convencional. Strings são muito usadas porque a maioria dos programas trata de interfaces e bancos de dados, que naturalmente utilizam textos de algum tipo.

Muitos programas de Arduino não têm necessidade de representar strings de texto. No entanto, se for necessário, será com comandos **Serial.println**, usados para testar um sketch que não está funcionando corretamente.

Basicamente, há dois métodos para usar strings no Arduino: o antigo (arrays do tipo **char** da linguagem C) e um novo, a biblioteca String Object.

> » **DEFINIÇÃO**
> Em computação, uma **string** é uma sequência de caracteres. Um exemplo de string é "Isto é um Arduino".

» Arrays C de caracteres

Quando você define um texto como uma constante, escrevendo algo como

```
char message[] = "Hello World";   //"Alô Mundo"
```

você está definindo um array estático do tipo **char** com 12 caracteres de comprimento. São 12 caracteres em vez de 11, correspondendo aos 11 caracteres de "Hello World" mais um caractere final "0", obrigatório para indicar o término da string. Essa é a convenção para definir strings de caracteres em C, permitindo que você use arrays maiores do que o necessário para conter a string usada no início da execução do programa (Figura 6.4). Cada caractere, letra, número ou outro símbolo tem um código próprio, denominado valor ASCII.

Observe que outra convenção comumente utilizada para definir textos como constantes é a mostrada a seguir:

```
char *message = "Hello World";   //"Alô Mundo"
```

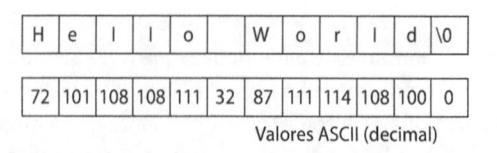

H	e	l	l	o		W	o	r	l	d	\0
72	101	108	108	111	32	87	111	114	108	100	0

Valores ASCII (decimal)

Figura 6.4   Um array C de caracteres terminado pelo caractere nulo (0).
Fonte: do autor.

Essa sintaxe é semelhante, mas declara que **message** (mensagem) é um apontador de caractere (o primeiro do array).

Formatando strings com múltiplos comandos print

Na maior parte do tempo, o uso de comandos **print** é tudo o que precisamos para utilizar strings como, por exemplo, na exibição em um display LCD de uma mensagem especificada como parâmetro de **Serial.prinln**. Talvez você pense que seja necessário unir strings e converter números em strings. Vamos ver um problema específico: a exibição da mensagem "Temp: 32 C" em uma tela LCD. Você pode achar que devemos juntar a string **"Temp:"** com o número **32** e ainda acrescentar a string **"C"** no final. Se fosse um programador de Java, você provavelmente esperaria algo como o seguinte em C:

```
String text = "Temp:" + tempC + "C";
```

Lamento, mas em C as coisas não funcionam assim. Nesse caso, podemos exibir essa mensagem simplesmente usando múltiplos comandos **print**s, como mostra este exemplo:

```
lcd.print("Temp:"); lcd.print(tempC); lcd.print("C");
```

Nesse método, não é necessário fazer qualquer cópia de dados durante a concatenação de strings, como acontece com outras linguagens.

A mesma abordagem de múltiplos **Print**s funciona com o Monitor Serial e os comandos **Serial.print**. Nesse caso, geralmente fazemos o último **print** de uma linha ser **println**. Com isso, uma nova linha em branco é acrescentada à saída.

Formatando strings com sprintf

A biblioteca padrão C para string (não deve ser confundida com a biblioteca Arduino String Object, que será discutida na próxima seção) contém uma função muito útil denominada **sprintf**, que permite formatar arrays de caracteres. Ela encaixa as variáveis em sequência, montando uma string, como mostra o exemplo seguinte:

```
char line1[17];
int tempC = 30;
sprintf(line1, "Temp: %d C", tempC);
```

O array de caracteres **line1** (linha 1) é uma área de memória que contém uma string usada para armazenar o texto formatado. O tamanho especificado é de 17 caracteres para incluir um caractere extra "nulo" no final no texto. Eu escolhi o nome **line1** para ilustrar como isso poderia ser o conteúdo da linha superior (linha 1) de um display LCD de duas linhas de 16 caracteres.

O primeiro parâmetro do comando **sprintf** é o array de caracteres no qual o resultado será escrito. O segundo argumento é a string que está sendo formatada contendo uma combinação de textos literais, como **Temp:**, e comandos de formatação, como **%d**. Nesse caso, **%d** significa número decimal com sinal. Os demais parâmetros são as variáveis cujos valores serão inseridos na montagem da string, respeitando a ordem dos respectivos comandos de formatação.

Se seu display LCD fosse mostrar as horas na segunda linha, então você poderia formatar as horas a partir de variáveis separadas para horas, minutos e segundos usando o seguinte código:

```
char line2[17];
int h = 12;
int m = 30;
int s = 5;
sprintf(line2, "Time: %2d:%02d:%02d", h, m, s);
```

Se a **line2** (linha 2) fosse enviada ao Monitor Serial ou a um display LCD, veríamos algo como:

```
Time: 12:30:05
```

Vemos que os valores dos números foram substituídos nos lugares corretos e que também um zero foi incluído à frente do dígito 5. No sketch, você tem os comandos de formatação separados pelo símbolo ":". Eles são usados para as horas, minutos e segundos. Para as horas, é **%2d**. Isso significa que o valor deve ser mostrado na forma decimal, ocupando dois dígitos. O comando de formatação para minutos e segundos é ligeiramente diferente (**%02d**). Esse comando ainda continua significando formatação de dois caracteres, mas inclui um zero à esquerda se for necessário. Por exemplo, se o valor for 25, será mostrado **25**, mas, se o valor for 7, será mostrado **07** e não 7.

Obtendo o comprimento de uma string

Como a string que está dentro de um array de caracteres frequentemente é menor do que o array de caracteres que a contém, há disponível uma função muito útil denominada **strlen** (*string length*, isto é, comprimento da string). Essa função conta o número de caracteres no array que antecedem o caractere "nulo" que marca o final da string.

A função retorna o tamanho da string (excluindo o "nulo") e toma o array de caracteres como seu único argumento. Por exemplo, temos

```
strlen("abc")
```

que retorna o valor 3.

» A biblioteca String Object do Arduino

Há muitos anos, desde a versão 019, o IDE de Arduino vem incluindo uma biblioteca String que é considerada muito familiar e amigável pelos desenvolvedores

> » **ATENÇÃO**
> Fique atento, porque essa formatação funciona apenas com o tipo **int**. Até agora, os desenvolvedores do Arduino ainda não implementaram a formatação da biblioteca padrão C para incluir outros tipos de variáveis, como **float**.

acostumados com as linguagens Java, Ruby, Python e outras. Nessas linguagens, a norma é construir strings por concatenação, frequentemente usando o símbolo "+". Essa biblioteca também coloca à disposição um conjunto completo de recursos úteis para pesquisa e manipulação de strings.

Naturalmente, essa biblioteca significa acrescentar diversos Kbs ao tamanho do sketch, caso você venha a utilizá-la. Ela também usa alocação dinâmica de memória, com todos os problemas associados de "estouro" de memória. Portanto, pense cuidadosamente antes de decidir usá-la. Em seu lugar, muitos usuários optam por adotar os arrays C de caracteres.

Essa biblioteca é muito fácil de usar. Se você já usou strings em Java, estará em casa com a biblioteca String Object do Arduino.

Criando strings

Você pode criar uma string usando um array dos tipos **char**, **int** ou **float**, como mostra o exemplo seguinte:

```
String message = "Temp: ";
String temp = String(123);
```

Concatenando strings

Strings podem ser concatenadas entre si e com outros tipos de dados usando +. Tente colocar o código seguinte na função **setup** de um sketch vazio:

```
Serial.begin(9600);
String message = "Temp:";
String temp = String(123);
Serial.println(message + temp + "C");
```

Observe que o valor final que está sendo concatenado na variável **String** é na realidade um array de caracteres. Se o primeiro item da sequência de valores encadeados com os sinais + for uma string, então automaticamente os demais itens serão convertidos para strings antes de serem concatenados.

Outras funções de string

A Tabela 6.1 resume algumas das coisas mais úteis que você pode fazer com funções de strings. Para informações detalhadas sobre as funções disponíveis, acesse http://arduino.cc/en/Reference/StringObject.

» *Como usar a EEPROM*

O conteúdo de qualquer variável usada em um sketch de Arduino será perdido sempre que o Arduino for desligado ou inicializado (reset). Se você quiser que valores sejam armazenados de forma permanente, deverá escrevê-los em uma

Tabela 6.1 » Algumas funções úteis com strings

Função	Exemplo	Descrição
[]	char ch = String("abc")[0];	**ch** assume o valor **a**.
trim	String s = "abc"; s.trim();	Remove os caracteres de espaço em branco nos dois lados de **abc**. A variável **s** fica com o valor "**abc**".
toInt	String s = "123"; int x = s.toInt();	Converte o número representado na string para o tipo **int** ou **long**.
substring	s = "abcdefg"; String s2 = s.substring(1, 3));	Retorna uma seção da string original. A variável **s2** assume o valor "**bc**". Os dois parâmetros referem-se à posição do primeiro caractere desejado e à posição do caractere seguinte ao que desejamos no final da substring.
replace	String s = "abcdefg"; s.replace("de", "DE");	Substitui todas as ocorrência de "**de**" por "**DE**" na string. A variável **s** fica com o valor "**abcDEfg**".

> » **ATENÇÃO**
> Essa opção não se aplica ao Arduino Due, que não tem EEPROM. Nesse caso, você deve escrever os dados em um cartão de memória Micro SD.

memória EEPROM, um byte de cada vez. O Arduino Uno tem 1 Kb de memória EEPROM.

A leitura e escrita em memória EEPROM requer uma biblioteca que está pré-instalada no IDE de Arduino. O exemplo a seguir mostra como escrever um byte na EEPROM. No caso, isso é feito dentro da função **setup**:

```
#include <EEPROM.h>
void setup()
{
  byte valueToSave = 123;        // Valor a ser salvo.
  EEPROM.write(0, valueToSave);
}
```

O primeiro argumento da função **write** é o endereço na EEPROM no qual o byte será escrito e o segundo argumento é o valor que será escrito nesse endereço.

O comando **read** é usado para ler de volta os dados da EEPROM. Para ler um byte, usamos o seguinte:

```
EEPROM.read(0);
```

onde **0** é o endereço na EEPROM.

» Exemplo com EEPROM

O exemplo a seguir mostra um cenário típico em que um valor é escrito durante a execução de um programa e então lido no início da execução do sketch. Trata-se de um projeto de fechadura de porta que usa o Monitor Serial para entramos com códigos e mudarmos o código secreto. Para que o código secreto possa ser alterado, usaremos a EEPROM. Se o código tivesse que ser inicializado toda vez que o Arduino fosse posto em funcionamento, então não teria sentido permitir que o usuário alterasse o código.

Na discussão seguinte, certos trechos do sketch estarão realçados. Se você quiser ver o sketch completo no seu IDE de Arduino, ele se denomina **sketch_06_06_EEPROM_example** (exemplo de EEPROM) e poderá ser encontrado juntamente com os demais códigos deste livro em www.simonmonk.org. Talvez seja útil você executar o sketch para sentir como ele funciona. Não é necessário que você conecte algum hardware extra ao Arduino.

A função **setup** contém uma chamada para a função **InitializeCode** (inicializa código).

```
void initializeCode()
{
  byte codeSetMarker = EEPROM.read(0);
  if (codeSetMarker == codeSetMarkerValue)
  {
    code = readSecretCodeFromEEPROM();
  }
  else
  {
    code = defaultCode;
  }
}
```

O trabalho dessa função é atribuir à variável **code** (o código secreto) o seu valor. Esse valor é geralmente lido da EEPROM, mas há algumas dificuldades nessa inicialização.

Os conteúdos da EEPROM não são apagados quando se carrega um novo sketch. Depois de escrito, um valor presente na EEPROM só pode ser modificado escrevendo um novo valor por cima dele. Assim, se essa é a primeira vez que o sketch está sendo executado, então não há maneira de saber qual foi o valor deixado na EEPROM por um sketch anterior. Você poderia ficar com a porta trancada porque o código não é conhecido. Primeiro, é necessário conhecer esse código para que seja possível modificá-lo.

Um método para lidar com essa situação é criar um sketch separado especificamente para definir a senha inicial padrão (default). Esse sketch deveria ser instalado no Arduino antes de colocar em execução o sketch principal.

Um segundo método, menos confiável, mas mais conveniente, é usar um "marcador" (*marker*) que você escreve na EEPROM, indicando que há um código válido escrito nela. O lado negativo dessa abordagem é que, por acaso, há uma pequena chance de que a posição de memória usada para armazenar esse "marcador" já contenha o valor correto. Se fosse assim e você estivesse criando um produto comercial, essa solução seria inaceitável, mas aqui você pode assumir o risco.

A função **initializeCode** (inicializa código) lê o primeiro byte da EEPROM e, se seu valor for igual a **codeMarkerValue** (valor do marcador do código), que foi definido em outro local do sketch como 123, então assumiremos que a EEPROM contém o código válido e a função **readSecretCodeFromEEPROM** (ler código secreto da EEPROM) é chamada:

```
int readSecretCodeFromEEPROM()
{
  byte high = EEPROM.read(1);    //Byte mais significativo.
  byte low = EEPROM.read(2);     //Byte menos significativo.
  return (high << 8) + low;
}
```

Essa função obtém o valor do código (**int** de 2 bytes) a partir dos dois bytes que ocupam as posições 1 e 2 da EEPROM (Figura 6.5).

Para converter os valores dos dois bytes em um único valor do tipo **int**, você deve deslocar o byte mais significativo, avançando 8 bits para a esquerda, (high << 8) e então adicionar o byte menos significativo.

O código armazenado só é lido quando o Arduino é inicializado (reset). Entretanto, você deve escrever o código secreto na EEPROM sempre que ele for alterado, de modo que, se o Arduino for desligado ou inicializado (reset), o código ainda estará disponível na EEPROM para ser lido.

A função **saveSecretCodeToEEPROM** (salve o código secreto na EEPROM) é a responsável por isso:

```
void saveSecretCodeToEEPROM()
{
  EEPROM.write(0, codeSetMarkerValue);
  EEPROM.write(1, highByte(code));
  EEPROM.write(2, lowByte(code));
}
```

int (2 bytes) decimal 1234

| 0 | 0 | 0 | 0 | 0 | 1 | 0 | 0 | 1 | 1 | 0 | 1 | 0 | 0 | 1 | 0 |

Byte mais significativo — Byte menos significativo

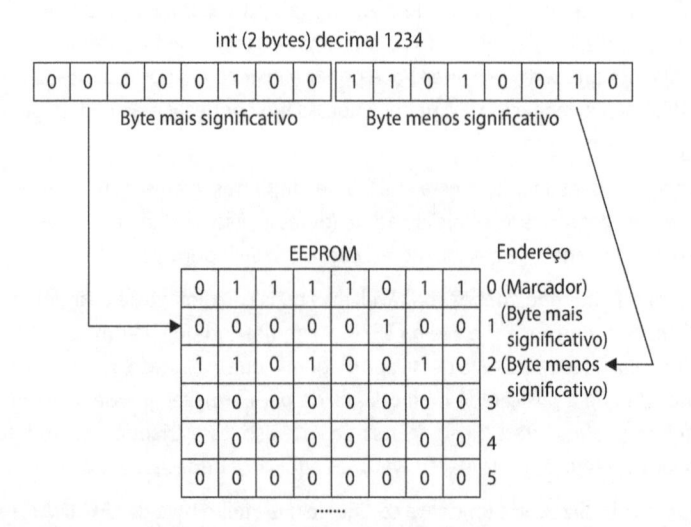

EEPROM								Endereço
0	1	1	1	1	0	1	1	0 (Marcador)
0	0	0	0	0	1	0	0	1 (Byte mais significativo)
1	1	0	1	0	0	1	0	2 (Byte menos significativo)
0	0	0	0	0	0	0	0	3
0	0	0	0	0	0	0	0	4
0	0	0	0	0	0	0	0	5

Figura 6.5 Armazenando um valor do tipo **int** na EEPROM.
Fonte: do autor.

Essa função escreve o valor do "marcador" na posição 0 da EEPROM para indicar que há um código válido na EEPROM e, em seguida, escreve os dois bytes do código secreto na EEPROM. As funções utilitárias do Arduino **highByte** (byte alto ou mais significativo) e **lowByte** (byte baixo ou menos significativo) são usadas para obter respectivamente os bytes mais e menos significativos da variável **code** (código secreto). Essa variável é do tipo **int**, sendo constituída, portanto, de dois bytes.

>> Usando a biblioteca avr/eeprom.h

A biblioteca EEPROM do Arduino permite que você leia e escreva apenas um byte de cada vez. No exemplo mostrado na seção anterior, essa limitação foi superada decompondo o valor **int** em dois bytes para armazená-lo e lê-lo de uma EEPROM. Uma outra forma é usar a biblioteca EEPROM fornecida pela AVR. Ela oferece mais opções, como ler e escrever "**WORD**s" ("palavras" de 16 bits) ou blocos de memória de tamanhos arbitrários.

Este sketch usa essa biblioteca para armazenar e ler diretamente um valor **int**, incrementando-o sempre que o Arduino é inicializado:

```
// sketch_06_07_avr_eeprom_int
#include <avr/eeprom.h>
void setup()
{
  int i = eeprom_read_word((uint16_t*)10);
  i++;
  eeprom_write_word((uint16_t*)10, i);
  Serial.begin(9600);
  Serial.println(i);
}
void loop()
{
}
```

O argumento de **eeprom_read_word** (ler palavra da EEPROM) e o primeiro argumento de **eeprom_write_word** (escrever palavra na EEPROM) são as posições iniciais da "palavra". Observe que dois bytes são ocupados. Assim, se você quiser armazenar outro valor **int**, deverá usar o endereço 12 no lugar de 11. A expressão **(uint16_t*)**, antes de 10, é necessária para que a posição indicada tenha o tipo esperado por essas funções.

Outro par de funções úteis dessa biblioteca é **eeprom_read_block** e **eeprom_write_block** (ler e escrever bloco na EEPROM, respectivamente). Essas funções permitem que estruturas de dados de qualquer tamanho (se houver espaço) sejam armazenadas e lidas.

Por exemplo, vamos fazer um sketch para escrever um array que armazena uma string de caracteres começando na posição 100 da EEPROM:

```
// sketch_06_08_avr_eeprom_string
#include <avr/eeprom.h>
void setup()
{
  char message[] = "I am written in EEPROM";      //String de caracteres
  eeprom_write_block(message, (void *)100,
        strlen(message) + 1);
}
void loop()
{
}
```

O primeiro argumento de **eeprom_write_block** é o apontador para o array de caracteres que será escrito, o segundo é a posição inicial na EEPROM (**100**) e o argumento final é o número de bytes que serão escritos. Aqui, o cálculo é o comprimento da string mais um para incluir o caractere nulo no final dela.

O sketch seguinte lê a string de volta exibindo-a no Monitor Serial juntamente com o seu comprimento:

```
// sketch_06_09_avr_eeprom_string_read
#include <avr/eeprom.h>
void setup()
{
  char message[50];                // grande o suficiente
  eeprom_read_block(&message, (void *)100, 50);
  Serial.begin(9600);
  Serial.println(message);
  Serial.println(strlen(message));
}
void loop()
{
}
```

Para ler a string, um array de caracteres de tamanho **50** é criado. Em seguida, a função **eeprom_read_block** é usada para ler os próximos 50 caracteres de **message**. O sinal **&** antes de **message** fornece para a função o endereço da mensagem na RAM.

Quando o Monitor Serial escreve a mensagem na tela, é mostrado apenas o texto esperado (não todos os 50 caracteres), porque a mensagem tem um "nulo" no final.

» Limitações da EEPROM

A leitura e a escrita na EEPROM são lentas (cerca de 3 ms). Também só há garantia de que ela é confiável até 100.000 escritas antes que comece a sofrer de "amnésia." Por essa razão, você deve tomar cuidado para não ficar escrevendo repetidas vezes sem necessidade. Isso poderia ocorrer, por exemplo, dentro de um **loop**.

» Como usar memória flash

Um Arduino tem muito mais memória flash do que qualquer uma das memórias dos outros tipos. Em um Arduino Uno, há 32 Kb comparados com os 2 Kb de RAM. Isso torna a memória flash um lugar tentador para armazenar dados, especialmente porque ela não esquece seus conteúdos quando é desenergizada.

Entretanto, o armazenamento de dados em memória flash apresenta alguns empecilhos:

- Só é possível escrever em torno de 10.000 vezes na memória flash de um Arduino antes dela se tornar inútil.
- A memória flash contém o programa que está sendo executado. Assim, se você fizer um cálculo errado e escrever na área da memória ocupada pelo programa, coisas muito estranhas poderão ocorrer.
- A memória flash também contém o bootloader. Se você escrever por cima dele, o seu Arduino deixará de trabalhar, a menos que você tenha um programador ISP para recuperá-lo (veja o Capítulo 2).
- Na memória flash, só podemos escrever um bloco (de 64 bytes) de cada vez.

Fora isso, é simples e seguro usar a memória flash para armazenar dados constantes que não serão alterados durante a execução de um sketch.

A maneira mais fácil de criar uma string para ser armazenada em memória flash é usar a função **F** que eu descrevi em uma seção anterior. A sintaxe está repetida aqui como lembrete:

```
Serial.println(F("Programa Iniciado"));
```

Essa forma funciona apenas quando você está usando uma constante string diretamente como mensagem. Você não pode, por exemplo, atribuir o resultado a um apontador **char**.

Uma maneira mais flexível e complexa de fazer isso é usando a diretiva **PROGMEM** (*Program Memory*), que pode ser utilizada para armazenar qualquer estrutura de dados. Entretanto, esses dados deverão permanecer constantes, sem sofrer alterações durante a execução do sketch.

O exemplo a seguir ilustra como você pode criar um array de inteiros (tipo **int**) que será armazenado na memória flash:

```
// sketch_06_10_PROGMEM_array
#include <avr/pgmspace.h>
PROGMEM int value[] = {10, 20, 25, 25, 20, 10};
void setup()
{
  Serial.begin(9600);
  for (int i = 0; i < 6; i++)
  {
```

```
        int x = pgm_read_word(&value[i]);
        Serial.println(x);
    }
}
void loop()
{
}
```

Colocando a diretiva **PROGMEM** à frente da declaração do array, você garante que ele será armazenado apenas na memória flash. Para ler seus valores, entretanto, você deverá usar a função **pgm_read_word** (ler *word*, ou seja, "palavra") da biblioteca **avr/pgmspace**:

```
int x = pgm_read_word(&value[i]);
```

O parâmetro dessa função usa o símbolo **&** na frente do nome do array para indicar que é necessário o endereço na memória flash desse elemento do array em vez do próprio valor.

A função **pgm_read_word** lê uma **word** (palavra de 2 bytes) da memória flash. Você também pode usar as funções **pgm_read_byte** e **pgm_read_dword** para ler 1 byte ou 4 bytes (dupla palavra), respectivamente.

❯❯ Armazenamento em Cartão SD

Embora as placas do Arduino não tenham soquetes para cartão SD, diversos tipos de shields, incluindo o shield Ethernet e o MP3 mostrados na Figura 6.6, têm soquete para cartão SD ou Micro SD.

Os cartões SD usam a interface de barramento SPI (Capítulo 9). Felizmente, para usar cartões SD com o Arduino, você não precisa fazer qualquer programação de SPI em baixo nível, porque existe uma biblioteca contida no IDE do Arduino denominada simplesmente "SD".

Essa biblioteca contém exemplos de sketch que usam cartão SD de diversas formas como, por exemplo, a obtenção de informações sobre o cartão SD e sua exibição no Monitor Serial (veja a Figura 6.7).

Este código mostra como é fácil escrever no cartão SD:

```
File dataFile = SD.open("datalog.txt", FILE_WRITE);

// Se o arquivo estiver disponível, escreva no cartão SD:
if (dataFile)
{
  dataFile.println(dataString);
  dataFile.close();
  // Escreva também na porta serial:
  Serial.println(dataString);
}
```

Figura 6.6 Shield MP3 com soquete para cartão Micro SD.
Fonte: do autor.

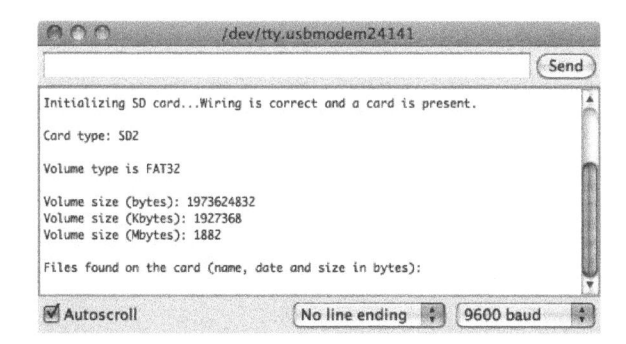

Figura 6.7 Resultados do exemplo de sketch Cardinfo (informação do cartão).
Fonte: do autor.

capítulo 7

Como usar I2C

A interface I2C do Arduino pode simplificar muito a comunicação com módulos e componentes, além de reduzir os pinos de interface que precisam ser utilizados. Neste capítulo, veremos como a I2C trabalha e como utilizá-la.

Objetivos de aprendizagem

>> Explicar o que é o barramento de interface I2C.

>> Reconhecer o hardware I2C e o protocolo utilizado para transmitir e receber dados.

>> Utilizar a biblioteca Wire.

>> Utilizar dispositivos que funcionam com I2C.

O barramento de interface I2C é um padrão para conexão entre microcontroladores e periféricos. Frequentemente, é referido como *Two Wire Interface* (TWI, ou interface de dois fios). Todas as placas de Arduino têm ao menos uma interface I2C à qual você pode conectar uma ampla variedade de periféricos. Alguns exemplos estão mostrados na Figura 7.1.

Os três dispositivos da fila de cima da Figura 7.1 são todos módulos de display da Adafruit. Na fila de baixo, começando pela esquerda, está um módulo TEA5767 receptor de FM. Você poderá encontrar esse módulos no site eBay e em outros locais por um preço baixo. O TEA5767 é um módulo receptor completo de FM que pode ser usado para sintonizar uma dada frequência enviada por comandos I2C. No centro, há um módulo de relógio de tempo real (RTC, ou *Real Time Clock*) que contém o chip I2C e o oscilador a cristal usado para manter bem exatas a hora e a data. Depois de acertar a hora e a data por meio do I2C, você poderá ler a hora e a data através do I2C sempre que precisar delas. Esse módulo também contém uma bateria de lítio de longa duração que permite manter o relógio funcionando mesmo quando o módulo não está sendo alimentado eletricamente por uma fonte externa. Finalmente, à direita, vemos um acionador PWM de 16 canais que pode dar 16 saídas analógicas extras para seu Arduino.

O padrão I2C é definido como um "barramento", porque seu uso não se limita a conectar um componente diretamente a outro. Digamos que você tenha um display conectado a um microcontrolador. Usando os mesmos dois fios do barramento, você pode conectar um conjunto completo de dispositivos "escravos" (*slaves*) a um

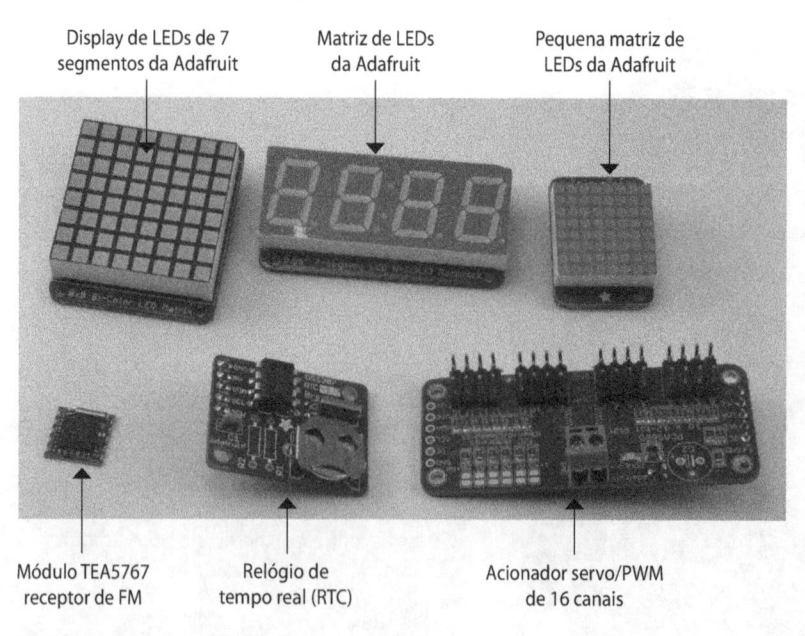

Figura 7.1 Uma coleção de dispositivos I2C.
Fonte: do autor.

dispositivo "mestre" (*master*). O Arduino atua como mestre e cada um dos escravos tem um endereço exclusivo que identifica o dispositivo no barramento.

A Figura 7.2 mostra uma configuração possível com dois componentes I2C acoplados a um Arduino: um relógio de tempo real (RTC) e um módulo de display.

Você também pode usar I2C para conectar dois Arduinos de modo que eles possam trocar dados. Nesse caso, um dos Arduinos será configurado para atuar como "mestre", e o outro, como "escravo."

» Hardware I2C

Eletricamente, as linhas de conexão das interfaces I2C de um microcontrolador ou periférico podem atuar tanto como saída digital quanto como entrada digital. Essa possibilidade é conhecida como "*tri-state*" ou "*triestado*". No modo *tri-state*, as linhas de conexão não estão nem em nível HIGH (alto) nem em nível LOW (baixo), mas apresentam um nível de valor flutuante. As saídas também são do tipo *open-collector* (coletor aberto). Isso significa que precisam de um resistor de pull-up. Esses resistores devem ter valor de 4.700 ohms. Para um barramento I2C completo, só há necessidade de um par desses resistores. Eles "puxam" a tensão para 3,3 V ou 5V, de acordo com a tensão desejada de operação do barramento. Módulos bidirecionais conversores de nível, apropriados para I2C, também estão disponíveis. Um exemplo é o módulo BSS138 da Adafruit: www.adafruit.com/products/757.

As diversas placas de Arduino atribuem pinos diferentes para a interface I2C. Por exemplo, o Uno usa os pinos A4 e A5 como SDA e SCL, respectivamente, ao passo que o Leonardo usa os pinos D2 e D3. (Na próxima seção, veremos mais sobre os pinos SDA e SCL.) Em ambas as placas, os pinos SDA e SCL estão disponíveis próximo do pino AREF (Figura 7.3).

A Tabela 7.1 mostra a localização dos pinos I2C nas placas comuns de Arduino.

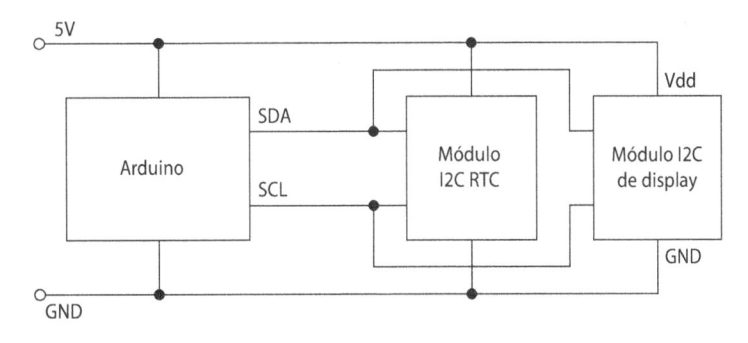

Figura 7.2 Um Arduino controlando dois dispositivos I2C.
Fonte: do autor.

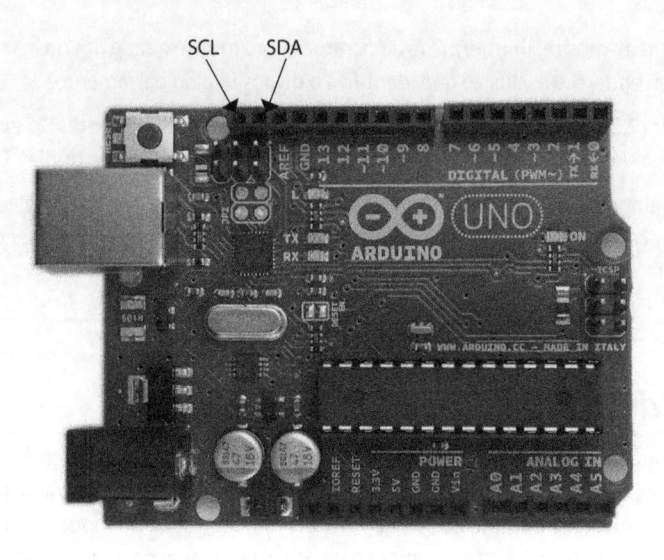

Figura 7.3   Conexões I2C em um Arduino Uno.
Fonte: do autor.

Tabela 7.1 » Conexões I2C em Placas de Arduino

Placa	Pinos	Notas
Uno	A4 (SDA) e A5 (SCL)	As conexões SCL e SDA próximo de AREF também estão conectadas a A4 e A5.
Leonardo	D2 (SDA) e D3 (SCL)	As conexões SCL e SDA próximo de AREF também estão conectadas a D2 e D3.
Mega2560	D20 (SDA) e D21 (SCL)	
Due	D20 (SDA) e D21 (SCL)	O Due também tem um segundo par de conexões I2C, denominadas SDA1 e SCL1.

» Protocolo I2C

O I2C usa dois fios para transmitir e receber dados (daí vem o nome alternativo interface de dois fios). Essas duas linhas são denominadas *Serial Clock Line* (SCL, ou linha serial de relógio) e *Serial Data Line* (SDA, ou linha serial de dados). A Figura 7.4 mostra o diagrama de tempo para esses sinais.

O mestre fornece o sinal de relógio SCL e, quando há dados para transmitir, o mestre ou o escravo tira a linha SDA do tri-state (modo digital de entrada) e envia serialmente os dados como níveis lógicos (alto ou baixo) em sincronismo com o sinal de relógio. Quando a transmissão está completa, o relógio é parado e o pino SDA retorna ao tri-state.

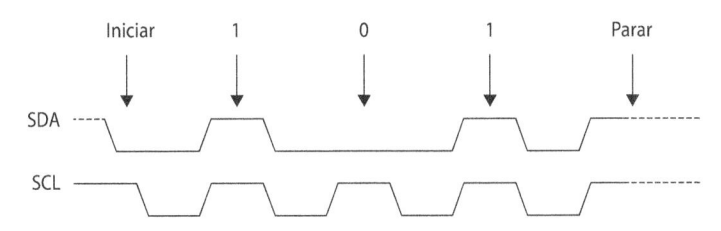

Figura 7.4 Diagrama de tempo do I2C.
Fonte: do autor.

❯❯ Biblioteca Wire

Você poderia, naturalmente, gerar todos esses pulsos alternando os níveis das saídas digitais entre alto e baixo (*bit banging*) a partir de seu sketch. Para facilitar a vida, entretanto, o software do Arduino inclui uma biblioteca denominada Wire (fio), que se encarrega de toda a complexidade da geração correta no tempo dos níveis adequados, tornando possível enviar e receber facilmente bytes de dados.

Para usar a biblioteca Wire, você precisa primeiro incluí-la usando o seguinte comando:

```
#include <Wire.h>
```

❯❯ Inicialização do barramento I2C

Na maioria das situações, o Arduino é o "mestre" de qualquer barramento I2C. Para inicializar o Arduino como mestre, use o comando **begin** dentro da função **setup**, como mostrado a seguir:

```
void setup()
{
  Wire.begin();
}
```

Observe que, como o Arduino é o mestre nessa configuração, você não precisa especificar um endereço. Se o Arduino tivesse sido inicializado como escravo, você deveria especificar um endereço, 0 a 127, como parâmetro para que ele fosse identificado de forma não ambígua no barramento I2C.

❯❯ Mestre enviando dados

Para enviar dados a um dispositivo I2C, comece usando a função **beginTransmission** (iniciar transmissão) e especificando o endereço de barramento do dispositivo I2C para o qual você deseja enviar os dados:

```
Wire.beginTransmission(4);
```

Você pode enviar dados para um dispositivo I2C de duas formas: um byte de cada vez ou um array do tipo **char**, como os dois exemplos a seguir mostram:

```
Wire.send(123); // enviar o byte 123
Wire.send("ABC"); // enviar a string de caracteres "ABC"
```

Finalmente, no final da transmissão, use a função **endTransmission** (terminar transmissão):

```
Wire.endTransmission();
```

>> Mestre recebendo dados

Para um mestre receber dados de um escravo, ele deve primeiro indicar o número de bytes de que necessita. Para isso, é necessário usar a função **requestFrom** (solicitar de):

```
Wire.requestFrom(4, 6);           //Solicitar 6 bytes do escravo de endereço 4.
```

O primeiro argumento dessa função é o endereço do escravo do qual o mestre deseja receber dados. O segundo argumento é o número de bytes que o mestre espera receber. O escravo pode retornar menos do que foi solicitado. Por isso, a função **available** (disponível) é usada para determinar se os dados chegaram e qual é o número de bytes recebidos. O exemplo seguinte (tirado dos exemplos de sketch da biblioteca Wire) mostra o mestre lendo todos os dados disponíveis do escravo e repassando-os para o Monitor Serial:

```
#include <Wire.h>
void setup()
{
  Wire.begin();               //Conectar ao i2c (endereço é opcional
                              //para mestre).
  Serial.begin(9600);         //Iniciar comunicação serial para a saída.
}
void loop()
{
  Wire.requestFrom(4, 6);     //Solicitar 6 bytes do escravo de endereço 4.
  while(Wire.available())     //Escravo pode enviar menos dados do
                              //que o solicitado.
  {
    char c = Wire.read();     //Receber um byte como caractere.
    Serial.print(c);          //Exibir o caractere.
  }
  delay(500);
}
```

A biblioteca Wire se encarrega de fazer o armazenamento temporário dos dados I2C recebidos.

» Exemplos com I2C

Qualquer dispositivo que funciona com I2C costuma vir com uma folha de especificações mostrando as mensagens que utiliza. Algumas vezes, você precisará usar essas especificações para construir as mensagens que enviará ao Arduino e também para interpretar as mensagens que retornarão. Entretanto, frequentemente você descobrirá que, quando um dispositivo é muito usado com o Arduino, provavelmente alguém já escreveu uma biblioteca que "decodifica" as mensagens I2C e converte-as em funções de fácil uso. Na verdade, se não houver uma biblioteca e você descobrir como usar o dispositivo, a atitude socialmente correta será liberar a biblioteca que você desenvolveu para o mundo.

Mesmo que você não ache uma biblioteca pronta para ser utilizada, muitas vezes poderá encontrar na Internet pequenos códigos para o dispositivo.

» Módulo TEA5767 para rádio FM

O primeiro exemplo com I2C não utiliza biblioteca. O exemplo mostra como lidar com as mensagens brutas usadas para fazer a interface entre um Arduino e um módulo TEA5767. Esses módulos estão disponíveis a custo baixo na Internet e são fáceis de conectar com um Arduino. Isso permite a construção de um receptor FM controlado por Arduino.

A parte engenhosa é que as conexões desses dispositivos estão separadas por um espaçamento muito pequeno, de modo que, em geral, você precisa fazer ou comprar algum tipo de adaptador que possibilite o uso com protoboard ou fios de conexão.

A Figura 7.5 mostra como esse módulo pode ser conectado com um Arduino.

Você pode encontrar todas as especificações do TEA5767 em https://www.sparkfun.com/datasheets/Wireless/General/TEA5767.pdf. Essas especificações contêm muitas informações técnicas sobre o chip. Se você percorrer o documento, você encontrará uma seção detalhando as mensagens que o chip espera receber. As especificações indicam que o TEA5767 espera mensagens de cinco bytes. O código mostrado a seguir é um exemplo totalmente funcional que ajustará a sintonia logo no início da execução do sketch. Na prática, você precisará de outros mecanismos, como botões e um display LCD, para ajustar a frequência.

```
// sketch_07_01_I2C_TEA5767
#include <Wire.h>
void setup()
{
  Wire.begin();
  setFrequency(93.0); // MHz
}
```

```
void loop()
{
}

void setFrequency(float frequency)
{
  unsigned int frequencyB = 4 * (frequency * 1000000 + 225000) / 32768;
  byte frequencyH = frequencyB >> 8;
  byte frequencyL = frequencyB & 0XFF;

  Wire.beginTransmission(0x60);
  Wire.write(frequencyH);
  Wire.write(frequencyL);
  Wire.write(0xB0);
  Wire.write(0x10);
  Wire.write(0x00);
  Wire.endTransmission();
  delay(100);
}
```

O código que nos interessa está todo na função **setFrequency** (ajustar frequência). Como argumento, essa função recebe um parâmetro do tipo **float**, que é a frequência em MHz. Desse modo, se você quiser construir esse receptor, deverá escolher a frequência de uma boa rádio local com sinal forte e inserir o valor na chamada da função **setFrequency** dentro da fluxo **setup**.

Para transformar uma frequência em MHz do tipo **float** em um valor de dois bytes que pode ser enviado como parte da mensagem de cinco bytes, devemos fazer os cálculos contidos neste código:

```
unsigned int frequencyB = 4 * (frequency * 1000000 + 225000) / 32768;
byte frequencyH = frequencyB >> 8;
byte frequencyL = frequencyB & 0XFF;
```

O comando **>>** desloca bits para a direita. Assim, **>> 8** faz o deslocamento dos 8 bits mais significativos para a direita, ocupando a posição dos 8 bits menos significativos. O operador **&** permite realizar uma operação **and** bit a bit, que tem o efeito de mascarar os 8 bits mais significativos, de modo que só permanecem os 8 bits menos significativos. Para mais informações a respeito, veja o Capítulo 9.

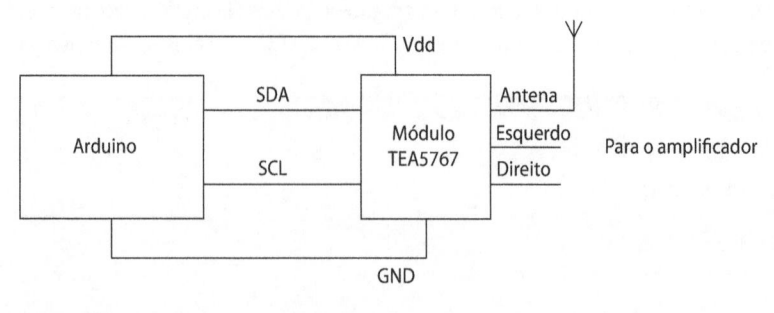

Figura 7.5   Fazendo a conexão entre um módulo TEA5767 e um Arduino Uno por meio de I2C.
Fonte: do autor.

A seguir, a função **setFrequency** inicia a transmissão das mensagens I2C para o escravo no endereço **0x60**, que é fixo para o chip TEA5767. Após, a função envia cada um dos cinco bytes, começando com os dois bytes da frequência.

Se você ler a folha de especificações, descobrirá muitas outras coisas que podem ser obtidas utilizando diferentes tipos de mensagem, como fazer varredura, desligar o som de um ou mais canais e ajustar o modo estéreo ou mono.

No Apêndice, voltaremos a esse exemplo, criando uma biblioteca de Arduino. Desse modo, o uso do TEA5767 pode ser mais simples ainda.

» Comunicação Arduino-Arduino

Neste exemplo, usaremos dois Arduinos: um atua como o mestre I2C, e o outro, como escravo. O mestre enviará mensagens ao escravo que, por sua vez, as enviará ao Monitor Serial para que possamos verificar se a comunicação está funcionando.

As conexões para essa montagem estão mostradas na Figura 7.6. Observe que o módulo TEA5767 tem resistores I2C internos de pull-up, mas, nesse caso, teremos que conectar os nossos próprios resistores de 4.700 ohms, como mostrado na Figura 7.6.

Precisamos programar cada Arduino com um sketch diferente. Ambos os sketches estão disponíveis como exemplos na biblioteca Wire. Programe o Arduino mestre seguindo as opções de menu dadas por File | Example | Wire | master_writer e o Arduino escravo seguindo as opções File | Example | Wire | master_receiver.

Depois de programar os dois Arduinos, deixe o Arduino escravo conectado ao computador PC, porque você precisa ver a saída desse Arduino no Monitor Serial. Além disso, ele também fará a alimentação elétrica do Arduino mestre.

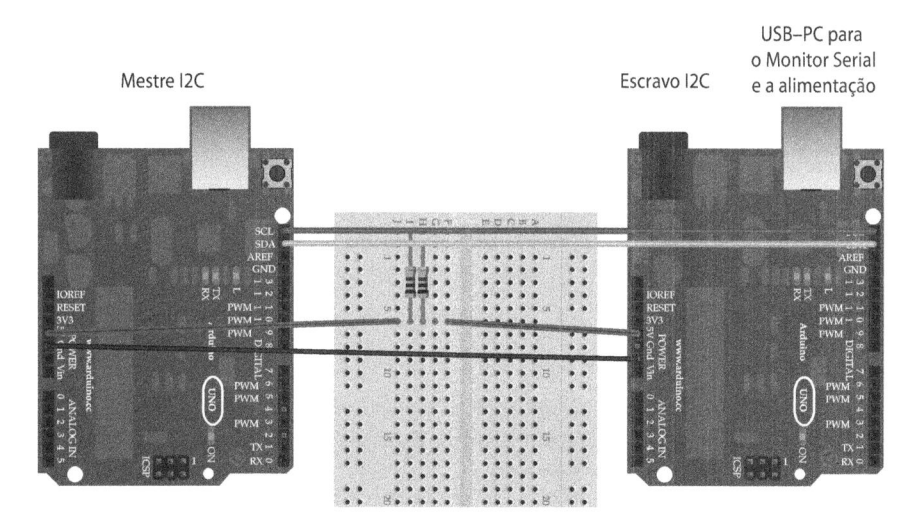

Figura 7.6 Conectando dois Arduinos usando I2C.
Fonte: do autor.

Comece com o sketch do Arduino mestre:

```
#include <Wire.h>
void setup()
{
  Wire.begin();                       //Conectar ao i2c (o endereço é
                                      //opcional para mestre).
}
byte x = 0;
void loop()
{
  Wire.beginTransmission(4);          // Transmitir para o dispositivo 4.
  Wire.write("x is ");                // Enviar cinco bytes ("x é ").
  Wire.write(x);                      // Enviar um byte.
  Wire.endTransmission();             // Parar a transmissão.
  x++;
  delay(500);
}
```

Esse código gera mensagens da forma "**x is 1**" ("x é 1"), em que **1** é um número que é incrementado a cada meio segundo. A seguir, essa mensagem é enviada ao dispositivo I2C escravo cujo ID (identificação) é 4, como está especificado em **beginTransmission** (iniciar transmissão).

A tarefa do sketch escravo é receber as mensagens que vêm do mestre e repassá--las para o Monitor Serial:

```
#include <Wire.h>
void setup()
{
  Wire.begin(4);                      //Conectar ao i2c assumindo o endereço 4.
  Wire.onReceive(receiveEvent);       // Registrar o evento.*
  Serial.begin(9600);                 // Iniciar comunicação serial de saída.
}
void loop()
{
  delay(100);
}
// A função a seguir será executada sempre que dados forem recebidos do
// mestre. Essa função foi registrada como um evento, veja setup().
void receiveEvent(int howMany)
```

---

* N. de T.: Nessa linha, estamos declarando que a função **Wire.onReceive** deverá ser ativada no caso de ocorrer um evento de interrupção causado pelo recebimento de dados. Essa função, por sua vez, chama a função que foi declarada como parâmetro para fazer o atendimento da interrupção. No caso, a função dada como parâmetro é denominada **receiveEvent** e foi criada pelo usuário para fazer o atendimento da interrupção. Sua definição está dada no final do sketch.

```
{
  while(1 < Wire.available())    // Repetir para todos menos o último.
  {
    char c = Wire.read();        // Receber o byte como um caractere.
    Serial.print(c);             // Exibir o caractere.
  }
  int x = Wire.read();           // Receber o byte como um inteiro.
  Serial.println(x);             // Exibir o inteiro.
}
```

A primeira coisa a ser observada é que, dessa vez, a função **Wire.begin** tem o parâmetro **4**. Esse parâmetro especifica o endereço I2C do escravo, que é 4. Deve coincidir com o endereço para o qual o mestre envia as mensagens.

O sketch do escravo é diferente do sketch do mestre porque usa interrupção para responder ao mestre quando chega uma mensagem. Isso ocorre por meio da função **onReceive** (ao receber), que é chamada como uma rotina de serviço de interrupção (veja o Capítulo 3). Coloque-a dentro de **setup** de modo que a função escrita pelo usuário **receiveEvent** seja chamada sempre que o Arduino escravo estiver recebendo uma mensagem.

A função **receiveEvent** espera um parâmetro que indica o número de bytes prontos para serem lidos. No caso, esse número é ignorado. Primeiro, um caractere de cada vez, o laço de repetição **while** lê todos os caracteres disponíveis e os exibe. A seguir, o byte com um número no final da mensagem é lido e exibido no Monitor Serial. O uso de **println** em vez de **write** garante que o valor do byte será exibido e não o seu valor como caractere (Figura 7.7).

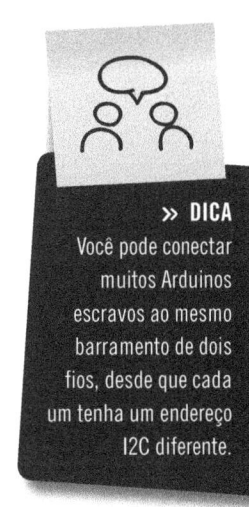

> **» DICA**
> Você pode conectar muitos Arduinos escravos ao mesmo barramento de dois fios, desde que cada um tenha um endereço I2C diferente.

» Placas para painel de LEDs

Uma outra linha comum de dispositivos I2C é a dos displays. Nesse caso, é típica a oferta de placas para painéis de LEDs de sete segmentos e matrizes de LEDs da Adafruit. Esses painéis contêm um display de LEDs montado em uma placa de circuito impresso na qual também há um chip I2C controlador de LEDs. Com essa montagem,

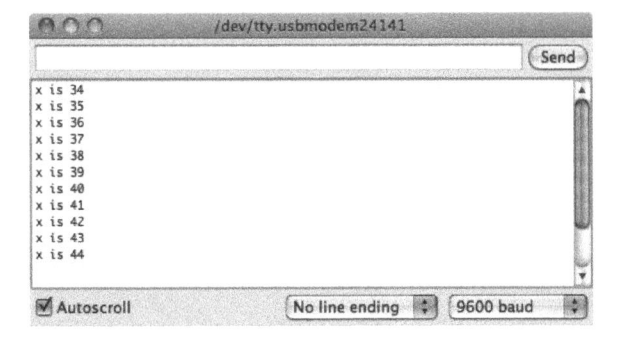

Figura 7.7 Saída do Monitor Serial para a Comunicação I2C entre Arduinos.
Fonte: do autor.

o número normalmente elevado de pinos de entrada e saída do Arduino, necessários para controlar um display de LEDs, é reduzido a apenas dois pinos I2C: SDA e SCL.

Esses dispositivos (na fila de cima da Figura 7.1) são usados com um par de bibliotecas que oferecem um conjunto abrangente de funções para exibir gráficos e textos em diversos tipos de painéis de LEDs da Adafruit. Você pode encontrar mais informações sobre esses dispositivos, coloridos e interessantes, em www.adafruit.com/products/902.

Depois de instalar as bibliotecas, toda a comunicação I2C fica oculta e você pode usar apenas comandos de alto nível, como ilustra o código a seguir, extraído dos exemplos de sketch das bibliotecas:

```
include <Wire.h>
#include "Adafruit_LEDBackpack.h"
#include "Adafruit_GFX.h"
Adafruit_8x8matrix matrix = Adafruit_8x8matrix();

void setup()
{
  matrix.begin(0x70);
  matrix.clear();
  matrix.drawLine(0,0, 7,7, LED_RED);
  matrix.writeDisplay();
}
```

» Relógio de Tempo Real DS1307

Um outro dispositivo I2C típico é o chip DS1307 RTC. Para esse chip, também está à disposição uma biblioteca de Arduino, confiável e muito usada, que simplifica a sua utilização e oculta as mensagens I2C reais. A biblioteca é denominada RTClib e pode ser obtida em https://github.com/adafruit/RTClib.

Novamente, os fragmentos de código foram retirados dos exemplos fornecidos com a biblioteca.

```
#include <Wire.h>
#include "RTClib.h"

RTC_DS1307 RTC;

void setup () {
    Serial.begin(9600);
    Wire.begin();
    RTC.begin();

  if (! RTC.isrunning()){          //Se o RTC não estiver funcionando, então ...
    Serial.println("RTC is NOT running!");        //O RTC não está funcionando.
    //Acertar o relógio RTC com a data e horário em que foi feita a compilação
    //do sketch.
    RTC.adjust(DateTime(__DATE__, __TIME__));
  }
}
```

```
void loop () {
    DateTime now = RTC.now();
    Serial.print(now.year(), DEC);
    Serial.print('/');
    Serial.print(now.month(), DEC);
    Serial.print('/');
    Serial.print(now.day(), DEC);
    Serial.print(' ');
    Serial.print(now.hour(), DEC);
    Serial.print(':');
    Serial.print(now.minute(), DEC);
    Serial.print(':');
    Serial.print(now.second(), DEC);
    Serial.println();
    delay(1000);
}
```

Se você quiser ver como o código I2C realmente funciona, pode abrir os arquivos da biblioteca e examiná-los. Por exemplo, você encontrará a biblioteca RTClib nos arquivos **RTClib.h** e **RTClib.cpp**. Esses arquivos estão na pasta **libraries/RTClib**.

Você pode encontrar a definição da função **now** (agora) em **RTClib.cpp**:

```
DateTime RTC_DS1307::now() {
  WIRE.beginTransmission(DS1307_ADDRESS);
  WIRE.write(i);
  WIRE.endTransmission();

  WIRE.requestFrom(DS1307_ADDRESS, 7);
  uint8_t ss = bcd2bin(WIRE.read() & 0x7F);
  uint8_t mm = bcd2bin(WIRE.read());
  uint8_t hh = bcd2bin(WIRE.read());
  WIRE.read();
  uint8_t d = bcd2bin(WIRE.read());
  uint8_t m = bcd2bin(WIRE.read());
  uint16_t y = bcd2bin(WIRE.read()) + 2000;

  return DateTime (y, m, d, hh, mm, ss);
}
```

Os valores lidos na comunicação I2C estão na forma decimal codificada em binário (BCD, ou *Binary Coded Decimal*), que deve ser convertida para bytes usando a função **bcd2bin** da biblioteca.

A forma BCD divide um byte de 8 bits em dois nibbles (sim, é isso mesmo) de 4 bits. Cada nibble representa um dos dígitos de um número decimal de dois dígitos. Assim, o número 37 é representado em um byte BCD como 0011 0111. Os primeiros quatro bits representam o decimal 3, e os quatro bits seguintes, o decimal 7.

capítulo 8

Interface com dispositivos 1-Wire

Neste capítulo, conheceremos melhor os dispositivos que utilizam barramento de um fio (1-Wire), como os da linha de sensores de temperatura da Dallas Semiconductors, muito populares. Você aprenderá como o barramento 1-Wire funciona e como utilizá-lo.

Objetivos de aprendizagem

» Explicar o que é o padrão de barramento 1-Wire e por que foi projetado.

» Explicar como funcionam o hardware e o protocolo 1-Wire.

» Utilizar a biblioteca 1-Wire.

» Utilizar dispositivos que funcionam com 1-Wire.

O padrão de barramento 1-Wire foi projetado para atender a um objetivo semelhante ao do barramento I2C (veja o Capítulo 7) – isto é, permitir que os microcontroladores comuniquem-se com os circuitos integrados periféricos utilizando um mínimo de linhas de dados. O padrão 1-Wire, criado pela empresa Dallas Semiconductor, levou isso até o extremo lógico conseguindo reduzir as linhas de dados a uma única. Esse barramento é mais lento que o I2C e apresenta um recurso interessante, denominado alimentação elétrica parasita,* permitindo que dispositivos remotos sejam ligados a um microcontrolador utilizando apenas dois fios: um fio GND (terra) e um fio que combina os dados e a alimentação elétrica.

O padrão de barramento 1-Wire é utilizado em uma linha bem menor de dispositivos do que o I2C. A maioria deles é fabricada pelas empresas Dallas Semiconductors e Maxim. Podemos encontrar dispositivos de identificação de cartuchos de tinta para impressora, memória flash EEPROM e conversores analógico-digitais (ADCs). Contudo, o dispositivo 1-Wire mais utilizado pelos aficionados de Arduino é o sensor de temperatura DS18B20 da Dallas Semiconductors.

» Hardware 1-Wire

A Figura 8.1 mostra como você pode conectar um DS18B20 a um Arduino utilizando apenas as duas conexões e o modo de alimentação parasita.

O 1-Wire é um barramento e não uma conexão exclusiva entre dois pontos. Isso significa que é possível ligar até 255 dispositivos usando o esquema mostrado na Figura 8.1.

Se você quiser utilizar o dispositivo no modo "normal" de alimentação elétrica, então poderá omitir o resistor de 4.700 ohms e conectar Vdd do DS18B20 diretamente aos 5V do Arduino em vez de ligá-lo a GND.

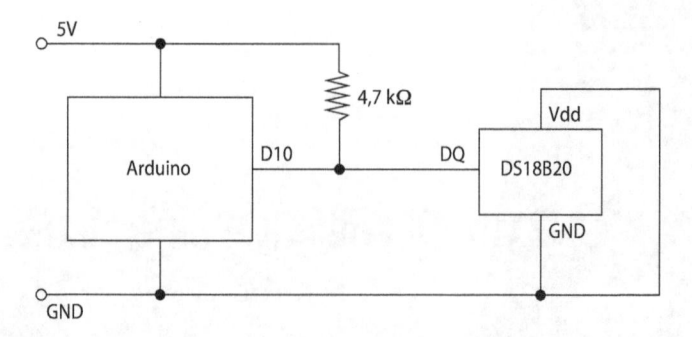

Figura 8.1 Conectando um dispositivo 1-Wire com um Arduino.
Fonte: do autor.

---

* N. de T.: *Parasitic power*, em inglês.

» Protocolo 1-Wire

Assim como o I2C, o barramento 1-Wire usa o conceito de mestre e escravo para os dispositivos. O microcontrolador é o mestre e os periféricos são os escravos. Na fabricação, cada dispositivo escravo recebe um número de identificação (ID) único, conhecido como "endereço", de modo que ele possa ser identificado no barramento quando há muitos dispositivos. Esse endereço tem 64 bits de comprimento, permitindo aproximadamente $1,8 \times 10^{19}$ IDs diferentes.

O protocolo é similar ao do I2C no sentido de que o mestre pode chavear a linha de barramento entre os modos de entrada e saída, permitindo a comunicação nos dois sentidos. Entretanto, em vez de ter sinais separados para os dados e o relógio, o 1-Wire tem somente uma linha de dados e utiliza pulsos curtos e longos para representar 1s e 0s. Um pulso de 60 microssegundos significa um 0, e um de 15 microssegundos, um 1.

Normalmente, a linha de dados está em nível alto (HIGH), mas quando o microcontrolador (mestre) precisa enviar um comando ao dispositivo, ele envia um pulso especial de "reset" (inicialização) em nível baixo (LOW) de no mínimo 480 microssegundos. Em seguida, tem início um fluxo serial de pulsos (1s e 0s).

» Biblioteca OneWire

O uso do barramento 1-Wire é muito simplificado pela biblioteca OneWire (um fio), que pode ser baixada em http://playground.arduino.cc/Learning/OneWire.

» Inicialização do barramento 1-Wire

Para utilizar um Arduino como mestre de um barramento 1-Wire, o primeiro passo é importar a biblioteca OneWire usando o seguinte comando:

```
#include <OneWire.h>
```

O próximo passo é criar uma instância de OneWire especificando o pino de Arduino que será utilizado para o barramento de dados 1-Wire. Isso tudo pode ser combinado em um único comando. Você pode usar qualquer um dos pinos do Arduino para o barramento; simplesmente forneça o número do pino como parâmetro:

```
OneWire bus(10);
```

No exemplo, o barramento será inicializado utilizando o pino D10 do Arduino.

» Varrendo o barramento

Como cada dispositivo escravo do barramento recebe um número ID único de identificação durante a sua fabricação, você precisa de um meio para encontrar todos os dispositivos conectados ao barramento. Não seria inteligente colocar esses números nos sketches de Arduino, porque se você tivesse que substituir um dos dispositivos escravos, o novo dispositivo teria um endereço diferente do antigo e você não poderia utilizá-lo. O mestre (o Arduino) tem como criar uma lista dos dispositivos conectados do barramento. Além disso, os primeiros oito bits do endereço indicam a "família" à qual pertence o dispositivo. Assim, você pode saber se o dispositivo é, digamos, um DS18B20 ou algum outro tipo de dispositivo.

A Tabela 8.1 apresenta uma lista dos códigos mais comuns de 1-Wire. Nessa lista há um dispositivo denominado *ibutton* (botão com identificação), que está se tornando muito popular. Você poderá encontrar uma lista mais completa em http://owfs.sourceforge.net/family.html.

> **» DEFINIÇÃO**
>
> Um *iButton* ("botão com identificação") é um dispositivo desenvolvido pela empresa Dallas Instrument que tem a forma de um botão metálico dentro do qual há um chip, semelhante às pilhas em forma de discos metálicos delgados (pilha botão, como a 2.032 ou a 2.016). Cada *iButton* tem um número de identificação único e pode realizar funções diversas, como medir temperatura, servir de chave de acesso a um prédio, cartão de estacionamento, memorizar dados personalizados, etc. A comunicação com um *iButton* é feita utilizando 1-Wire.

A biblioteca OneWire tem uma função **search** que pode ser utilizada para encontrar todos os escravos do barramento. O seguinte exemplo de código fornece a lista de todos os dispositivos conectados ao barramento enviando-a ao Monitor Serial:

```
// sketch_08_01_OneWire_List

#include <OneWire.h>

OneWire bus(10);

void setup()
{
  Serial.begin(9600);
  byte address[8]; // 64 bits
  while (bus.search(address))
  {
    for(int i = 0; i < 7; i++)
    {
      Serial.print(address[i], HEX);
      Serial.print(" ");
    }
    // checksum - CRC: OK ou ocorreu um erro.
    if (OneWire::crc8(address, 7) == address[7])
    {
      Serial.println("CRC OK");   // CRC OK.
```

```
    }
    else
    {
      Serial.println("CRC FAIL");// CRC com erro.
    }
  }
}
void loop()
{
}
```

Tabela 8.1 » **Códigos de família para endereços 1-Wire**

Código da família	Família do dispositivo	Descrição
06	iButton 1993	Botão (chip) com identificação
10	DS18S20	Sensor de temperatura de precisão (resolução de 9 bits)
28	DS18B20	Sensor de temperatura de precisão (resolução de 12 bits)
1C	DS28E04-100	4Kb EEPROM

A Figura 8.2 mostra o resultado da execução desse sketch com sensores de temperatura DS18B20 conectados a um Arduino. Observe que, em ambos os dispositivos, o código da "família" está contido no primeiro byte e é 28 (hexadecimal).

A função **search** necessita de um array de 8 bytes no qual será colocado o próximo endereço que ela encontrar. Se não forem encontrados mais dispositivos, ela retornará o valor 0. Isso permite que o laço **while** do exemplo anterior permaneça em iteração até que todos os endereços tenham sido exibidos. O último byte do endereço é, na realidade, uma verificação de redundância cíclica (CRC – *Cyclic Redundancy Check*) que assegura a integridade do endereço. A biblioteca OneWire contém uma função CRC de verificação (*checking*).

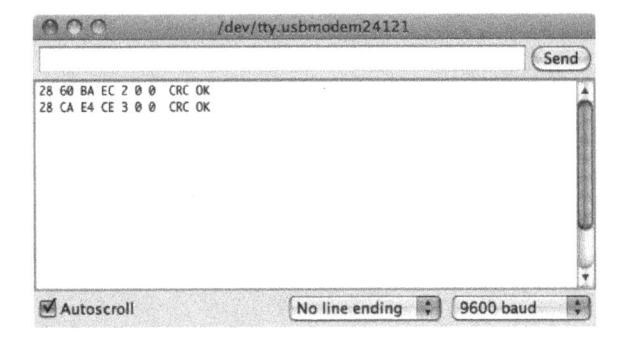

Figura 8.2 Listando dispositivos escravos 1-Wire.
Fonte: do autor.

❯❯ Como utilizar o DS18B20

O exemplo a seguir ilustra a utilização da biblioteca OneWire com o sensor de temperatura DS18B20. A Figura 8.3 mostra um chip DS18B20 conectado a um Arduino. Observe que o chip é semelhante a um transistor de três terminais.

Esse sensor de temperatura da Dallas Semiconductor tem a sua própria biblioteca, facilitando a solicitação e a decodificação do valor da temperatura. A biblioteca DallasTemperature para sensores de temperatura pode ser obtida em https://github.com/milesburton/Arduino-Temperature-Control-Library.

```
// sketch_08_02_OneWire_DS18B20

#include <OneWire.h>
#include <DallasTemperature.h>

const int busPin = 10;

OneWire bus(busPin);
DallasTemperature sensors(&bus);
DeviceAddress sensor;
```

Figura 8.3 Um DS18B20 conectado a um Arduino.
Fonte: do autor.

```
void setup()
{
  Serial.begin(9600);
  sensors.begin();
  if (!sensors.getAddress(sensor, 0))
  {
    Serial.println("NO DS18B20 FOUND!");//DS18B20 NÃO ENCONTRADO.
  }
}
void loop()
{
  sensors.requestTemperatures();
  float tempC = sensors.getTempC(sensor);
  Serial.println(tempC);
  delay(1000);
}
```

Esse exemplo mostra na janela do Monitor Serial a temperatura em graus centígrados, obtida a partir de um único sensor de temperatura (Figura 8.4).

Esse exemplo utiliza apenas um sensor de temperatura, mas você pode facilmente incluir diversos outros sensores. A biblioteca DallasTemperature realiza o processo de obtenção do endereço OneWire por meio da função **getAddress** (obter endereço). O segundo parâmetro dessa função é o índice da posição do sensor. Para acrescentar um segundo sensor, você precisa acrescentar uma nova variável para o endereço e então definir o endereço usando **getAddress**. Em www.simonmonk.org, você pode baixar o sketch **sketch_08_03_OneWire_DS18B20_2**, que exemplifica a utilização de dois sensores.

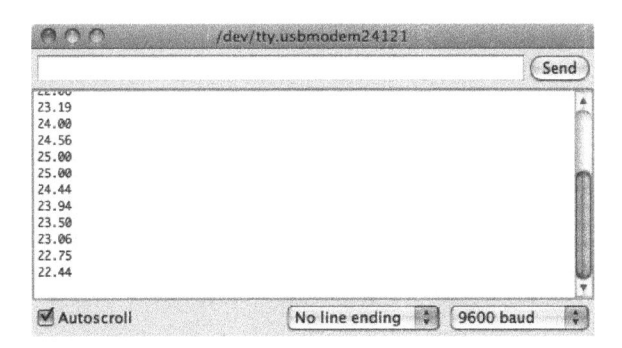

Figura 8.4 Mostrando a temperatura usando um DS18B20.
Fonte: do autor.

capítulo 9

Interface com dispositivos SPI

A Interface Serial de Periféricos (SPI) é outro padrão de barramento serial que pode ser utilizado para conectar periféricos ao Arduino. É rápido, mas utiliza quatro pinos em vez de dois. Na verdade, a interface SPI não é um barramento verdadeiro, visto que o quarto pino é de Save Select (SS). Para cada periférico do barramento, deve haver um pino no Arduino que produz o sinal SS. Essa configuração ativa o periférico no endereço correto do barramento e desativa todos os demais periféricos. Neste capítulo, veremos como o barramento de interface SPI funciona e como utilizá-lo.

Objetivos de aprendizagem

» Explicar o que é o padrão de barramento SPI.

» Manipular bits (mascaramento e deslocamento).

» Explicar como funcionam o hardware e o protocolo SPI.

» Utilizar a biblioteca SPI.

» Utilizar dispositivos que funcionam com SPI.

» Manipulação de bit

Quando dados do barramento são enviados e recebidos, a interface SPI requer muita manipulação de bits. O primeiro exemplo de projeto (utilizando um chip MCP3008 ADC) extrai um valor inteiro da leitura analógica. Para isso, será necessário um bom entendimento de como realizar a concatenação de bits e como mascarar os bits não desejados. Por essa razão, antes de prosseguir com o funcionamento da interface SPI, eu darei uma explicação detalhada da manipulação de bits.

» Binário e hexadecimal

Nós já discutimos o conceito de bits e bytes no Capítulo 4 (veja a Figura 4.2). Quando você manipula os bits de um byte ou de uma palavra (dois bytes), pode utilizar os valores decimais, mas não é fácil converter mentalmente entre binário e decimal. Por essa razão, na linguagem C do Arduino, em geral os valores são expressos como constantes binárias. Para isso, usamos uma sintaxe especial, como mostra este exemplo:

```
byte x = 0b00000011; // 3
unsigned int y = 0b0000000000000011; // 3
```

Na primeira linha, foi definido um **byte** com o valor decimal 3 (2 + 1). Os zeros à esquerda são opcionais, mas utilizá-los serve para lembrar que há oito bits disponíveis.

O segundo exemplo usa uma variável do tipo **int** para armazenar 16 bits. O qualificador **unsigned** (sem sinal) é colocado à frente de **int** para indicar que a variável deve ser usada apenas para representar números positivos. Esse qualificador só será importante se a variável for utilizada para realizar operações aritméticas com +, –, * e assim por diante. Esse não é o caso quando você está fazendo apenas uma manipulação de bits. No entanto, a inclusão do qualificador **unsigned** é uma boa prática.

Quando você passa para 16 bits, a representação binária se torna longa e de difícil manipulação. Por essa razão, para representar número binários maiores, utilizamos uma notação denominada *hexadecimal*, ou simplesmente *hex*.

Hexadecimal é a base numérica 16. Isso significa que, além de usar os dígitos usuais 0 a 9, você também utiliza as letras A a F para representar os valores decimais 10 a 15. Dessa forma, cada conjunto de quatro bits de um número binário pode ser representado por um único dígito. A Tabela 9.1 mostra as representações decimal, binária e hexadecimal dos números de 0 a 15 (decimal).

As constantes hexadecimais têm uma notação especial similar à dos números binários:

```
int x = 0x0003; //   3
int y = 0x010F; // 271 (256 + 15)
```

Tabela 9.1 » Números binários e hexadecimais

Decimal	Binário	Hex
0	0000	0
1	0001	1
2	0010	2
3	0011	3
4	0100	4
5	0101	5
6	0110	6
7	0111	7
8	1000	8
9	1001	9
10	1010	A
11	1011	B
12	1100	C
13	1101	D
14	1110	E
15	1111	F

Fora da linguagem C, você verá essa notação sendo utilizada para documentar claramente que o número é hexadecimal e não decimal.

» Mascaramento de bits

Quando dados são recebidos de um periférico que utiliza qualquer tipo de conexão, um problema comum é que os dados chegam na forma de pacotes de bytes e nem todos esses bytes são necessários. Os projetistas de periféricos costumam colocar o máximo possível de informação no menor número de bits. Com isso, a velocidade de comunicação é aumentada, mas geralmente à custa de dificultar a programação dos dispositivos.

O processo de "mascarar" bits permite que você descarte alguns dos dados de um byte ou de uma estrutura de dados maior. A Figura 9.1 mostra como um byte que contém dados múltiplos pode ser mascarado para produzir um número a partir dos três bits menos significativos do byte.

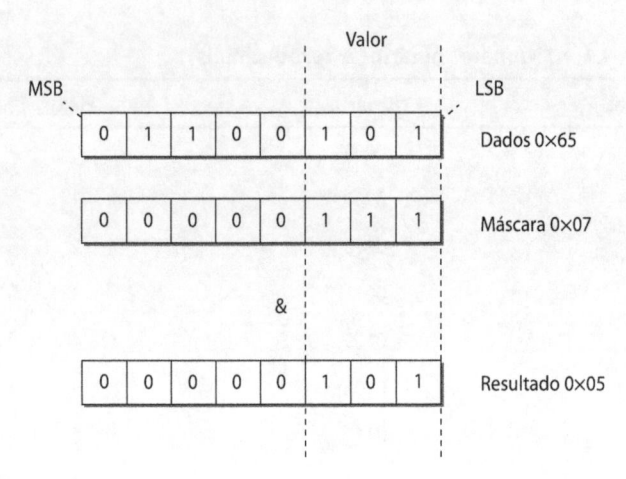

Figura 9.1 Bits de mascaramento.
Fonte: do autor.

Você irá se deparar com as expressões "menos significativo" e "mais significativo" para descrever os números binários. Normalmente, na numeração binária escrita, o bit mais significativo é o bit mais da esquerda, e o bit menos significativo é o bit mais da direita, valendo apenas 1 ou 0. Você também encontrará as siglas *MSB* para *bit mais significativo* (*Most Significant Bit*) e *LSB* para *bit menos significativo* (*Least Significant Bit*). Algumas vezes, o bit menos significativo é denominado *bit 0*. O bit mais significativo seguinte é o *bit 1* e assim por diante.

No exemplo mostrado na Figura 9.1, na parte mais à esquerda do byte de dados há cinco bits que não nos interessam. Na parte mais à direita, há três bits que queremos extrair para formar um número. Para isso, faremos a operação **and** (e), tendo como argumentos os dados e uma "máscara". Nessa máscara, e os bits correspondentes aos três bits que queremos extrair estão com o valor 1, e os demais estão com valor 0. A seguir, você faz a operação **and**, bit a bit, dos dois bytes para obter um resultado. O resultado de uma operação **and** entre dois bits será 1 somente se ambos os bits forem 1.

A seguir, podemos ver como essa operação é realizada na linguagem C do Arduino utilizando o operador **&**. Observe que o **and** (bit a bit) utiliza o caractere **&** e não os caracteres **&&** que são usados com o **and** lógico.

```
byte data = 0b01100101;                    //Dados.
byte result = (data & 0b00000111);         //Resultado.
```

No final, a variável **resultado** conterá o valor 101 (binário) ou 5 (decimal).

» Deslocamento de bits

Outra coisa que pode acontecer com os dados recebidos é que, após mascarar os bits que interessam, esses bits não estarão todos alinhados, ocupando as posições mais à direita do byte.

Por exemplo, se o valor que nos interessa nos dados usados na Figura 9.2 estiver entre os bits 5 e 3, então teremos que primeiro mascarar os bits que nos interessam, como fizemos no exemplo anterior, e depois deveremos deslocar os bits três posições para a direita.

Na linguagem C, utilizamos o operador >> para deslocar bits à direita. O número que aparece após o operador >> é o número de posições que devemos deslocar os bits. Isso pode resultar em alguns bits sendo descartados para fora da extremidade direita do byte. Aqui está um exemplo escrito em linguagem C:

```
byte data = 0b01101001;                    //Dados.
byte result = (data & 0b00111000) >> 3;    //Resultado.
```

O que você faria se tivesse que tomar dois bytes de 8 bits e concatená-los formando um valor único de 16 bits do tipo **int**? Para isso, você deslocaria os 8 bits do byte mais significativo para a extremidade mais significativa (esquerda) de uma variável **int** de 16 bits e, em seguida, adicionaria os 8 bits do byte menos significativo. A Figura 9.3 ilustra esse processo.

Na linguagem C do Arduino, você começa colocando o byte mais significativo **highByte** (byte alto) na variável **result** (resultado) que é do tipo **int** (16 bits). A seguir, você desloca esse byte oito posições para a esquerda e termina somando o byte menos significativo **lowByte** (byte baixo):

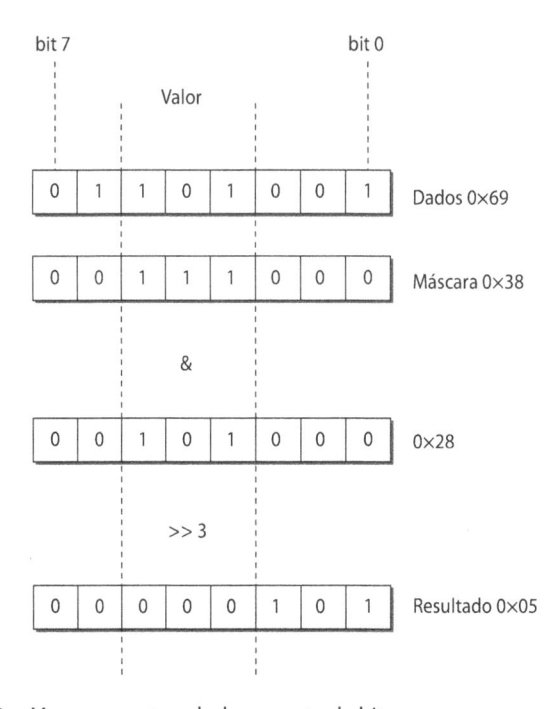

Figura 9.2 Mascaramento e deslocamento de bits.
Fonte: do autor.

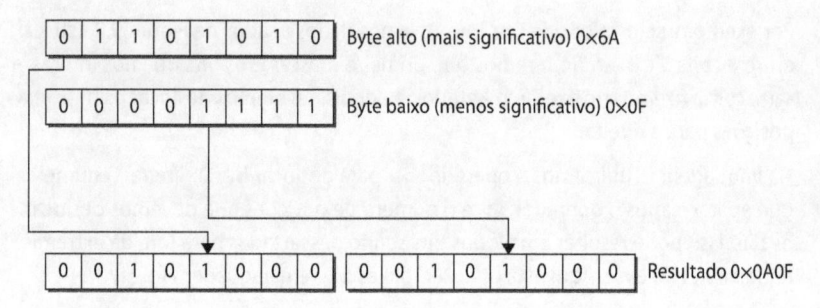

Figura 9.3 Combinando dois bytes para formar um valor do tipo int (16 bits).
Fonte: do autor.

```
byte highByte = 0x6A;                // Byte mais significativo.
byte lowByte = 0x0F;                 // Byte menos significativo.
int result = (highByte << 8) + lowByte;   // Resultado.
```

» *Hardware SPI*

A Figura 9.4 mostra uma configuração típica de um Arduino com dois dispositivos escravos.

No Arduino Uno, os sinais SCLK (*System Clock*, ou relógio do sistema), MOSI (*Master Out Slave In*, ou saída de mestre, entrada de escravo) e MISO (*Master In Slave Out*, ou entrada de mestre, saída de escravo) estão conectados aos pinos desses mesmos nomes, correspondendo aos pinos D13, D11 e D12 no Arduino Uno. A Tabela 9.2 dá a lista de pinos para a maioria das placas de Arduino.

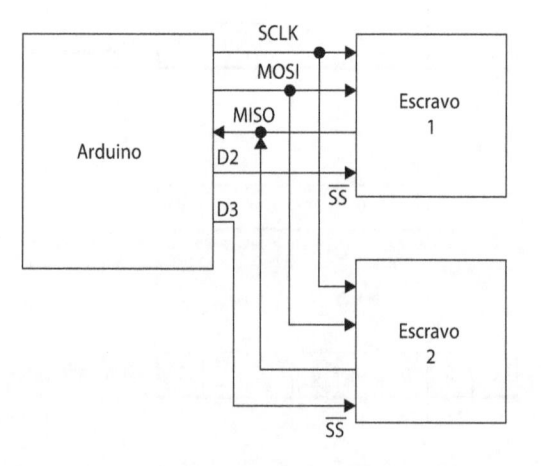

Figura 9.4 Um Arduino com dois dispositivos SPI escravos.
Fonte: do autor.

Tabela 9.2 » **Conexões SPI nas placas de Arduino**

Placa	SCLK	MOSI	MISO
Uno	13 (ICSP3)	11 (ICSP4)	12 (ICSP1)
Leonardo	ICSP3	ICSP4	ICSP1
Mega2560	52 (ICSP3)	51 (ICSP4)	50 (ICSP1)
Due	ICSP3	ICSP4	ICSP1

O pino de seleção de escravo (SS–*Slave Select*) pode ser qualquer um do Arduino. Eles são utilizados para habilitar um escravo em particular antes do início da transmissão de dados e desabilitá-lo após o término da comunicação.

Não há necessidade de resistores de pull-up.

Como algumas placas de Arduino, incluindo a Leonardo, têm conexão SPI que só é acessível por meio dos pinos do conector ICSP, os shields que utilizam SPI costumam ter um soquete que se encaixa no conector macho ICSP. A Figura 9.5 mostra os pinos do conector ICSP com seus nomes.

Observe que o Arduino Uno tem um segundo conector ICSP próximo do botão Reset. Esse conector é utilizado para programar a interface USB.

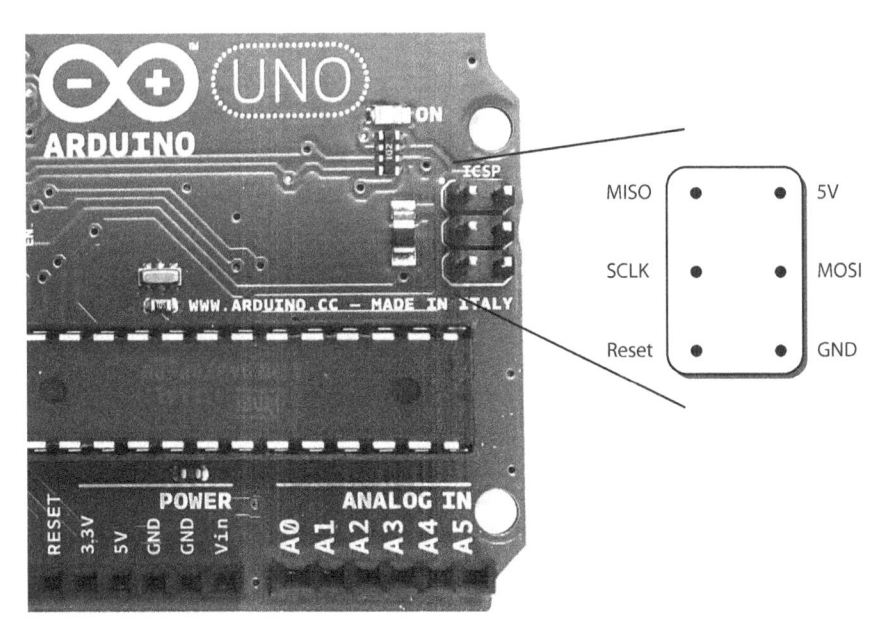

Figura 9.5 Arduino Uno e conector ICSP.
Fonte: do autor.

» Protocolo SPI

À primeira vista, o protocolo SPI é confuso, porque os dados são transmitidos e recebidos ao mesmo tempo pelo mestre e pelo escravo. Enquanto o mestre (Arduino) está enviando um bit de seu pino MOSI para o respectivo pino MOSI do escravo, um outro bit está sendo enviado do pino MISO do escravo para o pino MISO do Arduino.

» DICA

O leitor que já conhece eletrônica digital pode entender melhor esse processo sabendo que normalmente os dados (um byte do mestre e um byte do escravo) estão armazenados em registradores deslocadores de 8 bits cada um. Quando um escravo é selecionado pelo mestre, os seus respectivos registradores com dados são conectados de maneira que formam um registrador deslocador circular único de 16 bits. O bit mais significativo do mestre (MOSI) está ligado ao bit menos significativo do escravo e o bit mais significativo do escravo (MISO) está ligado ao bit menos significativo do mestre. Como resultado dessa configuração, após 8 pulsos de relógio efetuando deslocamentos, os conteúdos do mestre e do escravo terão sido trocados entre si.

Geralmente o Arduino envia um byte contendo bits com dados e, em seguida, envia mais oito zeros enquanto lê os resultados que vêm de volta do escravo. Como é o mestre que define a frequência de transmissão, assegure que a taxa de transmissão não seja elevada demais para o dispositivo escravo.

» Biblioteca SPI

A biblioteca SPI faz parte do IDE de Arduino. Assim, você não precisa instalar mais nada para usá-la. Ela suporta apenas os casos em que o Arduino é o mestre. Diretamente, a biblioteca também só suporta a transmissão de bytes inteiros. Para a maioria dos periféricos, essa configuração é adequada. Entretanto, há alguns dispositivos que esperam receber mensagens com 12 bits, o que pode resultar em manipulações complicadas de bits, como as que serão vistas na seção seguinte.

O primeiro passo é, como de costume, incluir a biblioteca SPI:

```
#include <SPI.h>
```

A seguir, você precisa dar início à SPI dando o comando **SPI.begin** (iniciar SPI) dentro da função **setup**:

```
void setup()
{
  SPI.begin();
  pinMode(chipSelectPin, OUTPUT);
  digitalWrite(chipSelectPin, HIGH);
}
```

A menos que você esteja usando um Arduino Due, você também precisará definir saídas digitais para cada um dos pinos de seleção de escravo (SS). Para essas saídas, poderemos utilizar qualquer pino do Arduino. Depois de definir os pinos de saída, você deverá colocá-los imediatamente em nível alto (HIGH), porque a lógica de seleção na entrada do escravo opera de forma invertida. Um nível baixo (LOW) significaria que o escravo foi selecionado.

A biblioteca SPI do Due foi estendida de forma que você pode especificar o pino que será escolhido para selecionar um escravo. Em seguida, antes da transmissão, a biblioteca colocará automaticamente esse pino em nível baixo e, após a transmissão, em nível alto. Você pode usar esse recurso simplesmente especificando o pino que será utilizado como argumento da função **SPI.begin** (iniciar SPI). Entretanto, a desvantagem de trabalhar dessa forma é que a compatibilidade com as demais placas de Arduino é quebrada. Nos exemplos deste capítulo, todos os pinos de seleção são controlados manualmente e, portanto, são adequados para todas as placas de Arduino.

Diversas funções utilitárias permitem que você configure a conexão SPI. Entretanto, geralmente os valores *default* costumam ser os adequados. Dessa forma, você só deverá alterar esses valores se a folha de especificação do dispositivo escravo levar você a acreditar que há necessidade de alterá-los. Essas funções estão resumidas na Tabela 9.3.

O envio e a recepção simultâneas de dados ocorre na função **transfer** (transferir). Essa função envia um byte de dados, ao mesmo tempo que recebe outro byte. O valor retornado pela função é o byte de dados que foi recebido durante a operação de transferência:

```
byte sendByte = 0x23;         //byte a ser enviado
byte receiveByte = SPI.transfer(sendByte);    //byte recebido
```

Como em geral a conversação com um periférico consiste em o mestre enviar uma solicitação de alguma coisa ao escravo e o escravo responder com dados, isso significa que frequentemente você executará duas transferências consecutivas: uma para solicitar os dados e outra (provavelmente um envio de zeros) para trazer dados do periférico. Você verá isso no próximo exemplo.

Tabela 9.3 » Funções de configuração

Função	Descrição
SPI.setClockDivider(SPI_CLOCK_DIV64)	Divida a frequência *default* de 4 MHz do relógio por 2, 4, 8, 16, 32, 64 ou 128.
SPI.setBitOrder(LSBFIRST)	Defina a ordem dos bits como **LSBFIRST** (bit menos significativo primeiro) ou **MSBFIRST** (bit mais significativo primeiro). O valor *default* é **MSBFIRST**.
SPI.setDataMode(SPI_MODE0)	Os valores possíveis para essa função vão de **SPI_MODE0** até **SPI_MODE3**. Esse parâmetro determina a polaridade e fase do sinal de relógio. Normalmente você não precisa alterá-lo, a menos que a folha de especificações indique um modo em particular para o dispositivo.

» Exemplo com SPI

Neste exemplo, temos a interface entre um chip de conversão analógico-digital (ADC) MCP3008 de oito canais e um Arduino. Isso permite o acréscimo de mais oito entradas analógicas de 10 bits ao seu Arduino. O chip é de baixo custo e fácil conexão.

A Figura 9.6 mostra como o chip foi ligado ao Arduino usando um protoboard e fios de conexão. O resistor variável (potenciômetro) é utilizado para variar a tensão da entrada analógica entre 0 e 5V.

A seguir, temos o sketch desse exemplo:

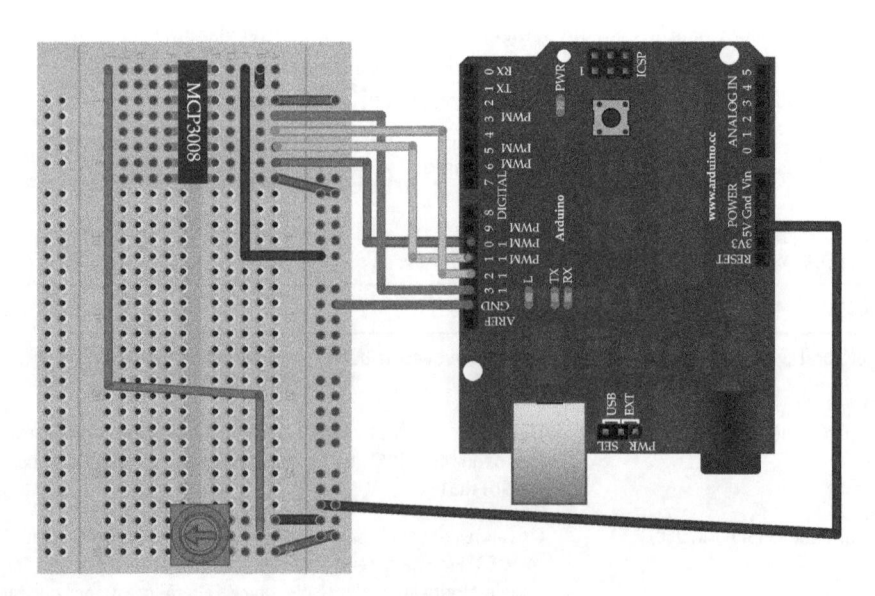

```
// sketch_09_01_SPI_ADC
#include <SPI.h>
const int chipSelectPin = 10;    //Pino de seleção do chip (escravo).
void setup()
{
  Serial.begin(9600);
  SPI.begin();
  pinMode(chipSelectPin, OUTPUT);
  digitalWrite(chipSelectPin, HIGH);
}
void loop()
{
  int reading = readADC(0);     //Leitura do ADC, canal 0.
  Serial.println(reading);
  delay(1000);
}
```

Figura 9.6 Diagrama de conexão do exemplo com SPI.
Fonte: do autor.

```
int readADC(byte channel)
{
  unsigned int configWord = 0b11000 | channel;   // Palavra de configuração.
  byte configByteA = (configWord >> 1);          // Byte A de configuração.
  byte configByteB = ((configWord & 1) << 7);    // Byte B de configuração.
  digitalWrite(chipSelectPin, LOW);              // Seleção de escravo é ativada.
  SPI.transfer(configByteA);                     // Envio do primeiro byte de
                                                 // configuração.
  byte readingH = SPI.transfer(configByteB);     // Envio do segundo byte de
                                                 // configuração e o primeiro byte
                                                 // com dados é lido.
  byte readingL = SPI.transfer(0);               // Envio de 0s e o segundo byte com
                                                 // dados é lido.
  digitalWrite(chipSelectPin, HIGH);             // Seleção de escravo é desativada.
//  printByte(readingH);         //Permite ver o primeiro byte com dados.
//  printByte(readingL);         //Permite ver o segundo byte com dados.
// O comando seguinte gera o valor efetivo da leitura analógica de 10 bits
// usando os dois bytes com dados que foram enviados pelo MCP3008.
  int reading = ((readingH & 0b00011111) << 5) + ((readingL & 0b11111000) >> 3);

  return reading;
}
void printByte(byte b)
{
  for (int i = 7; i >= 0; i--)
  {
    Serial.print(bitRead(b, i));
  }
  Serial.print(" ");
}
```

A função **printByte** foi usada durante o desenvolvimento do sketch para exibir os dados binários. Embora a função **Serial.print** possa exibir valores binários, ela não inclui os zeros à esquerda, o que torna mais difícil a interpretação dos dados, ao passo que a função **printByte** sempre imprime todos os oito bits.

Para ver os dados vindos do MCP3008, você pode remover os // antes das duas chamadas de **printByte**. Assim, serão exibidos os dados binários que lhe interessam.

A parte interessante do sketch ocorre na função **readADC** (ler conversor analógico-digital – ADC), cujo parâmetro é o canal ADC (0 a 7). A primeira coisa que você precisa fazer é uma manipulação de bits para montar o byte de configuração que especifica o tipo de conversão analógica que você deseja realizar e também o canal que será utilizado.

O chip é capaz de operar com dois modos de conversão analógico-digital (ADC). O modo diferencial compara dois canais analógicos e o modo simples (utilizado neste exemplo) retorna a leitura feita no canal especificado, como ocorre em uma entrada analógica de um Arduino. A folha de especificação do MCP3008 (http://ww1.microchip.com/downloads/en/DeviceDoc/21295d.pdf) informa que o comando de configuração deve definir os valores de quatro bits: o primeiro bit deve ser 1 para que o chip ADC opere no modo simples, e os próximos três bits determinam o canal que será utilizado (0 a 7).

O MCP3008 não foi projetado para o modo de funcionamento da biblioteca SPI que trabalha com um byte de cada vez. Para que o MCP3008 reconheça esses quatro bits, precisamos dividi-los em dois bytes. Aqui está o código para isso:

```
unsigned int configWord = 0b11000 | channel;
byte configByteA = (configWord >> 1);
byte configByteB = ((configWord & 1) << 7);
```

O primeiro byte da mensagem de configuração contém dois 1s, o primeiro 1 pode não ser necessário e o segundo 1 corresponde ao bit de modo (no caso, modo simples). Os dois outros bits desse byte são os dois bits mais significativos do número do canal analógico. O bit menos significativo desse número pode ser encontrado no segundo byte de configuração, ocupando a posição do bit mais significativo.

O próximo comando seleciona (habilita) o escravo colocando a respectiva linha de conexão de seleção de escravo (SS) em nível baixo (**LOW**).

```
digitalWrite(chipSelectPin, LOW);
```

Em seguida, o primeiro byte de configuração é enviado:

```
SPI.transfer(configByteA);                  // Envio do primeiro byte de
                                            // configuração.
byte readingH = SPI.transfer(configByteB);  // Envio do segundo byte de
                                            // configuração enquanto o
                                            // primeiro byte com dados é lido.
byte readingL = SPI.transfer(0);            // Envio de 0s enquanto o segundo
                                            // byte com dados é lido.
digitalWrite(chipSelectPin, HIGH);          // A seleção de escravo é
                                            // desativada.
```

Os dados analógicos não começarão a chegar até que o segundo byte de configuração seja enviado. Os 10 bits de dados do ADC estão distribuídos em dois bytes. Assim, enquanto os dados restantes são recebidos, é feita uma chamada à função **transfer**, que enviará um byte cheio de zeros.

Agora, a saída SS é colocada em nível alto (**HIGH**), porque a comunicação foi completada.

Finalmente, o valor efetivo da leitura analógica de 10 bits (**reading**) é obtido executando o seguinte comando de manipulação de bits:

```
int reading = ((readingH & 0b00011111) << 5)
+ ((readingL & 0b11111000) >> 3);
```

Cada um dos dois bytes (**readingH** e **readingL**) tem cinco dos dez bits de dados. No primeiro byte (**readingH**), esses bits ocupam as cinco posições menos significativas. Depois do mascaramento, os três bits restantes se tornam zeros. A seguir, o resultado é deslocado cinco posições para a esquerda. No segundo byte (**readingL**), os demais cinco bits da leitura ocupam as cinco posições mais significativas.

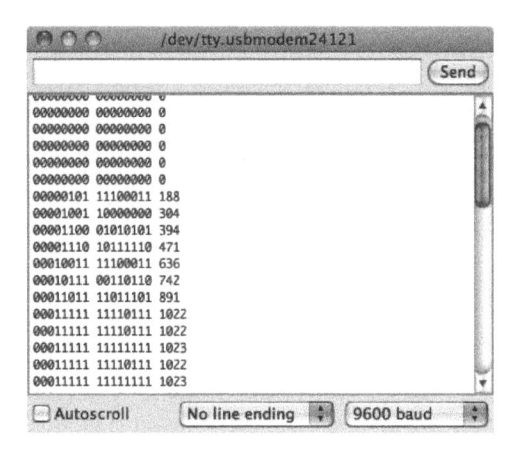

Figura 9.7 Exibição das mensagens em binário e decimal.
Fonte: do autor.

Eles são mascarados e deslocados três posições para a direita antes de serem somados à variável **reading** que é do tipo **int** (16 bits).

Para testar, abra o Monitor Serial. Você verá que aparecem alguns dados. Se você girar o eixo do potenciômetro no sentido horário de 0 a 5V, verá alguma coisa parecida com o que está mostrado na Figura 9.7. Os dois números binários à esquerda são os dois bytes enviados pelo MCP3008 e o número decimal à direita é a leitura analógica em decimal entre 0 e 1023.

> ## » DICA
>
> Fazer a interface com um dispositivo SPI quando não se dispõe de uma biblioteca não é nada fácil. Algumas vezes, você deverá fazer alguns testes de tentativa e erro para conseguir que as coisas funcionem. Como em qualquer atividade de verificação e teste, sempre comece reunindo evidências e examinando os dados que você está recebendo. Aos poucos, você conseguirá entender o que está acontecendo e então poderá modificar seu código para produzir os resultados esperados.

capítulo 10

Programação Serial UART

Este capítulo examina o último padrão de interface suportado pelo Arduino: o TTL Serial. Em vez de ser um barramento, o padrão Serial é uma interface do tipo ponto a ponto. Mesmo assim, é um recurso muito utilizado, útil para receber e enviar dados. Neste capítulo, veremos ainda algumas maneiras de programar a comunicação serial entre Arduinos, periféricos e computadores.

Objetivos de aprendizagem

» Explicar o que é o padrão de interface TTL Serial.

» Utilizar a interface serial baseada em UART.

» Explicar como funcionam o hardware e o protocolo Serial baseado em UART.

» Utilizar a boblioteca SoftwareSerial.

» Utilizar a comunicação Serial em uma aplicação com GPS.

» Utilizar os comandos do protocolo Serial e da biblioteca SoftwareSerial.

» Programar a comunicação serial entre Arduinos, periféricos e computadores.

O interfaceamento direto é frequentemente denominado TTL Serial, ou simplesmente Serial. A sigla TTL é uma referência a Transistor Transistor Logic (Lógica Transistor–Transistor), uma tecnologia mais antiga que usa níveis lógicos de 0 e 5V e que se tornou ultrapassada.

Esse tipo de comunicação serial não utiliza barramento. É uma forma de comunicação ponto a ponto envolvendo apenas dois dispositivos – geralmente um Arduino e um periférico.

Os periféricos que usam a interface TTL Serial, em vez de I2C ou SPI, costumam ser dispositivos de maior porte ou dispositivos que já existem há bastante tempo e tradicionalmente sempre tiveram uma interface TTL Serial. Nessa categoria, encontramos também os dispositivos que originalmente foram projetados para serem conectados à porta serial de um computador PC. Como exemplo, temos os módulos GPS, os multímetros com recursos de aquisição de dados e os leitores para código de barra e etiquetas RFID.

» Hardware serial

A Figura 10.1 mostra o hardware serial do Arduino Uno.

O ATmega 328 do Arduino Uno tem dois pinos, Rx e Tx (*Receive* e *Transmit*, respectivamente) para receber e transmitir bits. Os pinos Rx e Tx aparecem duplicados como pinos D0 e D1 de entrada e saída de dados. Se você usá-los como pinos genéricos de entrada e saída, provavelmente descobrirá que não é possível programar o Arduino para realizar comunicação serial quando esses pinos estão conectados a circuitos eletrônicos externos.

Esses pinos Rx e Tx são a interface serial do Receptor Transmissor Universal Assíncrono (UART, – *Universal Asynchronous Receiver Transmitter*) implementado no

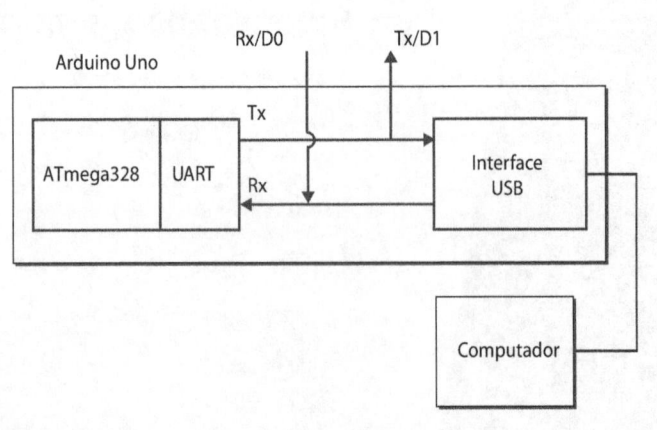

Figura 10.1 Hardware serial do Arduino Uno.
Fonte: do autor.

hardware do ATmega328. Essa parte do microcontrolador é responsável por enviar e receber dados para e do microcontrolador.

O Arduino Uno tem um processador separado, que funciona como interface USB–Serial. Além das características elétricas diferentes do sinal serial, o barramento USB também tem um protocolo muito mais complicado do que o serial e, por isso, muito trabalho acontece internamente para que a porta serial do ATmega328 pareça estar se comunicando diretamente com o computador.

O Arduino Leonardo não tem um chip separado para operar como interface USB. Em vez disso, ele utiliza um chip ATmega que contém duas UARTs e uma interface USB interna (Figura 10.2).

Uma das UARTs está dedicada à interface USB e a outra está conectada aos pinos Rx e Tx (D0 e D1). Isso traz como vantagem a possibilidade de conectar os pinos Tx e Rx a outros circuitos eletrônicos e ainda ser possível programar o Arduino e enviar dados ao Monitor Serial.

Outras placas de Arduino têm números e configurações diferentes de portas seriais. Elas estão resumidas na Tabela 10.1. Observe que a placa do Arduino Due é

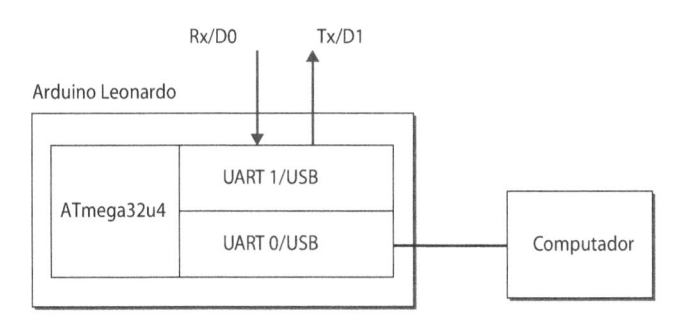

Figura 10.2 Hardware serial do Arduino Leonardo.
Fonte: do autor.

Tabela 10.1 » Interfaces seriais UART de placas de Arduino

Placa	Número de portas seriais	Detalhes
Uno	1	Rx é D0 e Tx é D1. Essas portas também são usadas pelo USB.
Leonardo	2	USB dedicado. Segunda porta serial. Rx é D0 e Tx é D1.
Mega2560	4	USB usa D0 e D1. Três outras portas: Serial1 nos pinos 19 (Rx) e 18 (Tx), Serial2 nos pinos 17 (Rx) e 16 (Tx), e Serial3 nos pinos 15 (Rx) e 14 (Tx).
Due	4	USB dedicado. Porta serial 0 usa D0 (Rx) e D1 (Tx). Três outras portas: Serial1 nos pinos 19 (Rx) e 18 (Tx), Serial2 nos pinos 17 (Rx) e 16 (Tx), e Serial3 nos pinos 15 (Rx) e 14 (Tx).

única entre as placas de Arduino, porque as suas portas seriais operam com 3,3V em vez de 5V.

A interface TTL Serial opera até distâncias relativamente curtas (alguns metros ou talvez poucas dezenas de metros), especialmente se for utilizada com elevadas taxas de bauds. Para comunicação a distâncias maiores, foi definido um padrão elétrico denominado RS232. Até a década passada, você ainda encontrava facilmente computadores PCs com portas seriais RS232. O padrão RS232 modifica o nível dos sinais, tornando-os mais adequados à propagação até distâncias maiores do que as obtidas na comunicação TTL Serial.

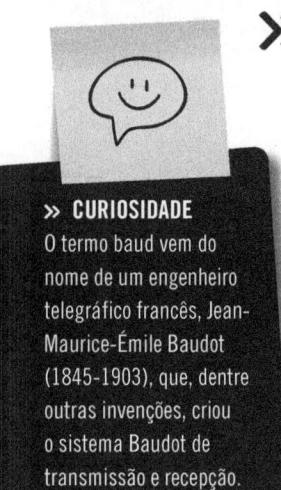

» Protocolo serial

O protocolo Serial e a maior parte dos termos que são utilizados datam dos primeiros tempos das redes de computadores. O transmissor e o receptor devem chegar a um acordo em relação à velocidade com que trocarão os dados. Essa velocidade, denominada *taxa de bauds* (*baud rate*) é definida em ambos os terminais antes de iniciar a comunicação. A taxa de bauds é o número de transições de sinal por segundo. Isso seria o mesmo que o número de bits por segundo, se não fosse pelo fato de que um byte de dados pode incluir bits extras de início, término e paridade. Assim, se você dividir a taxa de bauds por 10, saberá aproximadamente quantos bytes por segundo podem ser transferidos.

A taxa de bauds pode ser selecionada entre um número de taxas padronizadas. Você já viu essa lista no respectivo menu (*bauds rate*) do Monitor Serial no IDE de Arduino. As taxas de bauds usadas pelo software de Arduino são: 300, 1.200, 4.800, 9.600, 14.400, 19.200, 28.800, 38.400, 57.600 e 115.200.

A taxa de bauds mais usada no Arduino é provavelmente 9.600, que tende a ser a taxa de bauds *default*. Não há qualquer razão em especial para isso, porque o Arduino se comunica de forma confiável até 115.200 bauds. Nós utilizaremos essa taxa nos projetos que exigirem uma transferência de dados realmente rápida. Outra taxa comum é 2.400 bauds. Alguns periféricos, como os adaptadores seriais Bluetooth e o hardware de GPS, utilizam essa taxa.

Outro parâmetro de conexão "Serial" um pouco confuso que você poderá encontrar é um conjunto de caracteres como este: 8N1. Esses caracteres significam 8 bits por "pacote", nenhum bit de paridade e 1 bit de término (stop). Embora sejam possíveis outras combinações, 8N1 é o parâmetro que na maioria das vezes você encontrará nos dispositivos.

> » **CURIOSIDADE**
> O termo baud vem do nome de um engenheiro telegráfico francês, Jean-Maurice-Émile Baudot (1845-1903), que, dentre outras invenções, criou o sistema Baudot de transmissão e recepção.

» Comandos seriais

Como os comandos Serial não estão contidos em uma biblioteca, você não precisa de um comando **include** no seu sketch.

A comunicação serial é iniciada usando o comando **Serial.begin** (serial.começar), que tem como parâmetro a taxa de bauds:

```
Serial.begin(9600);
```

Geralmente esse comando é executado apenas uma vez na função **setup**.

Quando você usa uma placa com mais de uma porta serial e escolhe a porta default (porta 0), simplesmente utiliza o comando **Serial.begin**. Entretanto, quando você usar uma das demais portas, deverá colocar o número da porta após a palavra **Serial**. Por exemplo, para iniciar a comunicação na porta serial 3 de um Arduino Due, você deverá escrever a seguinte linha no sketch:

```
Serial3.begin(9600);
```

Após a chamada da função **Serial.begin**, a UART ficará esperando até que cheguem os bytes para armazená-los em um buffer (memória temporária). Dessa forma, mesmo que o processador esteja fazendo outras coisas, os bytes não serão perdidos enquanto houver espaço no buffer.

A função **loop** pode verificar se estão chegando bytes de dados por meio da função **Serial.available** (serial.disponível). Essa função retorna o número de bytes disponíveis para serem lidos. Se não houver bytes disponíveis, ela retornará o valor 0. Na linguagem C, isso equivale a "falso". Para testar se há dados disponíveis, você verá códigos como o do exemplo seguinte:

```
void loop()
{
  if (Serial.available())
  {
    // Ler e processar o próximo byte.
  }
}
```

A função **read** (ler) não tem argumentos. Ela simplesmente lerá o próximo byte que estiver disponível no buffer.

A função **readBytes** lê os bytes disponíveis colocando-os em um buffer dentro do sketch, diferentemente do buffer utilizado pela UART. São necessários dois argumentos: o buffer que receberá os bytes (deve ser uma referência a um array de bytes) e o número máximo de bytes que serão lidos. Esse argumento será útil se você tiver um projeto em que é necessário enviar strings com comprimentos variáveis ao Arduino. Em geral, o melhor é evitar essa função e tentar usar comprimento fixo na comunicação com o Arduino, tornando-a tão simples quanto possível.

As funções **parseInt** (analisar Int) e **parseFloat** (analisar Float) podem ser convenientes, porque permitem que as sequências de caracteres (strings) enviadas ao Arduino sejam lidas como números na forma de variáveis dos tipos **int** e **float**, respectivamente.

```
void loop()
{
  if (Serial.available())
```

```
{
   int  x = parseInt()
}
}
```

Ambas as funções leem caracteres até que eles se esgotem ou apareça um espaço ou outro caractere não numérico. Em seguida, a função retorna a string na forma de um valor numérico.

Antes de usar funções como **parseInt** e **parseFloat**, assegure-se de que você sabe claramente por que deseja usá-las. Eu vi códigos que primeiro convertem um **int** em um array de caracteres e depois enviam o array de caracteres a um segundo Arduino que, por sua vez, transforma o array de volta em um **int**. Há diversas razões pelas quais isso não é uma boa ideia:

- É desnecessário. A comunicação serial é muito eficiente para transmitir dados binários. Tudo que é necessário é enviar em separado os bytes mais e menos significativos do **int** e, a seguir, concatená-los no receptor, formando uma nova variável **int** com esses bytes.
- A conversão de números em strings e vice-versa é demorada.
- Em vez de enviar apenas os dois bytes de um **int**, a comunicação serial pode transmitir seis caracteres de dados (incluindo o caractere nulo de término de string).

Se o dispositivo para o qual se destina a interface estiver fora do seu controle e o protocolo do projetista usar strings para representar números ou, ainda, tiver campos de dados com comprimento variável, então essas funções poderão ser úteis. Entretanto, se o protocolo estiver completamente sob seu controle, você poderá facilitar a sua vida evitando a complexidade desnecessária de converter tipos e mensagens com comprimentos variáveis e formatos diferentes.

Mais adiante neste capítulo, os exemplos da seção "Exemplos Seriais" também servirão de referência para projetar seus próprios códigos de comunicação.

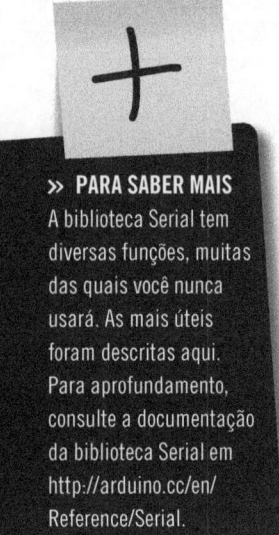

> **» PARA SABER MAIS**
> A biblioteca Serial tem diversas funções, muitas das quais você nunca usará. As mais úteis foram descritas aqui. Para aprofundamento, consulte a documentação da biblioteca Serial em http://arduino.cc/en/Reference/Serial.

» *Biblioteca SoftwareSerial*

Algumas vezes, especialmente quando utilizamos um Arduino Uno, não é suficiente trabalhar com apenas uma porta serial. A biblioteca **SoftwareSerial** permite que você utilize pares de pinos para criar portas de comunicação serial com algumas limitações:

- Você pode receber dados apenas de uma porta SoftwareSerial de cada vez.
- Poderão surgir problemas se o sketch utilizar temporizadores ou interrupções externas.

As funções disponíveis são semelhantes às funções Serial e, sob certo ponto de vista, são mais bem elaboradas. O SoftwareSerial oferece suporte para comunicação

Tabela 10.2 » Uso dos pinos pelo softwareserial por placa de Arduino

Placa	Pinos para Tx	Pinos para Rx
Uno	Qualquer, exceto 0 e 1	Qualquer, exceto 0 e 1
Leonardo	Qualquer, exceto 0 e 1	8, 9, 10, 11, 14 (MISO), 15 (SCK), 16 (MOSI)

serial com dispositivos que trabalham com sinais invertidos, como o medidor de distância MaxSonar. Para cada conexão, você também cria um objeto SoftwareSerial. Isso é mais simples do que a forma padrão adotada no Arduino que coloca um número após a palavra **Serial**.

A Tabela 10.2 mostra os pinos que o SoftwareSerial utiliza nas placas do Uno e do Leonardo. Se você estiver utilizando uma placa maior, que já tenha quatro portas seriais disponíveis, então provavelmente não necessitará do SoftwareSerial. Os números dos pinos são de pinos digitais, a não ser que venham antecedidos pela letra A (Analog).

No início de uma conexão, ao criar um objeto SoftwareSerial, especifique os pinos Rx e Tx como dois parâmetros. A seguir, para dar início à comunicação, utilize **begin**, fornecendo a taxa de bauds como parâmetro:

```
#include <SoftwareSerial.h>
SoftwareSerial mySerial(10, 11); // minhaSerial(RX, TX).
void setup()
{
  mySerial.begin(9600);
  mySerial.println("Alô, mundo?");
}
```

> » NO SITE
> Você encontrará a documentação completa da biblioteca SoftwareSerial em http://arduino.cc/en/Reference/SoftwareSerial.

» Exemplos Seriais

Esta seção contém diversos exemplos de utilização de UART e de SoftwareSerial.

» Conexão USB entre computador e Arduino

Este exemplo utiliza o Monitor Serial para enviar comandos ao Arduino. Uma vez por segundo, o Arduino também envia os valores das leituras analógicas realizadas em A0. Ao mesmo tempo, analisa as mensagens procurando o caractere g (go) ou s (stop) para controlar o fluxo das leituras. O caractere s significa parar ou interromper o fluxo, e o caractere g significa prosseguir com as leituras. A Figura 10.3 mostra o Monitor Serial durante a execução desse sketch.

Nesse caso, como as leituras do Arduino são exibidas diretamente na janela do Monitor Serial, os valores também podem ser enviados como texto em vez de binário.

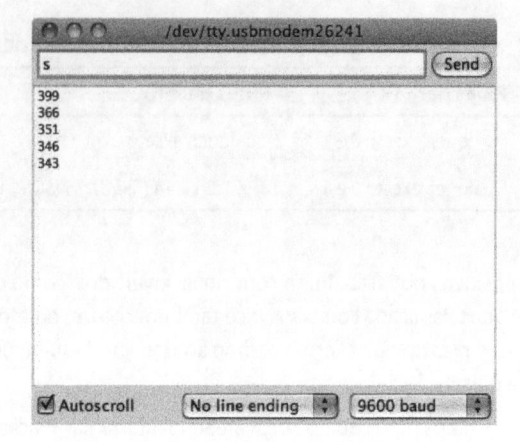

Figura 10.3 O Monitor Serial em comunicação com o Arduino.
Fonte: do autor.

Aqui está o sketch desse exemplo:

```
// sketch_10_01_PC_to_Arduino
const int readingPin = A0;
boolean sendReadings = true;
void setup()
{
  Serial.begin(9600);
}
void loop()
{
  if (Serial.available())
  {
    char ch = Serial.read();
    if (ch == 'g')              //Teste para prosseguir(go)
                                //com as leituras.
    {
      sendReadings = true;
    }
    else if (ch == 's')         //Teste para parar (stop)
                                //as leituras.
    {
      sendReadings = false;
    }
  }
  if (sendReadings)
  {
    int reading = analogRead(readingPin);
    Serial.println(reading);
    delay(1000);
  }
}
```

A função **loop** testa os dados seriais. Se houver dados chegando, ela lê um byte de cada vez na forma de caractere. A seguir, esse byte é comparado com os comandos 's' e 'g' e um valor **true** (verdadeiro) ou **false** (falso) é atribuído à variável **sendReadings** (enviar leituras).

A variável **sendReadings** é testada para determinar se leituras devem ser feitas e exibidas. Se o valor de **sendReadings** for verdadeiro (true), então haverá um segundo retardo antes do envio da próxima leitura.

O uso de **delay** significa que **sendReadings** só poderá ser modificada na próxima repetição do **loop**. Nesse sketch, isso não é um problema, mas, em outras situações, poderá ser necessário uma solução melhor que não bloqueie o **loop**. Veja o Capítulo 14 para uma discussão mais detalhada dessa questão.

» Arduino para Arduino

O segundo exemplo ilustra o envio de dados de um Arduino Uno para outro por meio de uma conexão serial. Nesse caso, as leituras feitas no pino A1 do Arduino transmissor são enviadas ao Arduino receptor, que as utiliza para controlar a velocidade de pisca-pisca do LED "L".

Os Arduinos são conectados como está mostrado na Figura 10.4.

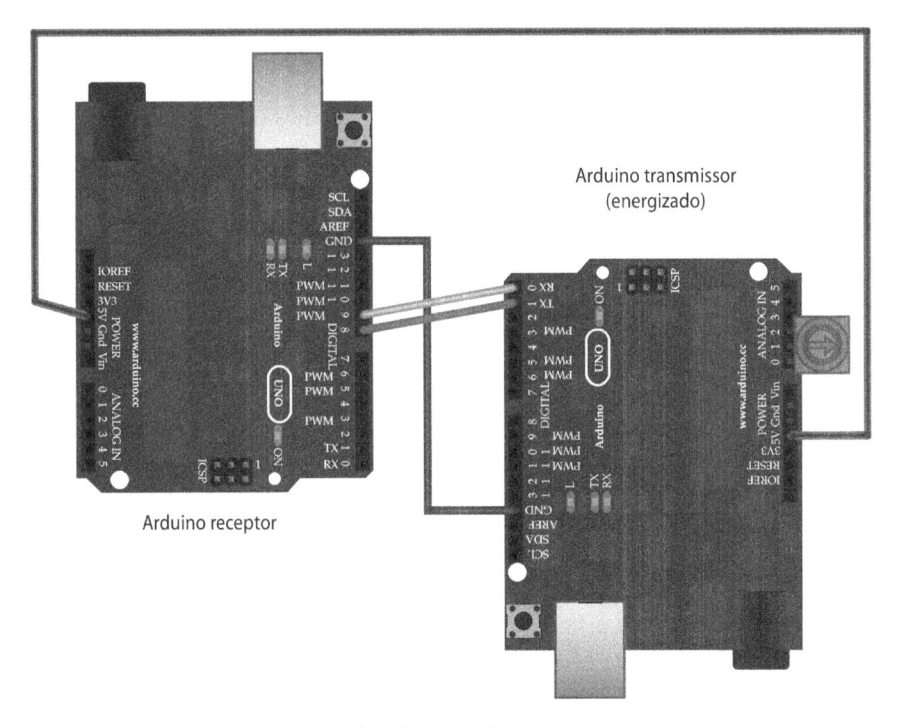

Figura 10.4 Comunicação serial entre dois Arduinos Uno.
Fonte: do autor.

O pino Tx de um Arduino deve ser conectado ao pino Rx do outro e vice-versa. Nesse exemplo, os dois Arduinos estão utilizando a biblioteca SoftwareSerial, com o pino 8 usado como Rx, e o 9, como Tx.

Como você deseja que o Arduino transmissor faça a alimentação elétrica do Arduino que recebe as mensagens, então os pinos GND devem estar conectados entre si, ocorrendo o mesmo com os pinos de 5V. O primeiro Arduino tem um "trimpot" (pequeno resistor variável) encaixado nos pinos A0 a A2. Definimos os pinos A0 e A2 como saídas e, em seguida, atribuímos o nível alto (HIGH) ao pino A2. Com isso, girando o trimpot, você poderá variar a tensão de A1 entre 0 e 5V e também controlar a velocidade ou taxa de pisca-pisca do LED que está no Arduino receptor.

O sketch do Arduino que envia (*sender*) mensagens está mostrado a seguir:

```
//sketch_10_02_Arduino_Sender

#include "SoftwareSerial.h"

const int readingPin = A1;     //Pino de leitura.
const int plusPin = A2;        //Pino de +5V.
const int gndPin = A0;         //Pino terra.

SoftwareSerial sender(8, 9); // RX, TX

void setup()
{
  pinMode(gndPin, OUTPUT);
  pinMode(plusPin, OUTPUT);
  digitalWrite(plusPin, HIGH);
  sender.begin(9600);
}

void loop()
{
  int reading = analogRead(readingPin);
  byte h = highByte(reading);    //Byte mais significativo
  byte l = lowByte(reading);     //Byte menos significativo
  sender.write(h);
  sender.write(l);
  delay(1000);
}
```

Para enviar a leitura de 16 bits (**int**), o seu valor é decomposto em bytes mais (high) e menos (low) significativos que, a seguir, são enviados pela conexão serial usando o comando **write** (escrever). Os comandos **print** e **println** convertem seus argumentos em uma string de caracteres, mas o comando **write** envia o byte como tipo binário.

O sketch do Arduino que recebe mensagens (*receiver*) está mostrado a seguir:

```
// sketch_10_03_Arduino_Receiver
#include "SoftwareSerial.h"
const int ledPin = 13;
int reading = 0;
SoftwareSerial receiver(8, 9); // RX, TX

void setup()
{
  pinMode(ledPin, OUTPUT);
  receiver.begin(9600);
}

void loop()
{
  if (receiver.available() > 1)
  {
    byte h = receiver.read();           // h de high - mais significativo.
    byte l = receiver.read();           // l de low - menos significativo.
    reading = (h << 8) + l;             //Valor da leitura (reading).
  }
  flash(reading);                       //Função que faz o LED piscar (flash)
                                        //com a velocidade dada por reading.
}

void flash(int rate)                    //Definição da função flash
                                        //rate = taxa ou velocidade.
{
  // 0 -> lento e 1023 -> muito rápido
  int period = (50 + (1023 - rate) / 4);
  digitalWrite(ledPin, HIGH);
  delay(period);
  digitalWrite(ledPin, LOW);
  delay(period);
}
```

O sketch que recebe as mensagens deve esperar até que haja dois bytes disponíveis para, em seguida, reconstruir o valor **int** da leitura. Para isso, o byte mais significativo deve ser deslocado para a esquerda, ocupando os oito bits mais significativo do **int** (16 bits), e o byte menos significativo deve ser somado, ocupando os oito bits menos significativos do **int**.

Embora esse exemplo utilize fios para conectar o Tx de um Arduino com o Rx de outro, você poderá fazer conexões sem fio quase com a mesma facilidade. Muitos módulos de conexão sem fio operam de forma transparente. Em outras palavras, eles funcionam como se as portas fossem ligadas com fios.

> **NO SITE**
> Se você pretende enviar dados mais complexos de um Arduino para outro, então pode ser útil acessar a biblioteca EasyTransfer (transferência fácil) em www.billporter.info/2011/05/30/easytransfer-arduino-library/.

>> Módulo GPS

Usando TTL Serial, este último exemplo de comunicação serial lê as informações de posição (latitude e longitude) em um módulo GPS (*Global Positioning System*) e, em seguida, formata e envia os dados ao Monitor Serial (Figura 10.5).

A comunicação com o módulo GPS é de sentido único. Assim, apenas a saída Tx do módulo precisa ser conectada ao pino Rx do Arduino. O módulo utilizado é o Venus GPS da Sparkfun (www.sparkfun.com/products/11058). Como muitos módulos GPS, ele tem saída TTL Serial e envia, a cada segundo, um conjunto de dados na taxa de 9600 bauds.

As mensagens, ou sentenças, como são denominadas, seguem o formato padrão especificado pela National Marine Electronics Association (NMEA). Cada mensagem ou sentença (*sentence*) é uma string de caracteres contendo um texto composto por campos e terminando com o caractere de nova linha. Os campos (*fields*) da sentença são separados por vírgulas. Uma sentença típica é mostrada a seguir:

```
$GPRMC,081019.548,A,5342.6316,N,00239.8728,W,000.0,079.7,110613,,,A*76
```

Os campos desse exemplo são os seguintes:

- **$GPRMC**   O tipo de sentença
- **081019.548**   O horário (muito exato) no formato 24 horas: 8h 10min 19,548s
- **5342.6316, N**   Latitude × 100: 53,426316 graus Norte
- **00239.8728,W**   Longitude × 100: 0,2398728 graus Oeste (West)
- **000.0**   Velocidade: 000,0
- **079.7**   Curso: 79,7 graus
- **110613**   Data: 11 Junho 2013

Os demais campos não são importantes para esse exemplo.

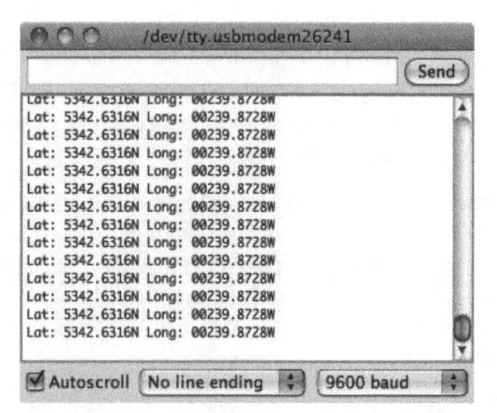

>> **NO SITE**
Uma lista completa dos tipos de sentença GPS da NMEA pode ser encontrada em http://aprs.gids.nl/nmea/.

Figura 10.5   Leituras GPS em um Arduino.
Fonte: do autor.

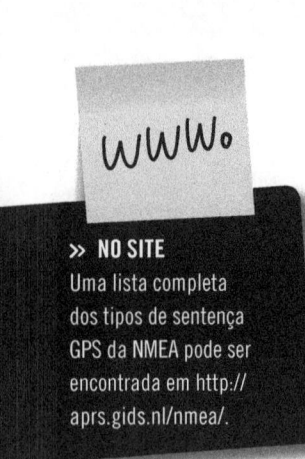

Aqui está o código para esse exemplo:

```cpp
#include <SoftwareSerial.h>
SoftwareSerial gpsSerial(10, 11); // RX, TX (TX não é usado)
const int sentenceSize = 80;      // Tamanho da sentença.
char sentence[sentenceSize];      // Definição da sentença.
void setup()
{
  Serial.begin(9600);
  gpsSerial.begin(9600);
}
void loop()
{
  static int i = 0;
  if (gpsSerial.available())
  {
    char ch = gpsSerial.read();
    if (ch != '\n' && i < sentenceSize)
    {
      sentence[i] = ch;
      i++;
    }
    else
    {
      sentence[i] = '\0';
      i = 0;
     // Serial.println(sentence);
      displayGPS();                 // Exibição dos dados GPS.
    }
  }
}
void displayGPS()              // Definição da função de exibição.
{
  char field[20];              // Declaração de um campo da sentença.
  getField(field, 0);
  if (strcmp(field, "$GPRMC") == 0)
  {
    Serial.print("Lat: ");     // Latitude.
    getField(field, 3);        // Um número.
    Serial.print(field);
    getField(field, 4);        // N/S Norte/Sul.
    Serial.print(field);
    Serial.print(" Long: ");   // Longitude.
    getField(field, 5);        // Um número.
    Serial.print(field);
    getField(field, 6);        // E/W Leste/Oeste.
    Serial.println(field);
  }
}
```

```
void getField(char* buffer, int index)
{
  int sentencePos = 0;
  int fieldPos = 0;
  int commaCount = 0;
  while (sentencePos < sentenceSize)
  {
    if (sentence[sentencePos] == ',')
    {
      commaCount ++;
      sentencePos ++;
    }
    if (commaCount == index)
    {
      buffer[fieldPos] = sentence[sentencePos];
      fieldPos ++;
    }
    sentencePos ++;
  }
  buffer[fieldPos] = '\0';
}
```

As sentenças que vêm do módulo GPS podem ter tamanhos diferentes, mas todas têm menos de 80 caracteres. O código utiliza uma variável denominada **sentence**, que opera como buffer. Ela é preenchida com caracteres até que um marcador de fim de linha seja lido ou que o buffer esteja totalmente preenchido.

Após toda a sentença ter sido lida, um caractere nulo é colocado no final do buffer. Dessa forma, se desejar, você poderá "imprimir" (*print*) a sentença para ver os dados brutos.

O restante do sketch se ocupa com a extração de campos individuais e com a formatação da saída que será enviada ao Monitor Serial. A função **getField** (obter campo) extrai o texto contido em um campo que está sendo apontado por um índice.

A função **displayGPS** (exibir GPS) ignora qualquer sentença que não seja do tipo "**$GPRMC**". Em caso afirmativo, ela primeiro extrai os campos de latitude, longitude e hemisfério, e, em seguida, os exibe.

capítulo 11

Programação USB

Neste capítulo, você conhecerá algumas maneiras de utilizar o Arduino com dispositivos USB. Veremos os recursos de emulação de teclado e mouse disponíveis no Arduino Leonardo e também o processo inverso: permitir que um teclado ou mouse, ambos USB, sejam conectados a um Arduino equipado de forma adequada.

Objetivos de aprendizagem

>> Fazer a emulação de teclado e mouse.

>> Utilizar o shield USB Host.

>> Utilizar USB Host no Arduino Due.

» Emulação de teclado e mouse

Há três placas de Arduino – Due, Leonardo e Micro, baseada na placa do Leonardo – que podem utilizar as suas portas USB para emular um teclado ou mouse. Há placas compatíveis com as do Arduino, como a LeoStick da Freetronics (Figura 11.1), que também podem fazer essa emulação.

Na prática, esse recurso é muito usado com dispositivos como os controladores musicais. Isso permite que o Arduino se conecte com programas para sintetizar músicas e controlar sua execução, como o Ableton Live. Por exemplo, para controlar a execução de um software de música, você poderia construir novos instrumentos musicais utilizando leituras de um acelerômetro, pedais ou feixes interrompidos de luz.

Algumas das aplicações mais simples desses recursos incluem brincadeiras em que o mouse do computador parece ter vida própria e o teclado parece gerar letras por conta própria.

O Arduino Due tem duas portas USB. A emulação de teclado e mouse é possível com a *porta USB nativa* e, no Arduino Due, a programação é feita normalmente utilizando a *porta USB de programação* (Figura 11.2).

> » **PARA SABER MAIS**
> Para construir inúmeros projetos com Arduino, incluindo um que utiliza um Arduino Leonardo secretamente acoplado à porta USB do computador para que surjam mensagens na tela (seção "O truque do teclado"), consulte o livro *30 projetos com Arduino*, 2.ed., também da série Tekne (Bookman, 2014).

» Emulação de teclado

As funções de teclado são muito fáceis de utilizar. Elas fazem parte da linguagem básica, não havendo necessidade de incluir uma biblioteca. Para iniciar a emulação do teclado, simplesmente coloque o seguinte comando na função **setup**:

```
Keyboard.begin();
```

Para fazer o Arduino escrever alguma coisa, você poderá utilizar os comandos **print** e **println**, e o texto aparecerá no lugar onde se encontra o cursor:

```
Keyboard.println("Foi o melhor dos tempos.");
```

Se você precisar utilizar teclas de modificação, como CTRL-C, então poderá usar o comando **press** (pressionar), como neste exemplo:

Figura 11.1 A placa LeoStick.
Fonte: do autor.

Figura 11.2 As duas portas USB do Arduino Due.
Fonte: do autor.

```
Keyboard.press(KEY_LEFT_CTRL);        // Pressionar ctrl da esquerda.
Keyboard.press('x');                  // Pressionar um caractere 'x' qualquer.
delay(100);
Keyboard.releaseAll();                // Liberar todas as teclas pressionadas.
```

O comando **press** (pressionar) utiliza um único caractere como parâmetro. Além de todos os caracteres normais, diversas constantes, como **KEY_LEFT_CTRL** (tecla ctrl da esquerda), já estão definidas para você utilizá-las. Após executar o comando **press**, é como manter a tecla pressionada até que seja dado o comando **releaseAll** (liberar todas teclas). Você pode encontrar uma lista completa dessas teclas especiais modificadoras de teclado em http://arduino.cc/en/Reference/KeyboardModifiers.

>> DICA

Quando você usar os recursos de emulação de teclado e mouse, talvez encontre algumas dificuldades na programação da placa, porque ela pode tentar escrever um texto enquanto você está tentando programá-la. O truque é manter o botão Reset pressionado e somente liberá-lo quando a mensagem "uploading" aparecer na linha de status do IDE de Arduino.

>> Exemplo de emulação de teclado

O exemplo seguinte automaticamente escreve o texto de sua escolha (por exemplo, uma senha) sempre que você inicializa (reset) o Arduino:

```
// sketch_11_01_keyboard

// Necessário Leonardo, Micro ou Due.

char phrase[] = "senhasecreta";
```

```
void setup()
{
  Keyboard.begin();
  delay(5000);
  Keyboard.println(phrase);
}

void loop()
{
}
```

Esse exemplo seria melhor se houvesse um botão externo para disparar a escrita do texto. Se você estiver usando um Mac, o sistema operacional pensará que um novo teclado foi conectado quando você inicializou o dispositivo. Isso abre um diálogo de sistema que deve ser cancelado antes que o texto seja escrito.

>> Emulação de mouse

A emulação de um mouse é muito semelhante à emulação de um teclado. Na realidade, não há razão para você não usar os dois no mesmo sketch.

O primeiro passo é iniciar a emulação:

```
Mouse.begin();
```

A seguir, você poderá mover o mouse usando o comando **Mouse.move**. Os três parâmetros são os valores de quantos pixels devem ser movidos x, y e o botão de scroll. Esses números podem ser positivos (à direita ou para baixo) ou negativos (à esquerda ou para cima). Esses movimentos ocorrem em relação à posição corrente do mouse. Não há maneira de conhecer a posição absoluta do cursor. Por essa razão, a emulação simula o mouse movendo o cursor, não o próprio cursor.

Você também pode clicar no mouse utilizando o comando **Click**. Sem parâmetros, esse comando é apenas um clique simples do botão esquerdo. Você também pode fornecer um argumento escolhido entre **MOUSE_RIGHT** (botão direito do mouse) ou **MOUSE_MIDDLE** (botão do meio do mouse).

Se quiser controlar a duração do clique de um mouse, poderá utilizar os comandos **Mouse.press** (pressionar mouse) e **Mouse.release** (liberar mouse). **Mouse.press** utiliza os mesmos argumentos opcionais de **Mouse.click**. Isso poderá ser útil se, digamos, você estiver construindo o seu próprio mouse com um Arduino e desejar que o botão de clique seja controlado por uma chave conectada a uma entrada digital do Arduino. Com isso, você poderá dar um clique duplo ou triplo.

>> Exemplo de emulação de mouse

O exemplo a seguir move o mouse de forma aleatória na tela. Para interromper o programa e ter de volta o controle do computador, você deverá manter pressionado o botão de Reset ou simplesmente desconectar a placa.

```
// sketch_11_02_mouse
// Necessário Leonardo, Micro ou Due.
void setup()
{
  Mouse.begin();
}
void loop()
{
  int x = random(61) - 30;
  int y = random(61) - 30;
  Mouse.move(x, y);
  delay(50);
}
```

» Programação USB host

Embora o Leonardo, o Due e o Micro tenham a capacidade de funcionar como teclado ou mouse, apenas o Due e o menos conhecido Arduino Mega ADK têm um recurso que permite a conexão de um teclado ou mouse, ambos USB, de modo que você possa usá-los como dispositivos de entrada. Esse recurso é denominado *USB Host* e, embora seja suportado diretamente apenas pelo Due, há shields de diversos fabricantes de USB Host que podem ser encaixados em um Arduino Uno ou Leonardo, tornando possível a utilização de USB Host.

Além disso, se você tiver um teclado ou mouse sem fio (não Bluetooth), então ele também deverá funcionar conectando o respectivo adaptador USB no soquete do shield USB Host. Desse modo, você poderá adicionar um controle remoto sem fio ao seu Arduino.

O USB Host não se limita apenas a teclado ou mouse. Você poderá utilizá-lo com muitos outros periféricos USB, como controladores de jogos de vídeo, câmeras, dispositivos Bluetooth, realizar interfaceamento com seu celular Android.

» Shield e biblioteca USB host

O shield USB Host e suas bibliotecas já existem há alguns anos e agora suportam uma boa quantidade de periféricos. O shield original foi desenvolvido pela empresa Circuits@home (www.circuitsathome.com/). Outros shields USB Host compatíveis podem ser adquiridos das empresas Sparkfun, SainSmart e outras. A Figura 11.3 mostra um shield USB Host da Sparkfun acoplado a um Arduino Uno. Observe que, quando este livro foi escrito, essas placas não eram compatíveis com o Arduino Leonardo ou com qualquer coisa mais sofisticada do que um Uno. Portanto, faça uma verificação antes de comprá-las.

Figura 11.3 Shield USB host da Sparkfun.
Fonte: do autor.

Em particular, essa placa tem uma área muito prática para construir protótipos na qual você solda os seus próprios componentes. Uma alternativa é usar uma placa como a da Freetronics USBDroid (Figura 11.4). Essa placa tem uma porta micro--USB, usada na programação, e um conector USB normal, ao qual você pode ligar um teclado ou periférico similar.

Se você utilizar o shield USBDroid ou um USB Host não oficial, precisará da biblioteca original USB_Host_Shield da Circuits@Home. Com a placa oficial, use a biblioteca USB_Host_Shield_2, que se encontra disponível e oferece suporte para mais tipos de dispositivos.

Não é fácil fazer a programação USB utilizando as bibliotecas Host Shield. A biblioteca dispõe de uma interface de nível muito baixo para o barramento USB. O sketch **sketch_11_03_host_keyboard**, disponível em www.simonmonk.org, é um exemplo de utilização de um teclado com conexão USB Host.

Esse sketch é uma adaptação de um dos sketches da pasta de exemplos da biblioteca USB_Host_Shield. Entretanto, o código foi alterado para que os caracteres das teclas pressionadas sejam enviados ao Monitor Serial e não a uma tela LCD, como no exemplo original.

O sketch e o original no qual foi baseado são um modelo muito útil para você desenvolver o seu próprio código, porque ambos lidam com todas as teclas do teclado. Se você estiver interessado apenas em algumas teclas, como as numéricas ou as de cursor, então você poderá simplificar bastante o sketch.

Figura 11.4 A placa USBDroid da Freetronics.
Fonte: do autor.

O sketch é longo demais para que seja listado inteiro aqui. Por essa razão, eu irei destacar apenas alguns trechos importantes. Pode ser útil você ter o sketch na tela enquanto lê as descrições que farei do código.

Há três bibliotecas que devem ser importadas:

```
#include <Spi.h>
#include <Max3421e.h>
#include <Usb.h>
```

A biblioteca **Spi.h** é necessária porque é a interface usada pelo chip controlador USB Host. O chip propriamente é um **Max3421e**. Por isso, a respectiva biblioteca é necessária. Finalmente, há a biblioteca **Usb.h** sobreposta à do chip, permitindo ocultar parte da complexidade da utilização direta do chip.

Depois de importar as bibliotecas, você verá diversas definições de constante como a seguinte:

```
#define BANG                    (0x1E)
```

Essa é uma outra forma de definir constantes na linguagem C. Poderia ter sido também a forma seguinte:

```
const int BANG = 0x1E;
```

A seguir, são criados os objetos MAX3421E e USB e, em **setup**, a função **powerOn** (ligar, ativar) de **Max** é chamada.

```
MAX3421E Max;
USB Usb;
```

Na função **loop**, tanto **Max** como **Usb** têm suas respectivas funções **Task** (tarefa) chamadas. Com isso, a interface é disparada para verificar como estão as atividades da conexão USB.

```
void loop() {
   Max.Task();
   Usb.Task();
   if( Usb.getUsbTaskState() == USB_STATE_CONFIGURING ) {
   //Esperar pelo estado do endereçamento.
      kbd_init();
      Usb.setUsbTaskState( USB_STATE_RUNNING );
   }
   if( Usb.getUsbTaskState() == USB_STATE_RUNNING ) {
   //Consultar o teclado.
      kbd_poll();
   }
}
```

No início, a interface USB está no estado **USB_STATE_CONFIGURING** (estado de configuração USB) e assim permanece até que a conexão com o teclado seja estabelecida. Para isso, a função **kbd_init** (inicializar teclado) deverá ser chamada. Essa função utiliza uma estrutura de registro com ponto final (**ep_record**) na qual as partes da mensagem são colocadas para montar uma mensagem completa contendo os dados necessários para estabelecer a conexão com o teclado:

```
ep_record[ 0 ] = *( Usb.getDevTableEntry( 0,0 ));
ep_record[ 1 ].MaxPktSize = EP_MAXPKTSIZE;
ep_record[ 1 ].Interval  = EP_POLL;
ep_record[ 1 ].sndToggle = bmSNDTOG0;
ep_record[ 1 ].rcvToggle = bmRCVTOG0;
Usb.setDevTableEntry( 1, ep_record );
/* Configurar o dispositivo. */
rcode = Usb.setConf( KBD_ADDR, 0, 1 );
```

Após completar a inicialização, o estado mais provável que o **loop** principal encontrará será o de teclado ativo e funcionando (**USB_STATE_RUNNING**), quando então a função **kbd_poll** (consultar teclado) será chamada para verificar se há alguma tecla sendo pressionada no teclado.

A linha importante de **kbd_poll** é

```
rcode = Usb.inTransfer( KBD_ADDR, KBD_EP, 8, buf );
```

Essa linha lê um código USB de varredura de tecla para verificar se uma tecla foi pressionada. Esse código não é um valor ASCII. A conversão para ASCII ocorre na função **HIDtoA** (HID para ASCII). Essa função é a mais complexa do sketch, mas você pode facilmente reaproveitá-la em seus próprios sketches. Você pode encontrar uma lista de códigos de varredura e seus respectivos valores ASCII em www.win.tue.nl/~aeb/linux/kbd/scancodes-1.html.

Uma característica interessante do protocolo USB denominado *Human Interface Device* (HID – Dispositivo para Interface Humana) utilizado com teclados é que os LEDs indicadores de SCROLL LOCK e NUM LOCK podem ser controlados. Isso ocorre na função **kbd_poll** como resposta quando as teclas SCROLL LOCK, CAPS LOCK e NUM LOCK são pressionadas. Entretanto, você poderia escrever um pequeno sketch como o **sketch_11_04_host_scroll_lock**, que faz os LEDs piscarem.

A função importante desse sketch é

```
void toggleLEDs( void )
{
  if (leds == 0) {
    leds = 0b00000111;
  }
  else {
    leds = 0;
  }
  Usb.setReport( KBD_ADDR, 0, 1, KBD_IF, 0x02, 0, &leds );
}
```

Os três bits menos significativos indicam o estado dos respectivos LEDs das teclas SCROLL LOCK, CAPS LOCK e NUM LOCK do teclado.

» USB host no Arduino Due

O Arduino Due tem a capacidade de funcionar com um USB Host interno. Por enquanto, essa característica é considerada "experimental" pela equipe de desenvolvimento do Arduino. Consulte a documentação oficial do Arduino (http://arduino.cc/en/Reference/USBHost) para tomar conhecimento das atualizações desse trabalho e das modificações ocorridas na sua utilização.

O Arduino Due não tem o conector USB de tamanho normal no qual você pode ligar um teclado ou mouse USB. Para utilizar esses dispositivos, você deve utilizar um cabo Micro USB OTG Host ou equivalente, como o mostrado na Figura 11.5. Na

Figura 11.5 Um Arduino Due com um teclado e um cabo Micro USB OTG Host.
Fonte: do autor.

figura, o adaptador de um teclado sem fio está conectado ao Arduino Due, mas um teclado USB comum também funcionaria bem.

As bibliotecas USB do Arduino Due são muito mais acessíveis do que a biblioteca USB Host e retornarão o valor ASCII de uma tecla pressionada e não apenas o código USB de varredura. O exemplo a seguir ilustra a interface com um teclado. O sketch simplesmente responde a cada tecla pressionada enviando o caractere para o Monitor Serial.

```
// sketch_11_05_keyboard_due

#include <KeyboardController.h>

USBHost usb;
KeyboardController keyboard(usb);

void setup()
{
  Serial.begin(9600);
  Serial.println("Program started");      //Programa iniciado
  delay(200);
}

void loop()
{
  usb.Task();
}

// Essa função intercepta teclas pressionadas.
void keyPressed()
{
  char key = keyboard.getKey();
  Serial.write(key);
}
```

A biblioteca **KeyboardController** (controlador de teclado) chama a função **keyPressed** (tecla pressionada) sempre que uma tecla é pressionada. Você também pode interceptar a liberação de uma tecla utilizando a função **keyReleased** (tecla liberada). Para descobrir qual é a tecla pressionada, você deve chamar alguma das seguintes funções do objeto **keyboard** (teclado):

- **getModifiers** (obter modificadores) Retorna uma máscara de bits para qualquer tecla modificadora que for pressionada (SHIFT, CTRL e assim por diante). Veja http://arduino.cc/en/Reference/GetModifiers para conhecer os códigos.
- **getKey** (obter tecla) Obter o código da tecla corrente na forma de um valor ASCII.
- **getOemKey** (obter a tecla OEM*) Retorna o código de varredura da tecla conforme a especificação do fabricante do dispositivo.

O uso de um mouse também é fácil, assim como o controle do teclado. O exemplo a seguir escreve uma letra – L, R, U e D (Left, Right, Up ou Down) – quando o mouse é movido para a esquerda, para a direita, para cima ou para baixo, respectivamente:

---

* N. de T.: *Original Equipment Manufacturer*.

```
// sketch_11_06_mouse_due
#include <MouseController.h>

USBHost usb;
MouseController mouse(usb);

void setup()
{
  Serial.begin(9600);
  Serial.println("Program started");    //Programa iniciado.
  delay(200);
}

void loop()
{
  usb.Task();
}

// Essa função intercepta os movimentos do mouse.
void mouseMoved()      //Definição da função "mouse se moveu"
{
  int x = mouse.getXChange();
  int y = mouse.getYChange();
  if (x > 50) Serial.print("R");
  if (x < -50) Serial.print("L");
  if (y > 50) Serial.print("D");
  if (y < -50) Serial.print("U");
}
```

Além da função **mouseMoved** (mouse se moveu), você também pode utilizar as seguintes funções para interceptar outros eventos relativos ao mouse:

- **mouseDragged** (mouse arrastado) Esse evento é disparado quando o mouse é movido mantendo apertado o botão esquerdo.

- **mousePressed** (mouse pressionado) Esse evento é disparado quando um botão é apertado. Deve ser seguido por uma chamada da função **mouse.getButton** (mouse – obter botão), tendo como argumento o nome de um botão: LEFT_BUTTON, RIGHT_BUTTON ou MIDDLE_BUTTON (botão esquerdo, botão direito ou botão do meio). Ela retornará o valor "verdadeiro" se o botão especificado como argumento tiver sido pressionado.

- **mouseReleased** (mouse liberado) Essa função complementa **mousePressed**. Ela é utilizada para verificar quando o mouse foi liberado.

capítulo 12

Programação de rede

A Internet está começando a comandar diretamente o hardware em vez de comandar apenas os navegadores e os servidores web. Impressoras, dispositivos de automação residencial e refrigeradores estão se tornando mais inteligentes e também vêm sendo conectados à Internet. É a era da chamada "Internet das Coisas". Neste capítulo, veremos como conectar um Arduino à rede (com ou sem fio). Aprenderemos, ainda, a fazer programação de rede e a usar os Shields Ethernet e WiFi de Arduino.

Objetivos de aprendizagem

>> Conectar um Arduino às redes com fio e WiFi.

>> Identificar o hardware utilizado na conexão com uma rede.

>> Utilizar a biblioteca Ethernet.

>> Aplicar alguns comandos básicos da biblioteca Ethernet.

>> Desenvolver aplicações com Ethernet.

>> Utilizar a biblioteca WiFi.

>> Desenvolver uma aplicação com WiFi.

» CURIOSIDADE

A "Internet das Coisas" ("Internet of Things – IoT") consiste na conexão entre si via Internet de todo tipo de dispositivo como geladeiras, sensores de diversos tipos, aparelhos GPS, luminárias, sensores de presença, prateleiras em um almoxarifado, etc. Assim, por exemplo, se houver falta de algum alimento dentro de uma geladeira, a própria geladeira se encarregará de enviar um pedido de reposição ao computador de um supermercado. Esse computador, por sua vez, poderá "consultar" a prateleira onde se encontra o produto para verificar se está disponível. Em caso afirmativo, um despacho para entrega do pedido é providenciado e um aviso de confirmação é enviado de volta à geladeira.

» Hardware de rede

Você tem à disposição diversas opções de conexão do Arduino à rede. Você poderá utilizar um Shield Ethernet acoplado a um Arduino Uno ou a um Arduino que já tenha o hardware de Ethernet incluído. Você também poderá utilizar um Shield WiFi, de custo mais elevado e sem fio.

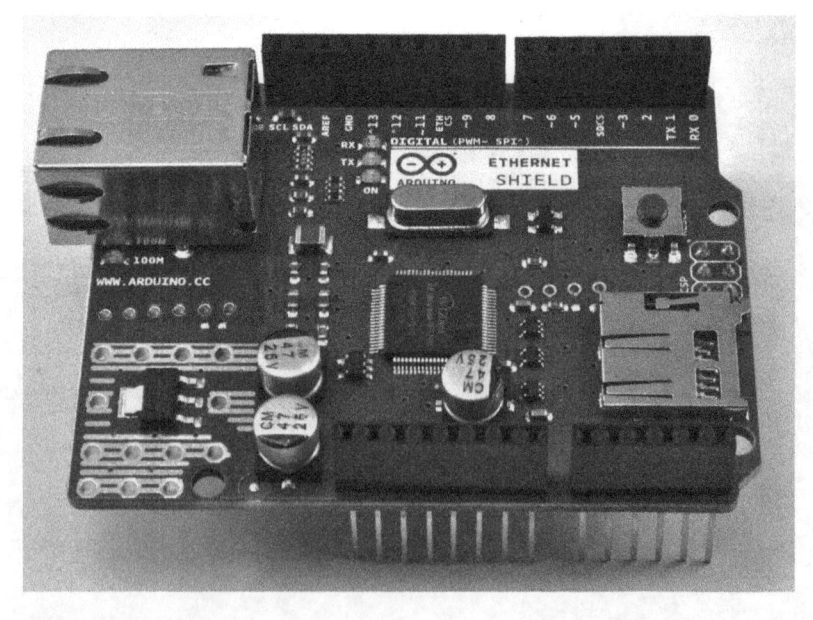

Figura 12.1 Shield Ethernet.
Fonte: do autor.

» Shield Ethernet

Além de fornecer uma conexão Ethernet, o Shield Ethernet (Figura 12.1) também oferece um conector de cartão microSD, que pode ser usado para armazenar dados (veja a seção "Armazenamento em Cartão SD", no Capítulo 6).

O chip W5100 é utilizado nas placas oficiais. Você também poderá encontrar Shields Ethernet de custo bem menor que utilizam o conjunto de chips ENC28J60. Entretanto, essas placas de baixo custo não são compatíveis com a biblioteca Ethernet e, francamente, devem ser evitadas, a não ser que você disponha de mais tempo do que recursos financeiros.

» Arduino Ethernet/EtherTen

Em vez de utilizar um shield separado, você pode comprar um Arduino que já contenha internamente recursos para conexão Ethernet. A versão oficial é o Arduino Ethernet, mas uma placa não oficial de boa qualidade e compatível com o Uno é a placa EtherTen, produzida pela Freetronics (www.freetronics.com). Essa placa está mostrada na Figura 12.2.

Quando um projeto com Arduino que está sendo desenvolvido deve se conectar à rede, faz sentido juntar tudo em uma única placa. O Arduino Ethernet também pode ser alimentado com um adaptador PoE (*Power over Ethernet*). Utilizando um injetor PoE separado, essa técnica permite que a placa seja alimentada com energia elétrica a partir do próprio cabo Ethernet, dispensando o cabo de alimentação elétrica. Desse modo, os fios necessários para o Arduino ficam reduzidos a apenas um cabo Ethernet. A placa EtherTen já vem configurada para utilizar PoE. Para mais

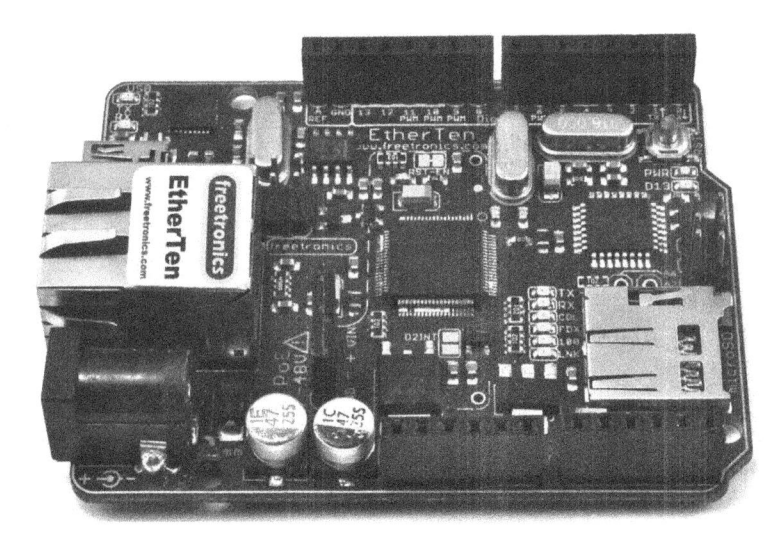

Figura 12.2 Uma placa EtherTen.
Fonte: do autor.

informações sobre o uso de PoE com uma placa EtherTen, veja www.doctormonk.com/2012/01/power-over-ethernet-poe.html.

» Arduino e WiFi

O problema de uma conexão Ethernet com a Internet é a necessidade de utilizar um cabo. Se você quiser conectar o seu Arduino à Internet ou a uma rede sem usar o cabo, você poderá utilizar um Shield WiFi (Figura 12.3). Esses shields são um pouco caros, mas estão à venda algumas placas construídas por outros fabricantes, como o Shield WiFly da Sparkfun (https://www.sparkfun.com/products/9954).

» Biblioteca Ethernet

A biblioteca Ethernet sofreu uma profunda revisão desde o lançamento do Arduino 1.0, em 2011. Além de permitir que um Arduino com Ethernet atue como servidor ou cliente web, enviando solicitações (*requests*) como um navegador, a biblioteca também lida com coisas como o *Dynamics Host Configuration Protocol* (DHCP), que automaticamente atribui um endereço IP ao Arduino.

> » **DICA**
> A documentação oficial da biblioteca Ethernet é muito boa: http://arduino.cc/en/reference/ethernet.

Figura 12.3 Um shield WiFi para Arduino.
Fonte: do autor.

» Fazendo uma conexão

O primeiro passo, antes que qualquer comunicação possa ocorrer, é estabelecer uma conexão entre o Arduino e sua rede. A função da biblioteca é denominada **Ethernet.begin()** (Ethernet começar). Você pode especificar manualmente os parâmetros de conexão da placa utilizando o seguinte comando:

```
Ethernet.begin(mac, ip, dns, gateway, subnet)
```

Vamos examinar cada um desses parâmetros:

- **mac**   O endereço mac da placa de rede (explicarei isso logo em seguida).
- **ip**   O endereço IP da placa (você deve escolher um compatível com sua rede).
- **dns**   O endereço IP para um *Domain Name Server* (DNS).
- **gateway**   O endererço IP para o *gateway* de Internet (o seu hub doméstico).
- **subnet**   A máscara de sub-rede.

Esse comando parece confuso, a menos que você esteja acostumado a fazer a configuração manual de redes. Felizmente, todos os parâmetros, exceto **mac**, são opcionais, e em 90% das vezes você especificará os parâmetros **mac** e **ip** ou, o mais provável, apenas **mac**. Os demais parâmetros são configurados automaticamente.

O endereço MAC, ou *Media Access Control*, é o identificador único de uma interface de rede. Em outras palavras, é o endereço do Shield Ethernet ou do dispositivo que está operando como interface de rede para o Arduino.

Dentro da sua rede, esse código deve ser único, significando que só uma das interfaces terá esse código. Em geral, você encontrará esse número impresso na parte de trás do seu Shield Ethernet ou WiFi (Figura 12.4), ou na embalagem. Se você utilizar uma placa mais antiga, que não tenha um endereço MAC, poderá defini-lo. Entretanto, não use mais de uma vez o mesmo número, assim definido, em sua rede.

Você também poderá criar uma conexão de rede usando DHCP, de modo que o endereço IP seja definido automaticamente. Para isso, use o seguinte código:

```
#include <SPI.h>
#include <Ethernet.h>

byte mac[] = { 0xDE, 0xAD, 0xBE, 0xEF, 0xFE, 0xED };
void setup()
{
  Ethernet.begin(mac);
}
```

Se você quisesse fixar o endereço IP, o que seria desejável no caso de um servidor de web no Arduino, então você poderia executar o seguinte código:

```
#include <SPI.h>
#include <Ethernet.h>
byte mac[] = { 0xDE, 0xAD, 0xBE, 0xEF, 0xFE, 0xED };
byte ip[] = { 10, 0, 1, 200 };
```

Figura 12.4 Rótulo com endereço MAC em um Shield WiFi.
Fonte: do autor.

```
void setup()
{
  Ethernet.begin(mac, ip);
}
```

Você precisa se assegurar de que o endereço IP utilizado por você é compatível com sua rede. Quando você não especifica um endereço IP e usa DHCP, **Ethernet.begin** retornará o valor 1 se uma conexão for estabelecida e um endereço IP for definido. Caso contrário, a função retornará o valor 0. Você pode incluir um teste no qual faz a conexão e usa a função **localIP** para verificar qual foi o endereço IP local atribuído ao Arduino. O exemplo a seguir executa esse teste e envia um relatório da situação ao Monitor Serial. Este é um sketch completo que você pode experimentar. Antes de fazê-lo, contudo, lembre-se de modificar o endereço MAC no código para que seja compatível com a sua placa de interface.

```
// sketch_12_01_dhcp

#include <SPI.h>
#include <Ethernet.h>

byte mac[] = { 0x00, 0xAA, 0xBB, 0xCC, 0xDE, 0x02 };
void setup()
{
```

```
  Serial.begin(9600);
  while (!Serial){};         // Para compatibilidade com o Leonardo.
  if (Ethernet.begin(mac))
  {
    Serial.println(Ethernet.localIP());
  }
  else
  {
    Serial.println("Não consegui me conectar com a rede");
  }
}
void loop()
{
}
```

» Configurando um servidor Web

O projeto "Um servidor de web físico", descrito mais adiante neste capítulo, ilustra a estrutura de um sketch servidor de web. Nesta seção, examinaremos as funções disponíveis para um servidor de web.

A classe **EthernetServer** (servidor Ethernet) contém a maioria das funções que serão necessárias para você criar um servidor de web. Depois de estabelecer uma conexão com a rede, são necessários mais dois passos para dar início a um servidor de web. Primeiramente, você precisa criar um novo objeto servidor, especificando a porta que o servidor deverá "escutar". Essa declaração aparece no sketch antes da função **setup**.

```
EthernetServer server = EthernetServer(80);
```

As páginas da web costumam ser atendidas na porta 80. Assim, se você criar um servidor de web associado à porta 80, não será necessário acrescentar o número da porta ao URL sempre que for feita uma conexão com esse servidor.

Em segundo lugar, para ativar o servidor você deve utilizar o seguinte comando na função **setup**:

```
server.begin();          //Iniciando o servidor.
```

Essa função ativa o servidor, que então passa a esperar a chegada de uma solicitação de página de web enviada por algum navegador. Quando o servidor atender à solicitação, ele carregará a página solicitada. Essa atividade é detectada na função **loop** do sketch por meio da função **available** (disponível). Essa função retornará um objeto **EthernetClient** (cliente Ethernet) ou, no caso de não haver uma solicitação para atender, o valor nulo. Esse objeto, um tanto complexo, também é usado quando o Arduino solicita páginas a outros servidores de web. Em ambos os casos, **EthernetClient** representa a conexão que foi estabelecida entre algum navegador e o servidor de web.

Depois de receber esse objeto, você poderá lê-lo para saber o que está sendo solicitado. Para ler a solicitação, você utiliza a função **read** (ler) e responde com um texto HTML que é escrito com as funções **write** (escrever), **print** e **println**. Depois de escrever o texto HTML para o cliente, você deve chamar **stop** no objeto-cliente para encerrar a sessão. Mais adiante neste capítulo, na seção "Um servidor de web físico", eu explicarei como fazer isso.

>> DICA

A descrição de uma página que será exibida via web pode ser feita utilizando a linguagem HTML. Essa descrição será estruturada com dois elementos básicos: o cabeçalho (*header*) e o corpo (*body*). O cabeçalho contém informações sobre a natureza da página e alguns outros parâmetros, ao passo que o corpo contém a descrição do que será mostrado quando a página for exibida pelo navegador que solicitou a página.

>> Fazendo solicitações

Além do Arduino atuar como um servidor de web, ele também pode funcionar como um navegador de web, enviando solicitações HTTP a um servidor de web remoto, que pode se localizar em sua própria rede ou na Internet.

Quando você faz solicitações de web a partir do Arduino, você primeiro estabelece uma conexão de rede exatamente como você fez na seção anterior com o servidor de web. Entretanto, em vez de criar um objeto **EthernetServer**, você cria um objeto **EthernetClient**:

```
EthernetClient client;
```

Você não precisa fazer mais nada com o objeto-cliente até que queira enviar uma solicitação de web. Nesse caso, você escreve algo como o seguinte:

```
if (client.connect("api.openweathermap.org", 80))
  {
    client.println("GET /data/2.5/weather?q=Manchester,uk HTTP/1.0");
    client.println();
    while (client.connected())
    {
      while (client.available())
      {
        Serial.write(client.read());
      }
    }
    client.stop();
  }
```

A função **connect** (conectar) retorna o valor verdadeiro quando a conexão é bem-sucedida. Os dois comandos **client.println** são responsáveis pela solicitação da página desejada ao servidor de web. A seguir, os dois laços aninhados de **while** leem os dados enquanto o cliente está conectado e há dados disponíveis.

Pode ser tentador combinar os dois laços de **while**, com a condição **client.available() && client.connected()**. Entretanto, essa combinação não é o mesmo que tratá-las em separado, porque os dados podem não estar sendo disponibilizados de forma contínua pelo servidor de web devido à velocidade da conexão e por outras razões. O laço externo de **while** mantém ativa a solicitação, buscando os dados.

Essa abordagem impede que o Arduino faça outras coisas até que a solicitação esteja completamente atendida. Se isso não for aceitável no seu projeto, você poderá incluir comandos para testar outras condições dentro do laço interno de **while**.

» Exemplos de Ethernet

Os dois exemplos seguintes servem para ilustrar a utilização da biblioteca Ethernet em situações práticas. Os dois cobrem a maioria das coisas que você provavelmente desejará fazer com um Arduino ligado em rede.

» Um servidor de web físico

Este primeiro exemplo ilustra a utilização de um Arduino conectado à rede. Essa provavelmente é a mais comum das aplicações que envolvem conexão à rede. Nela, o Arduino atua como um servidor de web. Os navegadores, que se conectarem a esse servidor de web com Arduino, terão acesso às leituras das entradas analógicas e os visitantes também poderão apertar botões na página de web para modificar as saídas digitais (Figura 12.5).

Na realidade, esse exemplo é um excelente meio de fazer a interface de um Arduino com um smartphone ou um tablet, os quais só precisam de um navegador bem simples para poder enviar solicitações ao Arduino. O sketch desse exemplo (**sketch_12_02_server**) é um pouco longo, tendo 172 linhas. Por essa razão, em vez de mostrá-lo por completo aqui, eu sugiro que você o carregue no IDE de Arduino e use a listagem como referência enquanto vai lendo a sua descrição.

A primeira parte do sketch é padrão para sketches envolvendo a rede. As bibliotecas são importadas e ambos os objetos **EthernetServer** e **EthernetClient** são definidos.

As variáveis da seção seguinte desempenham diversos papéis:

```
const int numPins = 5;
int pins[] = {3, 4, 5, 6, 7};
int pinState[] = {0, 0, 0, 0, 0};
char line1[100];
char buffer[100];
```

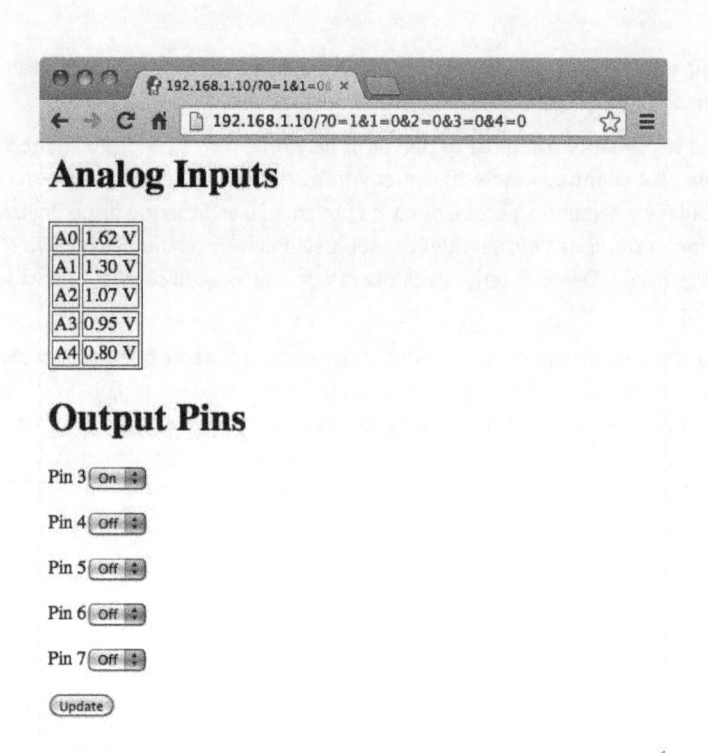

Figura 12.5 Interface de um servidor de web físico com as entradas analógicas e os pinos de saída.
Fonte: do autor.

A constante **nunPins** (número de pinos) define o tamanho dos arrays **pins** (pinos) e **pinState** (estado dos pinos). O array **pinState** é usado para memorizar se um pino de saída em particular está em nível alto (HIGH) ou baixo (LOW). A função **setup** declara que todos os pinos do array **pins** são saídas. Também estabelece a conexão com a rede do mesmo modo que nos exemplos anteriores. Finalmente, os arrays de caracteres **line1** (linha1) e **buffer** armazenam a primeira linha e as seguintes da solicitação HTTP.

Aqui está a função **loop**:

```
void loop()
{
  client = server.available();
  if (client)
  {
    if (client.connected())
    {
      readHeader();
      if (! pageNameIs("/"))
      {
        client.stop();
        return;
      }
```

```
      client.println(F("HTTP/1.1 200 OK"));
      client.println(F("Content-Type: text/html"));
      client.println();

      sendBody();
      client.stop();
    }
  }
}
```

A função **loop** testa para ver se há alguma solicitação vinda de algum navegador esperando para ser processada. Se houver uma solicitação e uma conexão, então a função **readHeader** (ler cabeçalho) será chamada. Você encontrará o código dessa função mais adiante no sketch. A função **readHeader** lê o conteúdo do cabeçalho da solicitação, armazenando-o em um buffer (**line1**), e então passa por cima das demais linhas do cabeçalho. Isso é necessário para você ter acesso ao nome da página que está sendo solicitada pelo navegador, além de os parâmetros da solicitação.

Observe que, como o sketch tem muito texto para enviar ao Monitor Serial e à rede, eu uso a função **F** para armazenar os arrays de caracteres na memória flash (veja o Capítulo 6).

Após ler o cabeçalho, a função **pageNameIs** (o nome da página é), descrita mais adiante no sketch, é chamada para conferir se a página solicitada é a página da raiz (/). Se não for, a solicitação será ignorada. Isso é importante porque muitos navegadores enviam automaticamente uma solicitação a um servidor para obter o ícone daquele site. Você não quer que essa solicitação seja confundida com outras solicitações que estão sendo feitas ao servidor.

Agora você precisa gerar uma resposta na forma de um cabeçalho e um texto HTML, que deve ser devolvida ao navegador para que a página solicitada seja exibida. O cabeçalho contém uma resposta "OK" para indicar ao navegador que a solicitação é válida, além do tipo de conteúdo (texto, nesse caso). Esse cabeçalho é gerado pelos três comandos **client.println**, quase no final do **loop**:

Não é o caso aqui, mas poderíamos ter definido uma função **sendHeader** (enviar cabeçalho) que, após ser chamada, encarregaria-se de gerar esses três comandos. A função **sendBody** (enviar corpo) se encarrega de produzir um pequeno texto HTML com a descrição do que será mostrado quando a página for exibida pelo navegador que solicitou a página. A função, bem complicada, está mostrada a seguir:

```
void sendBody()
{
  client.println(F("<html><body>"));
  sendAnalogReadings();
  client.println(F("<h1>Output Pins</h1>"));
  client.println(F("<form method='GET'>"));
  setValuesFromParams();
  setPinStates();
  sendHTMLforPins();
  client.println(F("<input type='submit' value='Update'/>"));
  client.println(F("</form>"));
  client.println(F("</body></html>"));
```

Essa função gera um texto HTML usando as funções **print** e **printl** e obedecendo à forma de estruturar o corpo de uma página HTML. Para isso, ela utiliza diversas funções auxiliares que subdividem o código em trechos mais fáceis de serem manipulados. A primeira delas é **sendAnalogReadings** (enviar leituras analógicas):

```
void sendAnalogReadings()
{
  client.println(F("<h1>Analog Inputs</h1>"));
  client.println(F("<table border='1'>"));
  for (int i = 0; i < 5; i++)
  {
    int reading = analogRead(i);
    client.print(F("<tr><td>A")); client.print(i);
    client.print(F("</td><td>")); client.print((float) reading / 205.0);
    client.println(F("V</td></tr>"));
  }
  client.println("</table>");
}
```

Essa função consulta todas as entradas analógicas, lendo os valores e escrevendo uma tabela em HTML que contém todas os valores em volts das leituras.

Você pode ver que a função **sendBody** também chama as funções **setValuesFromParams** e **setPinStates**. A primeira usa a função **valueOfParam** para definir o valor da variável **pinStates** que contém os estados (níveis alto ou baixo) dos pinos de saída de acordo com os valores dos parâmetros que estavam contidos no cabeçalho da solicitação.

```
int valueOfParam(char param)
{
  for (int i = 0; i < strlen(line1); i++)
  {
    if (line1[i] == param && line1[i+1] == '=')
    {
      return (line1[i+2] - '0');
    }
  }
  return 0;
}
```

A função **valueOfParam** espera que os parâmetros da solicitação venham na forma de um único dígito. Você poderá ver como esses parâmetros são estruturados se executar o exemplo e, em seguida, navegar até a página e clicar a tecla de atualização da página. A string com a URL será modificada para incluir os parâmetros assemelhando-se a algo como:

```
192.168.1.10/?0=1&1=0&2=0&3=0&4=0
```

Os parâmetros estão após o sinal ? e assumem a forma X=Y, separados por &. A parte antes de cada sinal = é o nome do parâmetro (no caso, um dígito de 0 a 4) e a parte após o sinal = é o seu valor, que pode ser 1, para ligado (*on*), e 0, para desligado (*off*). Para facilitar, esses parâmetros devem vir na forma de um único caractere ou, neste caso, de um único dígito. A seguir, a função **setPinStates** transfere o estado dos pinos de saída armazenados no array **PinStates** para os pinos de saída.

Vamos examinar novamente a função **sendBody** por um momento. A próxima coisa que deve ser enviada é o texto HTML descrevendo a lista com os valores dos pinos. Você precisa que os valores de **True** (verdadeiro) e **False** (falso) da lista sejam definidos de acordo com os valores correntes da saída. Isso é obtido adicionando o termo "**selected**" (selecionado) ao valor que está de acordo com o respectivo valor daquele pino no array **pinStates**.

Todos os dados dos pinos de saída estão contidos no texto HTML. Para isso, usamos o recurso de formulário (**form**) da linguagem HTML. Nós atribuímos valores às saídas desses pinos preenchendo o formulário que é exibido na tela. Nesse formulário, usamos as caixas de seleção (On ou Off) para definir as saídas dos pinos. Assim, quando um visitante aperta o botão de atualização (Update) da página, é produzida uma nova solicitação de página com os parâmetros atualizados para as saídas. Agora, examinaremos o código HTML que é gerado para a página. Há primeiro um trecho que gera uma tabela (**table**) com os valores das entradas analógicas e um trecho com o formulário (**form**) para selecionar os valores (On ou Off) das saídas.

```
<html><body>
<h1>Analog Inputs</h1>
<table border='1'>
<tr><td>A0</td><td>0.58 V</td></tr>
<tr><td>A1</td><td>0.63 V</td></tr>
<tr><td>A2</td><td>0.60 V</td></tr>
<tr><td>A3</td><td>0.65 V</td></tr>
<tr><td>A4</td><td>0.60 V</td></tr>
</table>
<h1>Output Pins</h1>

<form method='GET'>
<p>Pin 3<select name='0'>
<option value='0'>Off</option>
<option value='1' selected>On</option>
</select></p>
<p>Pin 4<select name='1'>
<option value='0' selected>Off</option>
<option value='1'>On</option>
</select></p>
<p>Pin 5<select name='2'>
<option value='0' selected>Off</option>
<option value='1'>On</option>
</select></p>
<p>Pin 6<select name='3'>
<option value='0' selected>Off</option>
<option value='1'>On</option>
</select></p>
<p>Pin 7<select name='4'>
<option value='0' selected>Off</option>
<option value='1'>On</option>
</select></p>
```

```
<input type='submit' value='Update'/>
</form>
</body></html>
```

Esse código pode ser visto usando o recurso do navegador* que permite ver o código-fonte da página que está sendo exibida.

» Utilização de um serviço de Web JSON

Para ilustrar o envio de uma solicitação (*request*) de página feita por um Arduino para um site, eu usarei um serviço de web que retorna dados meteorológicos relativos ao clima de um lugar em particular. Ele gera um pequeno relatório descrevendo as condições do tempo e que é enviado ao Monitor Serial (Figura 12.6). O sketch envia a solicitação no início da execução do sketch, mas o exemplo poderia facilmente ser modificado para que a solicitação fosse feita a cada hora e que o relatório fosse exibido em um display LCD 16 × 2.

O sketch desse exemplo é bem curto, apenas 45 linhas de código (**sketch_12_03_web_request**). A parte mais interessante do código está na função **hitWebPage**:

```
void hitWebPage()
{
  if (client.connect("api.openweathermap.org", 80))
  {
    client.println("GET /data/2.5/weather?q=Manchester,uk HTTP/1.0");
    client.println();
    while (client.connected())
    {
      if (client.available())
      {
        client.findUntil("description\":\"", "\0");
        String description = client.readStringUntil('\"');
        Serial.println(description);
      }
    }
    client.stop();
  }
}
```

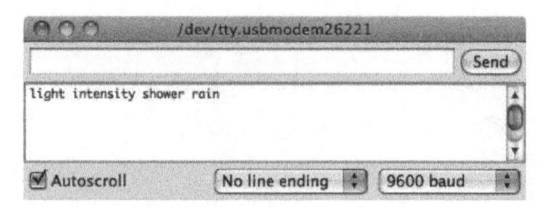

> **» DEFINIÇÃO**
> *JavaScript Object Notation* (JSON) é o nome de um formato para intercâmbio de dados de fácil escrita e leitura. Basicamente, trata-se de uma coleção de pares constituídos cada um de um nome e um valor.

Figura 12.6 Obtendo informações meteorológicas de um serviço da web.
Fonte: do autor.

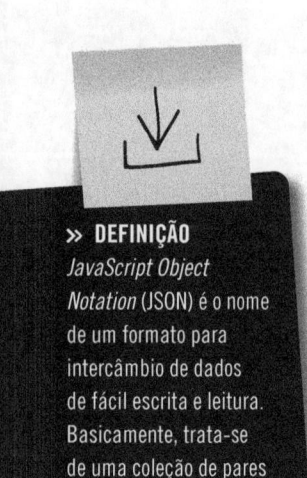

---

* N. de T.: No Windows XP, é a opção Código-Fonte de Exibir.

O primeiro passo é estabelecer a conexão entre o cliente e o servidor na porta 80. Se essa conexão for bem-sucedida, o cabeçalho de solicitação da página será escrito sendo enviado ao servidor:

```
client.println("GET /data/2.5/weather?q=Manchester,uk HTTP/1.0");
```

A seguir, é executado mais um **println**. Isso é necessário para marcar o final do cabeçalho da solicitação e disparar uma resposta do servidor.

Para esperar pela conexão, o comando **if** dentro do laço de **while** detecta quando há dados disponíveis para serem lidos. A leitura direta da sequência de dados torna desnecessário primeiro capturar e armazenar todos os dados na memória. Os dados estão em formato JSON:

```
{"coord":{"lon":-2.23743,"lat":53.480949},
"sys":{"country":"GB","sunrise":1371094771,
"sunset":1371155927},"weather":[{"id":520,"main":"Rain",
"description":"light intensity shower rain","icon":"09d"}],
"base":"global stations","main":{"temp":284.87,"pressure":1009,
"humidity":87,"temp_min":283.15,"temp_max":285.93},
"wind":{"speed":5.1,"deg":270},"rain":{"1h":0.83},
"clouds":{"all":40},"dt":1371135000,"id":2643123,
"name":"Manchester","cod":200}
```

Retornando à função **hitWebPage**, iremos extrair do texto o trecho que vem após a string **"description"** (descrição do tempo), incluindo dois pontos e aspas duplas, e estendendo-se até as aspas duplas seguintes. Para isso, utilizaremos as funções **findUntil** e **readStringUntil**.

A função **findUntil** (encontar até) simplesmente ignora tudo que está chegando do servidor até encontrar a string **"description"**. Então, a função **readStringUntil** (ler string até) lê o texto seguinte até encontrar o caractere de aspas duplas.

>> Biblioteca WiFi

A biblioteca WiFi é bem similar à biblioteca Ethernet. Se você substituir **Ethernet** por **WiFi**, **EthernetServer** por **WiFiServer** e **EthernetClient** por **WifiClient**, tudo mais no seu sketch será muito parecido.

>> Fazendo uma conexão

As principais diferenças entre as bibliotecas WiFi e Ethernet estão na forma de se estabelecer uma conexão.

Primeiro, você deve importar a biblioteca WiFi:

```
#include <SPI.h>
#include <WiFi.h>
```

Para estabelecer uma conexão, use o comando **WiFi.begin**, fornecendo o nome da sua rede sem fio e sua senha.

```
WiFi.begin("NOME-DE-MINHA-REDE", "minha-senha");
```

O exemplo WiFi que se encontra na seção "Exemplo com WiFi", mais adiante, ilustra as demais diferenças que você deve considerar.

» Funções WiFi específicas

A biblioteca WiFi contém algumas funções extras específicas de WiFi que você pode usar. Essas funções estão resumidas na Tabela 12.1.

Você pode encontrar a documentação completa da biblioteca WiFi em http://arduino.cc/en/Reference/WiFi.

» Exemplo com WiFi

Neste exemplo, eu modifiquei o **sketch_12_02_server** para que trabalhasse com um Shield WiFi. O código está em **sketch_12_04_server_wifi**. Em vez de repetir o exemplo inteiro aqui, irei destacar apenas as modificações mais importantes da versão original.

Primeiro, para fazer a conexão com um ponto de acesso sem fio, você precisa especificar o nome da rede sem fio e sua senha:

```
char ssid[] = "Nome de minha rede";   // O SSID de sua rede (nome).
char pass[] = "minha senha";          // Senha de sua rede.
```

Tabela 12.1 » Recursos específicos da biblioteca WiFi

Função	Descrição
WiFi.config	Permite definir os endereços de IP estático e os de DNS e gateway para o adaptador WiFi
WiFi.SSID	Retorna uma string contendo o SSID (o nome da rede sem fio)
WiFi.BSSID	Retorna um array de bytes com o endereço MAC do roteador ao qual o Shield WiFi está conectado
WiFi.RSSI	Retorna um valor do tipo **long** contendo a intensidade do sinal
WiFi.encryptionType	Retorna um código numérico para o tipo de criptografia
WiFi.scanNetworks	Retorna o número de redes encontradas, mas nenhuma outra informação sobre elas
WiFi.macAddress	Coloca o endereço MAC do adaptador WiFi em um array de seis bytes passado como argumento

Você também deve alterar os nomes das classes do servidor e do cliente trocando **EthernetServer** e **EthernetClient** por **WiFiServer** e **WifiCliente**:

```
WiFiServer server(80);
WiFiClient client;
```

Você ainda precisa especificar a porta 80 na definição do servidor.

A próxima diferença entre os dois shields é o ponto onde acontece o início da conexão. Neste caso, você deve utilizar

```
WiFi.begin(ssid, pass);
```

O restante do código é praticamente o mesmo que o código Ethernet. Você encontrará um comando **delay(1)** no **loop** antes que o cliente seja interrompido. Isso dá o tempo necessário para o cliente terminar a leitura antes que a comunicação seja encerrada. Na versão Ethernet, isso não é necessário. Você verá também que eu combinei algumas das chamadas de **client.print**, resultando um número menor de chamadas, mas cada uma dessas chamadas contém uma string maior. Isso acelera a comunicação, porque o Shield WiFi lida de forma pouco eficiente com o envio de strings curtas. Entretanto, para serem enviadas, as strings de um comando **client.print** ou **client.println** não devem ultrapassar 90 bytes.

A versão WiFi desse programa é muito mais lenta do que a versão Ethernet, necessitando de até 45 segundos para ser carregada. O firmware do Shield WiFi pode ser atualizado. Se no futuro a equipe do Arduino melhorar o desempenho do Shield WiFi, então poderá valer a pena atualizar o firmware. Para isso, procure orientação na página do Shield WiFi em http://arduino.cc/en/Main/ArduinoWiFiShield.

capítulo 13

Processamento digital de sinal (DSP)

DSP é um assunto muito complexo, e há muitos livros dedicados a discuti-lo. A capacidade do Arduino de realizar processamento de sinal é muito rudimentar. Assim, discutiremos aqui apenas as técnicas que provavelmente são as mais úteis e possíveis de serem implementadas em um Arduino, desde o condicionamento de um sinal a partir de uma entrada analógica utilizando software no lugar de um circuito eletrônico externo até o cálculo das magnitudes relativas das várias frequências presentes em um sinal de entrada por meio da Transformada de Fourier.

Objetivos de aprendizagem

» Explicar os fundamentos do processamento digital de sinal.

» Fazer a média de valores lidos utilizando um buffer circular.

» Reconhecer os fundamentos de filtragem e criar um filtro passa-baixa simples.

» Utilizar DSP em Arduinos Uno e Due.

» Gerar códigos de filtros para utilizar em sketches.

» Utilizar a Transformada de Fourier para construir um analisador de espectro e medir as frequências presentes em um sinal.

❯❯ Introdução ao processamento digital de sinal

Quando você faz leituras em um sensor, está medindo um sinal. Costuma-se visualizar esse sinal como uma linha (geralmente sinuosa) se movendo do lado esquerdo da tela para o lado direito à medida que o tempo passa. Os sinais elétricos são vistos dessa forma em um osciloscópio. O eixo y é a *amplitude* do sinal (sua intensidade) e o eixo x é o *tempo*. A Figura 13.1 mostra um sinal na forma de música, capturado durante um período de apenas 1/4 de segundo por meio de um osciloscópio.

Você pode ver alguns padrões que se repetem no sinal. A frequência com que esses padrões se repetem é denominada simplesmente *frequência*, sendo medida em Hertz (Hz). Um sinal de 1 Hz se repete uma vez a cada segundo e um sinal de 10 Hz, 10 vezes a cada segundo. Observando o lado esquerdo da Figura 13.1, você pode ver um sinal que se repete aproximadamente a cada 0,6 de um quadrado. Como, para os ajustes usados no osciloscópio, cada quadrado representa 25 milissegundos, a frequência daquela parte do sinal é $1/0,6 \times 0,025) = 67$ Hz. Se você tivesse que ampliar esse sinal usando um intervalo de tempo menor, veria que também há muitas outras frequências de áudio misturadas compondo o sinal. A menos que um sinal seja uma onda senoidal pura (como a que será mostrada mais adiante, na Figura 13.5), então sempre haverá muitos sinais de frequências diferentes presentes.

Você poderia tentar capturar o sinal mostrado na Figura 13.1 usando uma das entradas analógicas do Arduino. Essa atividade é denominada *digitalização* do sinal, porque você está transformando o sinal analógico em digital. Para isso, é necessário recolher amostras (*samples*) do sinal com rapidez suficiente para obter uma boa reprodução do sinal original.

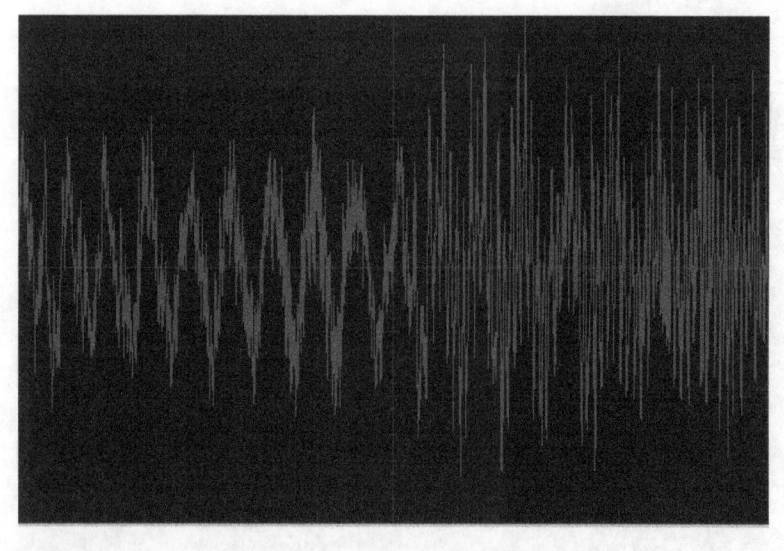

Figura 13.1 Um sinal de áudio produzido por um instrumento musical.
Fonte: do autor.

A essência do Processamento Digital de Sinal (DSP–*Digital Signal Processing*) é digitalizar um sinal usando um conversor analógico-digital (ADC–*Analog-to-Digital Converter*), manipulá-lo de algum modo e, em seguida, gerar um novo sinal de saída usando um conversor digital-analógico (DAC–*Digital-to-Analog Converter*). A maioria dos equipamentos modernos de áudio, tocadores MP3 e telefones celulares usam DSP, cujos ajustes de equalização permitem que você controle as potências relativas das frequências altas e baixas de uma música. Algumas vezes, entretanto, não é necessário que a saída seja uma versão da entrada. Você simplesmente deseja utilizar as técnicas de DSP para remover o ruído indesejado presente em um sinal com a finalidade de obter leituras mais exatas de um sensor.

Em geral, os Arduinos não são os dispositivos ideais para DSP. Eles não podem capturar sinais rápidos e suas saídas digitais estão limitadas a PWM. O Arduino Due é uma exceção, porque, além de dispor de diversos ADCs, ele tem também um processador rápido e dois DACs verdadeiros. Portanto, o hardware do Arduino Due é suficientemente bom para suportar a digitalização de um sinal estéreo de áudio, além de fazer alguma coisa com ele.

» *Valor médio de leituras*

Quando você faz leituras de sensores, é possível que frequentemente chegue à conclusão de que, para conseguir resultados melhores, deveria tomar uma série dessas leituras e obter a sua média. Uma forma de fazer isso seria utilizando um buffer circular (Figura 13.2).

Quando se usa um buffer circular, cada nova leitura é colocada na posição corrente do buffer apontada pelo índice. Quando a última posição indexada é preenchida, o índice de posição retorna a zero e as leituras antigas são substituídas pelas novas

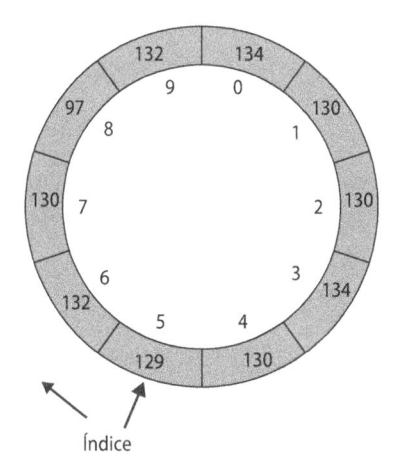

Figura 13.2 Um buffer circular.
Fonte: do autor.

leituras. Dessa forma, você sempre tem as últimas *N* leituras, onde *N* é o tamanho do buffer.

O exemplo seguinte de código implementa um buffer circular:

```
// sketch_13_01_averaging
const int samplePin = A1;          //Pino onde são obtidas as amostras.
const int bufferSize = 10;         //Tamanho do buffer.
int buffer[bufferSize];
int index;                         //Índice apontador da posição.
void setup()
{
  Serial.begin(9600);
}
void loop()
{
  int reading = analogRead(samplePin);   //Obtenção da leituras.
  addReading(reading);                   //Somando as leituras.
  Serial.println(average());             //Mostrando a média (average).
  delay(1000);
}
void addReading(int reading)       //Definição (int) da variável da soma das leituras.
{
  buffer[index] = reading;
  index++;
  if (index >= bufferSize) index = 0;
}
int average()                      //Definição (int) da variável da obtenção
                                   //da média.
{
  long sum = 0;                    //Definição (long) da variável da soma.
  for (int i = 0; i < bufferSize; i++)
  {
    sum += buffer[i];
  }
  return (int)(sum / bufferSize);
}
```

Enquanto o buffer não estiver completamente preenchido, as médias obtidas não serão válidas. Na prática, isso não será um problema se você solicitar a média somente quando o buffer já estiver com todas as leituras.

Observe que a função **average** (média) usa uma variável do tipo **long** para acomodar a soma das leituras. Se o tamanho do buffer for tal que a soma de seus valores resulte em um valor superior ao valor máximo de **int**, em torno de 32.000, então o uso de **long** será fundamental. Observe que o valor de retorno (a média) pode ser do tipo **int**, porque essa média estará dentro da faixa dos valores individuais que foram lidos.

≫ Uma introdução à filtragem

Em geral, como discuti na seção "Introdução ao processamento digital de sinal", qualquer sinal é constituído de diversas componentes com frequências diferentes. Algumas vezes, você poderá desejar a remoção de algumas dessas frequências. Para isso, deve realizar uma filtragem.

O tipo mais comum de filtragem com Arduino é provavelmente a *filtragem passa-baixa*. Digamos que você tenha um sensor de luz e deseje medir a luminosidade e suas alterações minuto a minuto como, por exemplo, para detectar se está escuro o suficiente para acender uma luz. Contudo, você gostaria de eliminar os eventos de frequência elevada como a passagem de uma mão pela frente do sensor ou quando o sensor é iluminado por uma luz artificial que oscila muito na frequência de linha (60 Hz). Se você estiver interessado apenas na parte do sinal que se modifica muito lentamente, então precisará utilizar um *filtro passa-baixa*. Esse filtro deixa passar apenas os sinais de baixa frequência.

Para obter o efeito oposto, se quiser responder a eventos que se modificam rapidamente, ignorando os lentos, você precisará de um *filtro passa-alta*.

Vamos voltar ao problema da interferência provocada pela frequência de linha de 60 Hz. Por exemplo, se você estiver interessado nas frequências acima e abaixo de 60 Hz, então não bastará cortar apenas as frequências baixas. Você precisará de um *filtro rejeita-faixa*, que remove apenas a componente de 60 Hz do sinal ou, na prática, todas as frequências dentro da faixa de 59 a 61 Hz.

≫ Como criar um filtro passa-baixa simples

Em geral, não será necessário manter um buffer de leituras se tudo o que você realmente deseja é a suavização dos sinais. Essa filtragem pode ser entendida como uma filtragem de baixa frequência, porque você está ignorando as alterações rápidas de alta frequência que ocorrem no sinal e está interessado na tendência geral de variação do sinal. Você usa filtros desse tipo em sensores como os acelerômetros, que são sensíveis a alterações de alta frequência do sinal e não interessam se tudo o que você quer saber é o ângulo de inclinação de alguma coisa.

Para conseguir isso, existe uma técnica útil cuja codificação é bem simples. Ela se baseia em um tipo de média móvel que utiliza as leituras. Para obter um novo valor dessa média móvel, devemos tomar uma fração da média anterior e uma outra fração da nova leitura. Esse valor médio ou suavizado é dado pela equação seguinte, na qual o índice "n" indica o valor corrente e o índice "n − 1" indica o valor anterior:

valorSuavizado$_n$ = (*alfa* × *valorSuavizado*$_{n-1}$) + ((1 − *alfa*) × *leitura*$_n$)

Alfa é uma constante entre 0 e 1. Quanto maior o valor de *alfa*, maior o efeito de suavização.

Essa equação parece mais complicada do que realmente é. Este código mostra como é fácil a sua implementação:

```
// sketch_13_02_simple_smoothing -
const int samplePin = A1;                //Pino onde são obtidas as amostras.
const float alpha = 0.9;                 //Constante alfa.

void setup()
{
  Serial.begin(9600);
}
void loop()
{
  static float smoothedValue = 0.0;      //Valor suavizado inicial.
  float newReading = (float)analogRead(samplePin);//Nova leitura.
  smoothedValue = (alpha * smoothedValue) + ((1 - alpha) * newReading);
                                         //Cálculo do valor suavizado.
  Serial.print(newReading); Serial.print(",");
  Serial.println(smoothedValue);
  delay(1000);
}
```

Se você copiar e inserir a saída do Monitor Serial em uma planilha e, em seguida, fizer uma plotagem (gráfico), verá que o processo de suavização tem bom desempenho. A Figura 13.3 mostra o resultado do sketch anterior. Na placa do Arduino, inserimos um pedaço curto de fio no pino A1 para captar alguma interferência elétrica presente.

Você pode ver como leva um tempo para que o valor suavizado estabilize. Se você aumentasse *alpha* (alfa) para, digamos, 0.95, então a suavização seria ainda mais pronunciada. A plotagem dos dados escritos no Monitor Serial é uma forma bem boa de assegurar que a suavização aplicada ao sinal é a desejada.

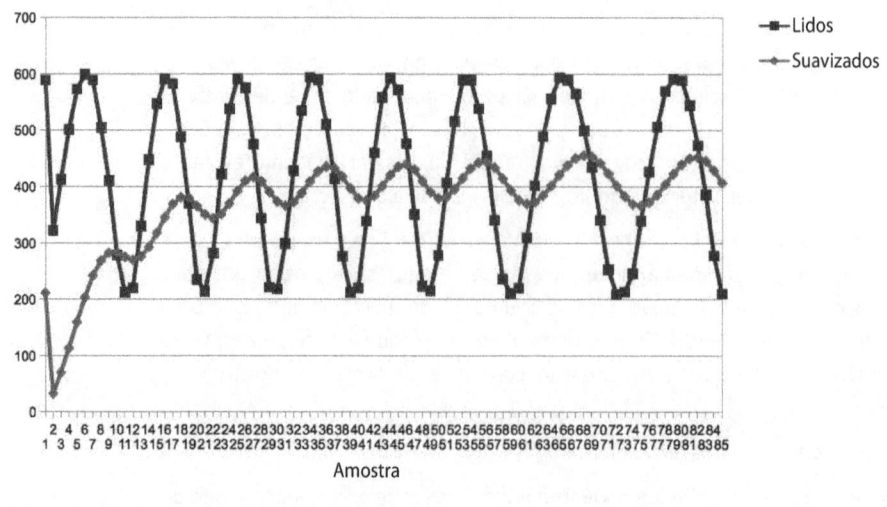

Figura 13.3 Plotagem de valores suavizados.
Fonte: do autor.

DSP no Arduino Uno

A Figura 13.4 mostra como você pode fazer as conexões no Arduino de modo que um sinal de áudio seja injetado no pino A0 e um sinal de saída PWM de 10 kHz seja gerado. Eu usei um aplicativo de smartphone como gerador de áudio e conectei a saída do fone ao Arduino, como mostra a Figura 13.4.

A entrada do gerador de sinal é polarizada com o circuito constituído por C1, R1 e R2. Desse modo, as oscilações do sinal ocorrem em torno do ponto médio de 2,5 V. Então, o ADC pode ler o sinal de pico a pico. Se não houvesse esses componentes, o sinal ficaria abaixo de 0V durante metade de cada ciclo.

Eu usei um filtro rudimentar, R3 e C3, para remover a maior parte do sinal da portadora PWM. Infelizmente, como a frequência PWM de 10 kHz está muito próxima da frequência do sinal, é difícil remover a frequência da portadora PWM.

Além de observar o sinal em um osciloscópio, você também poderá ouvi-lo conectando o sinal a um amplificador de áudio. Se você fizer isso, assegure-se de que a conexão tenha acoplamento CA.

> **» ATENÇÃO**
> Se você conectar os fones dessa forma, provavelmente perderá a garantia e seus fones poderão ser danificados.

O sketch seguinte utiliza a biblioteca TimerOne para gerar o sinal PWM e amostrar o sinal com uma taxa de 10 kHz:

```
// sketch_13_03_null_filter_uno

#include <TimerOne.h>

const int analogInPin = A0;
const int analogOutPin = 9;

void setup()
{
  Timer1.attachInterrupt(sample);
  Timer1.pwm(analogOutPin, 0, 100);
}

void loop()
{
}

void sample()
{
```

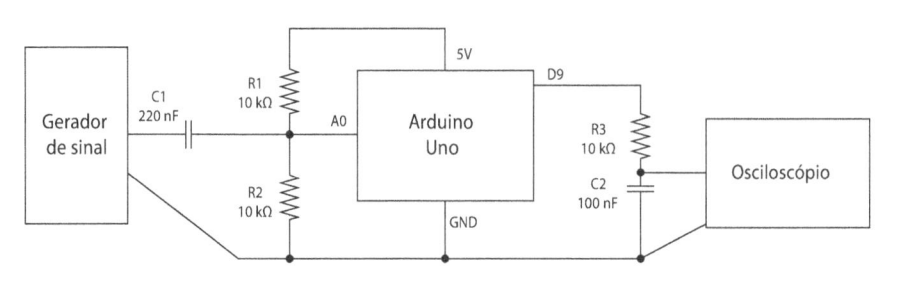

Figura 13.4 Usando um Arduino Uno para realizar DSP.
Fonte: do autor.

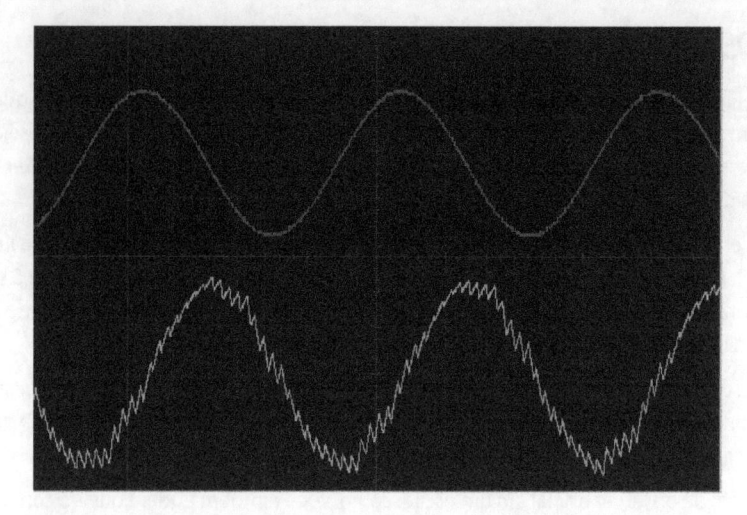

Figura 13.5 O Arduino Uno reproduzindo um sinal de 1 kHz.
Fonte: do autor.

```
    int raw = analogRead(analogInPin);
    Timer1.setPwmDuty(analogOutPin, raw);
}
```

A Figura 13.5 mostra o sinal de entrada do Arduino (traçado superior) e a saída do Arduino (traçado inferior) de um sinal de 1 kHz. O sinal não é ruim até a frequência de 2 a 3 kHz, quando então se torna triangular. Isso é esperado devido ao número pequeno de amostras obtidas em cada ciclo da forma de onda. Pode-se ver que uma parte da onda portadora ainda está presente no sinal de saída na forma de um serrilhado, mas no todo a forma da onda não é má. O sinal é suficientemente bom para as frequências da fala.

» DSP no Arduino Due

Agora podemos realizar o mesmo experimento usando um Arduino Due com uma frequência de amostragem muito mais elevada. O código usado com o Arduino Uno na seção anterior não pode ser utilizado em um Arduino Due, porque sua arquitetura é diferente e não funciona com a biblioteca TimerOne.

As entradas analógicas do Arduino Due trabalham com 3,3V. Assim, a parte de cima de R1 deve ser conectada a 3,3V e *não* a 5V. Como o Arduino Due tem uma saída analógica, você pode dispensar o filtro passa-baixa, R3 e C2, e conectar o osciloscópio diretamente ao pino DAC0. A Figura 13.6 mostra as conexões para o Arduino Due.

O sketch a seguir trabalha com uma taxa de amostragem de 100 kHz!

```
// sketch_13_04_null_filter_due
const long samplePeriod = 10L;    //Microssegundos.
const int analogInPin = A0;
const int analogOutPin = DAC0;
void setup()
{
  // http://www.djerickson.com/arduino/
  REG_ADC_MR = (REG_ADC_MR & 0xFFF0FFFF) | 0x00020000;
  analogWriteResolution(8);
  analogReadResolution(8);
}
void loop()
{
  static long lastSampleTime = 0;
  long timeNow = micros();
  if (timeNow > lastSampleTime + samplePeriod)
  {
    int raw = analogRead(analogInPin);
    analogWrite(analogOutPin, raw);
    lastSampleTime = timeNow;
  }
}
```

Diferentemente de outras placas de Arduino, a placa do Arduino Due permite que as resoluções de ambos os conversores analógico-digital (ADC) e digital-analógico (DAC) sejam ajustáveis. Nesse sketch, para manter as coisas simplificadas e rápidas, ambas as resoluções foram ajustadas para oito bits.

O comando a seguir permite acelerar o ADC do Arduino Due pela manipulação de valores em um registrador. Acesse o site indicado no próprio sketch para saber mais sobre esse "truque".

`REG_ADC_MR = (REG_ADC_MR & 0xFFF0FFFF) | 0x00020000;`

O sketch utiliza a função **micros** para controlar a frequência de amostragem. O trecho do sketch que faz a amostragem só é executado após ter decorrido um número suficiente de microssegundos.

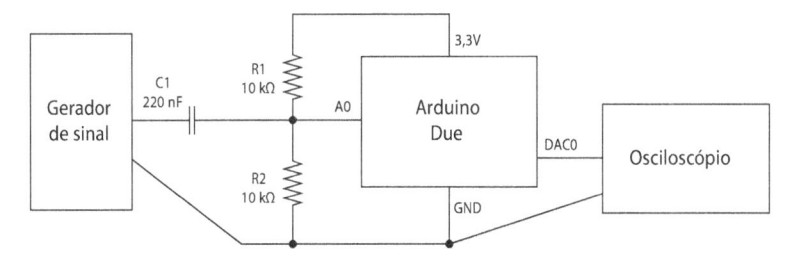

Figura 13.6 Usando um Arduino Due para realizar DSP.
Fonte: do autor.

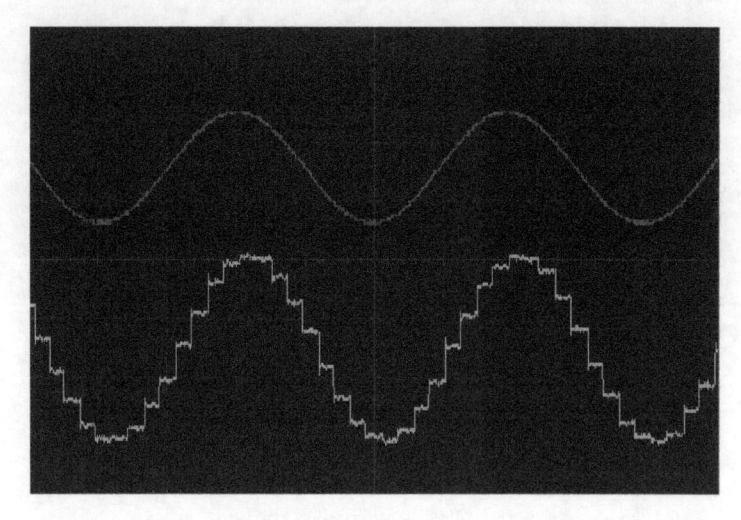

Figura 13.7 O Arduino Due reproduzindo um sinal de 5 kHz.
Fonte: do autor.

A Figura 13.7 mostra como um sinal de entrada de 5 kHz é reproduzido utilizando essa configuração. Você pode ver que os degraus do sinal gerado correspondem a 20 amostras para cada ciclo da forma de onda. Isso é esperado nesse caso, para uma taxa de amostragem de 100 kHz.

» Gerador de código para filtros

Se você estiver procurando filtros mais avançados, há um software gerador de código muito útil que permite projetar um filtro, fazer cópia das linhas do código gerado e inseri-la em um sketch de Arduino. Esse gerador trabalha online, podendo ser acessado em http://www.schwietering.com/jayduino/filtuino/.

Se você mesmo decidir escrever o código, terá muito trabalho com a complexidade da matemática necessária!

A Figura 13.8 mostra a interface do gerador de filtro. Na metade inferior da tela, vemos o código gerado. De forma rápida, eu mostrarei como incorporar esse código ao seu sketch de Arduino.

Começando, você tem uma série confusa de opções relacionadas com o filtro que deseja gerar. O exemplo mostrado na Figura 13.4 é um filtro rejeita-faixa (ou rejeita-banda) projetado para reduzir a amplitude do sinal nas frequências entre 1 kHz e 1,5 kHz. Começando pela linha de cima, os ajustes devem ser "Butterworth," "band stop" (rejeita-faixa) e "1st order". (1ª ordem). A opção *Butterworth* se refere ao tipo de filtro, tendo como referência a versão eletrônica analógica desse tipo de filtro (http://pt.wikipedia.org/wiki/Filtro_Butterworth). O tipo de filtro *Butterworth* é uma boa opção inicial para uso geral.

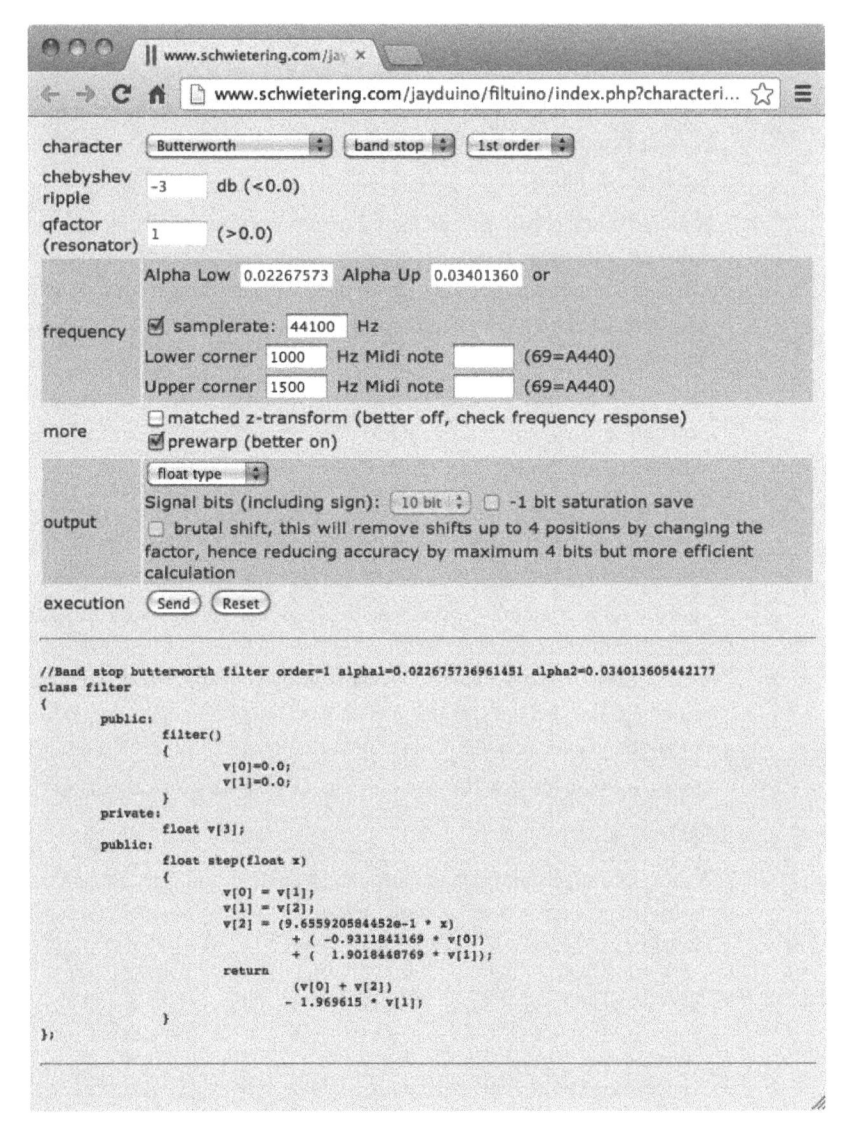

Figura 13.8 Gerador de códigos de filtro para o Arduino.
Fonte: do autor.

Eu também selecionei a opção "1st order" (1ª ordem). A escolha de uma ordem mais elevada significa aumentar o número de amostras prévias que precisam ser armazenadas e também a inclinação do corte das frequências indesejáveis. Nesse exemplo, a opção de primeira ordem é boa. Quanto mais elevada a ordem, mais cálculos devem ser feitos, podendo ser necessário baixar a frequência de amostragem para que o Arduino tenha tempo de executar o código a contento.

A seguir, você verá alguns campos desabilitados, que se referem a outros tipos de filtro, e "samplerate" (taxa de amostragem). Em "samplerate", você indica a frequência com que os dados serão amostrados e também a frequência com que o código gerado será chamado para aplicar o filtro ao sinal.

A seguir, são especificadas as frequências inferior (lower corner) e superior (upper corner). Esses valores podem ser fornecidos como frequência em Hz ou como uma nota musical MIDI.

A seção "more" (mais) oferece mais algumas opções e mostra também como escolhê-las para obter resultados melhores. A seção "output" (saída) permite especificar o tipo de valor que será usado no array das amostras que serão usadas na filtragem. Eu escolhi "float" (flutuante). Finalmente, cliquei em "Send" (enviar) para gerar o código.

Para testar, você pode modificar o sketch "Filtro Nulo para Due" (**sketch_13_04_null_filter_due**) que foi executado no Arduino Due. O resultado será o sketch **sketch_13_05_band_stop_due**.

O primeiro passo dessa modificação é copiar o código de filtro gerado e inseri-lo no sketch **sketch_13_04_null_filter_due** logo após a definição das constantes. Também é uma boa ideia copiar a URL do gerador (após clicar em "Send") e depois inseri-la como comentário no sketch. Desse modo, se você quiser voltar ao gerador para modificar o código do filtro, já terá os parâmetros que foram utilizados na especificação original do filtro. O código gerado encapsula todo o código do filtro em uma classe. Nós voltaremos a encontrar o conceito de classe no Capítulo 15. Por enquanto, você pode tratá-la como uma caixa-preta que faz a filtragem.

Depois do código que foi inserido, você precisa acrescentar a seguinte linha:

```
filter f;
```

Agora você precisa modificar a função **loop** de modo que, em vez de simplesmente colocar na saída o valor que foi lido, o Arduino apresente na saída o valor filtrado:

```
void loop()
{
  static long lastSampleTime = 0;
  long timeNow = micros();
  if (timeNow > lastSampleTime + samplePeriod)
  {
    int raw = analogRead(analogInPin);     //Valor bruto (raw) lido.

    float filtered = f.step(raw);          //Valor filtrado.
    analogWrite(analogOutPin, (int)filtered);
    lastSampleTime = timeNow;
  }
}
```

A geração do sinal filtrado é fácil porque se limita a fornecer, como argumento da função **f.step**, o valor bruto (raw) lido na entrada analógica. O valor (filtered) que

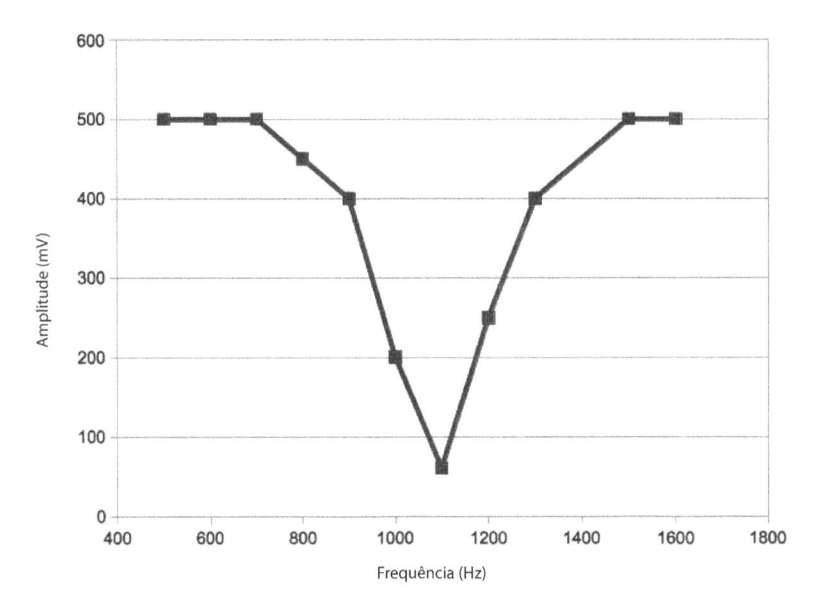

Figura 13.9 Resposta em frequência de um filtro passa-faixa implementado em Arduino.
Fonte: do autor.

é retornado pela função é o valor filtrado, que pode ser convertido para o tipo **int** antes ser passado para o DAC fazer a conversão digital-analógica.

Examinando a função **step**, você pode ver que o código do filtro armazena os três valores prévios juntamente com o novo valor atual. Para produzir o valor filtrado, ocorre uma certa troca de valores, seguindo-se diversas multiplicações por constantes. A matemática não é maravilhosa?

A Figura 13.9 mostra o resultado dessa filtragem. Um gerador de sinal foi utilizado para injetar sinais de diferentes frequências. Os valores de saída (medidos com um osciloscópio) foram passados para uma planilha e, em seguida, plotados para produzir um gráfico.

» *A transformada de Fourier*

A transformada de Fourier é uma ferramenta muito útil para analisar as frequências presentes em um sinal. Como vimos na introdução deste capítulo, um sinal pode ser visto como sendo constituído por uma combinação de ondas senoidais de frequências e amplitudes diferentes. Provavelmente, você já viu displays mostrando diversas frequências em equipamentos musicais ou em programas tocadores de música MP3.

Esses displays exibem gráficos de barras a partir de analisadores de frequência. As barras verticais representam as intensidades relativas das diversas faixas de frequência. As barras que estão no lado esquerdo correspondem às baixas frequências (sons graves) e as barras do lado direito, às altas frequências (sons agudos).

A Figura 13.10 mostra o mesmo sinal representado nas formas de uma linha sinuosa contínua e de um conjunto de amplitudes. Essas amplitudes correspondem às diversas faixas de frequência do sinal. Dizemos que essas duas representações estão nos *domínios de tempo* e *de frequência*, respectivamente.

O algoritmo que, a partir dos dados do sinal no domínio de tempo, gera o sinal no domínio de frequência é denominado *Transformada Rápida de Fourier* ou FFT (*Fast Fourier Transform*). Os cálculos envolvidos nas FFTs usam números complexos e, a menos que você conheça bem a matemática necessária, esses cálculos não são para um coração fraco.

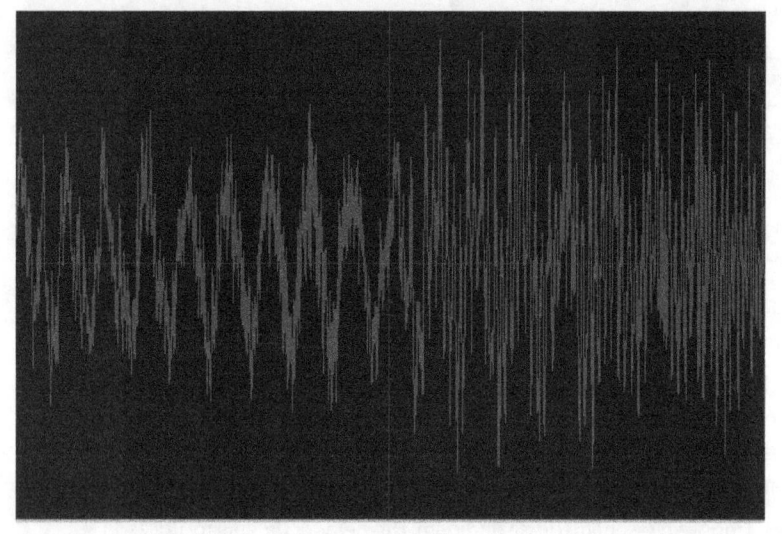

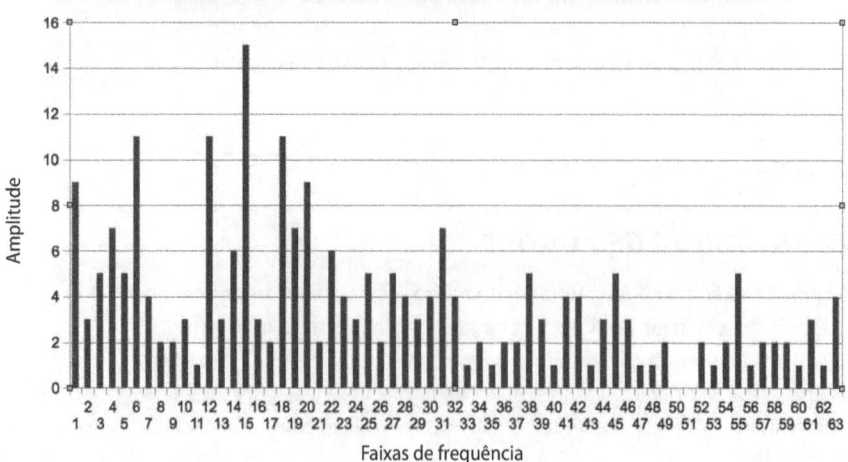

Figura 13.10 Um sinal nos domínios de tempo e de frequência.
Fonte: do autor.

Felizmente para nós, as pessoas inteligentes ficam felizes em compartilhar seus programas. Você pode baixar uma função que executará o algoritmo de FFT para você. O código que eu utilizei não pertence a uma biblioteca. Ele vem na forma de um cabeçalho (*header*) e um arquivo de implementação em C++ (.h e .cpp, respectivamente). Para utilizá-lo, basta colocar esses dois arquivos na pasta onde se encontra o sketch que usará o código FFT. No caso aqui, não há necessidade de baixá-los, porque eles já vêm instalados nas mesmas pastas onde se encontram os sketches que precisam do código. Originalmente, o código apareceu em uma postagem do Forum de Arduino (http://forum.arduino.cc/index.php/topic,38153.0.html). Esses dois arquivos e outros exemplos de utilização do algoritmo podem ser encontrados também nos seguintes sites:

https://code.google.com/p/arduino-integer-fft/

https://github.com/slytown/arduino-spectrum-analyzer/

Os dois exemplos a seguir ilustram como esse código pode ser executado em um Arduino Uno que faz a amostragem de um sinal de áudio.

» Exemplo de analisador de espectro

Neste exemplo, usaremos um Arduino Uno para exibir um espectro de frequência na forma de um gráfico baseado em caracteres. Você pode encontrar este exemplo em **sketch_13_06_FFT_Spectrum**. Como o sketch é um longo demais para ser repetido aqui por inteiro, eu apresentarei apenas alguns trechos importantes. Para acompanhar a discussão, carregue o sketch no IDE de Arduino.

O algoritmo de FFT utiliza dois arrays de caracteres do tipo **char**. Usaremos esse tipo em vez do tipo **byte** porque, na linguagem C do Arduino, o tipo **byte** não tem sinal e os valores que devem ser convertidos oscilam em torno de zero. Após a aplicação do algoritmo de FFT, o array **data** (dados) conterá as intensidades de cada faixa de frequência, desde as frequências baixas até as altas. O intervalo de frequência depende da taxa de amostragem. Esse sketch permite que o Uno opere tão rapidamente quanto possível sem maior preocupação com a exatidão. Como há 63 faixas de frequência com largura de 240 Hz, a frequência superior alcançada está em torno de 15 kHz.

Para tornar a conversão tão rápida quanto possível e obter uma taxa de amostragem razoável, use o artifício discutido no Capítulo 4 para aumentar a velocidade do ADC. Esses ajustes são feitos no **setup** com as duas linhas seguintes.

```
ADCSRA &= ~PS_128;        // Remove o pré-escalamento de 128.
ADCSRA |= PS_16;          // Acrescenta o pré-escalamento de 16 (1MHz).
```

O **loop** principal contém pouco código:

```
void loop()
{
  sampleWindowFull();
```

```
fix_fft(data, im, 7, 0);
updateData();

showSpectrum();
}
```

A função **sampleWindowFull** (amostrar janela completa) amostra uma janela de tempo com 128 amostras de dados válidos. Logo em breve, voltarei a discutir isso. O parâmetro 7 é o logaritmo na base 2 do número de amostras. Esse valor sempre será 7. O quarto parâmetro indica se **fix_fft** deve calcular a FFT inversa (**1**) ou a FFT direta (**0**), que é o nosso caso. Depois da aplicação do algoritmo, devemos atualizar os valores dos arrays. Finalmente, **showSpectrum** (mostrar o espectro) é chamada para exibir os dados de frequência.

A função **sampleWindowFull** lê 128 valores analógicos e assume que o sinal está polarizado em 2,5V. Dessa forma, subtraindo 512 das leituras, o sinal poderá ter valores positivos e negativos. Esses valores são multiplicados pela constante **GAIN** (ganho) para permitir que os sinais fracos sejam amplificados um pouco. A seguir, as leituras de 10 bits são convertidas em valores de 8 bits para caber no array **char**. Isso é obtido simplesmente fazendo uma divisão por 4. Finalmente, o array **im**, contendo as componentes imaginárias do sinal, é zerado.

> » **NO SITE**
> Se você quiser saber mais sobre esses mecanismos internos do algoritmo, acesse http://en.wikipedia.org/wiki/Fast_Fourier_transform.

```
void sampleWindowFull()
{
  for (int i = 0; i < 128; i++)
  {
    int val = (analogRead(analogPin) - 512) * GAIN;
    data[i] = val / 4;
    im[i] = 0;
  }
}
```

A função **updateData** (atualizar dados) calcula a amplitude para cada faixa de frequência. A intensidade do sinal é a hipotenusa do triângulo retângulo cujos catetos são as partes real e imaginária do sinal (o teorema de Pitágoras em ação!).

```
void updateData()
{
  for (int i = 0; i < 64; i++)
  {
    data[i] = sqrt(data[i] * data[i] + im[i] * im[i]);
  }
}
```

Para exibir os dados, usamos a função **showSpectrum** (mostrar espectro). Os dados são enviados ao Monitor Serial que coloca o conjunto completo de dados em uma linha separando-os por vírgulas. O primeiro valor é ignorado porque contém a componente CC do sinal e geralmente não nos interessa.

Você poderia, por exemplo, usar o array **data** (dados) para controlar a altura das barras gráficas em um display LCD. Para conectar um sinal (digamos, a saída de áudio de um tocador MP3), você poderá usar a mesma configuração mostrada anteriormente na Figura 13.4 para manter o sinal polarizado em torno de 2,5V.

» Exemplo de medição de frequência

Este exemplo usa um Arduino Uno que exibe a frequência aproximada de um sinal no Monitor Serial (**sketch_13_07_FFT_Freq**). A maior parte do código é igual ao do exemplo anterior. A diferença principal consiste em que, após calcular os valores do array **data**, o índice nesse array correspondente ao valor mais elevado é usado para obter uma estimativa da frequência. Finalmente, a função **loop** exibe esse valor no Monitor Serial.

```
int findF()
{
  int maxValue = 0;
  int maxIndex = 0;
  for (int i = 1; i < 64; i++)
  {
    int p = data[i];
    if (p > maxValue)
    {
      maxValue = p;
      maxIndex = i;
    }
  }
  int f = maxIndex * 240;
  return f;
}
```

capítulo 14

Como lidar com um único processo

Quando programadores experts em sistemas de grande porte conhecem o Arduino, acham que a incapacidade do Arduino de lidar com multitarefas e concorrência é uma deficiência. Neste capítulo, tentarei esclarecer o assunto e mostrar como podemos adotar um modelo simples de tarefa única, como o utilizado nos chamados sistemas embarcados.

Objetivos de aprendizagem

>> Adotar recursos específicos que permitem construir sketches robustos de tarefa única para o Arduino.

>> Utilizar a biblioteca Timer.

≫ *Transição a partir da programação de grande porte*

O Arduino atraiu muitos entusiastas, inclusive eu mesmo, que já passaram muitos anos na indústria de software e estão acostumados a trabalhar com dezenas de outras pessoas no desenvolvimento de um projeto de software de grande porte. Isso inclui os problemas relativos ao gerenciamento da grande complexidade envolvida. Para nós, a capacidade de escrever umas poucas linhas de código e, em seguida, já poder ver alguma coisa interessante e concreta acontecer é algo imediato sem grandes trabalhos de engenharia. Para quem trabalha com software de grande porte, isso é um antídoto perfeito.

Entretanto, isso significa que frequentemente procuraremos no Arduino coisas que estamos acostumados a ver quando estamos trabalhando com um software de grande porte. Quando passamos desse mundo de grande porte para o mundo em miniatura do Arduino, um dos primeiros ajustes que precisamos fazer é adotar uma forma simples de escrever programas para o Arduino. Pode ser considerado um desleixo o desenvolvimento de um sistema de grande porte sem os benefícios do TDD (*Test Driven Develepment*), versão controle, ou de algum tipo de AP (*Agile Process*). Por outro lado, um projeto de grande porte desenvolvido para o Arduino pode conter apenas 200 linhas de código escritas por uma única pessoa. Se essa pessoa for um desenvolvedor experiente de software, ela conseguirá manter todos os detalhes na mente sem necessidade de nenhuma das ferramentas normalmente utilizadas.

Portanto, pare de se preocupar com controle de versão, padrões de projeto, testes unitários e aperfeiçoamento de código: simplesmente abrace a simplicidade prazerosa do Arduino.

> ≫ **DEFINIÇÃO**
> **TDD** e **AP** são duas técnicas da indústria de software utilizadas para acelerar a produção.

> ≫ **CURIOSIDADE**
> No início da computação gráfica, era comum nos jogos de vídeo haver uma imagem de fundo à qual eram sobrepostas pequenas figuras (carros, bonecos, árvores, animais, monstros, etc.) cujos movimentos eram controlados diretamente pelos jogadores e pelo programa. Essas figuras animadas assim controladas eram denominadas "sprites" (duendes, espíritos em inglês).

≫ *Por que você não precisa de Threads*

Se você já tem uma certa idade e programou computadores pessoais usando a linguagem BASIC, então deve se lembrar de que "fazer uma coisa de cada vez" era o modo de um computador funcionar. Em BASIC, se um jogo tivesse diversos "sprites" que deviam ser movidos ao mesmo tempo, então você deveria ser criativo e incluir um laço repetitivo para mover esses sprites um pouco de cada vez.

Quando programarmos o Arduino, deveremos pensar dessa forma. Em vez de diversas threads, responsáveis cada uma por um sprite, teremos uma única thread que, de forma repetida, atua um pouco em cada sprite, sem nunca ficar bloqueada interrompendo a execução.

Desconsiderando os computadores de núcleos múltiplos, um computador com um único processador faz basicamente uma coisa de cada vez. No tempo restante, o sistema operacional distribui a sua atenção entre os numerosos processos que estão sendo executados no computador. No Arduino, que tem pouca necessidade de fazer mais de uma coisa de cada vez e não tem sistema operacional, a codificação pode ser feita por você mesmo.

>> DEFINIÇÃO

Thread é um conceito de sistemas operacionais. De forma simplificada, quando um programa é executado em um computador é necessário dispor de diversos recursos, como memória para armazenar o programa, memória para guardar os dados, dispositivos para entrada e saída de dados, um ou mais processadores para executar o programa, etc. O uso organizado de todos esses recursos constitui o que se denomina um processo, o qual é controlado por um outro programa denominado sistema operacional. A fim de ganhar tempo, algumas das atividades podem ser realizadas ao mesmo tempo como, por exemplo, executar um trecho do programa contendo comandos aritméticos no processador e outro trecho que exibe dados num monitor. Nesse caso, dizemos que cada um desses trechos de programa, executados independentemente, mas sob controle do sistema operacional, constitui uma "thread" de execução. O nome thread em inglês significa linha de costurar. Esse recurso é particularmente importante em ambientes que contam com múltiplos processadores ou *cores* (núcleos, em inglês). Aqui se faz uma comparação entre esses computadores de maior porte e um Arduino, que só tem um processador. O termo thread ainda não tem uma tradução consolidada, embora alguns autores nacionais adotem o termo "atividade". Neste livro, manteremos o termo no original.

>> Setup e loop

Não é por acidente que as duas funções que você deve escrever em qualquer sketch são **setup** e **loop**. O fato de que a função **loop** deve se repetir continuamente significa que você não deve deixar que ela seja bloqueada. O seu código deve fazer isso sem que você perceba como a execução está sendo realizada.

>> Ler sensores e então atuar

A maioria dos projetos com Arduino contém elementos que controlam coisas. Portanto, em geral os conteúdos de um **loop** serão do tipo:

• Verificar se algum botão foi pressionado ou se o limiar de um sensor foi atingido.

• Executar uma ação apropriada.

Um exemplo simples disso é um botão que, quando pressionado, alterna o estado de um LED entre ligado e desligado.

Isso fica ilustrado no exemplo seguinte. Entretanto, algumas vezes, como veremos mais adiante, podem ser inaceitáveis as limitações impostas pela espera que é necessária enquanto o LED está piscando.

```
// sketch_14_01_flashing_1

const int ledPin = 13;          //Definir o pino do LED.
const int switchPin = 5;        //Definir o pino do botão.
const int period = 1000;        //Definir o período.

boolean flashing = false;       //Definir a variável booleana.

// Flashing (piscar).

void setup()
{
  pinMode(ledPin, OUTPUT);
  pinMode(switchPin, INPUT_PULLUP);
}

void loop()
{
  if (digitalRead(switchPin) == LOW)
  {
    flashing = ! flashing;      //Trocar o valor da variável.
  }
  if (flashing)
  {
    digitalWrite(ledPin, HIGH);
    delay(period);
    digitalWrite(ledPin, LOW);
    delay(period);
  }
}
```

O problema desse código é que você só pode verificar se o botão foi apertado quando o LED voltar a se desligar após piscar. Se o botão for pressionado enquanto o LED estiver aceso, isso não ficará registrado. Pode não ser importante para o funcionamento do sketch, mas é importante registrar cada acionamento do botão. Para isso, é necessário que o **loop** não contenha retardos. De fato, quando o LED é aceso, o Arduino passa a maior parte do tempo (1.000 ms) nesse estado, e há apenas um pequeno intervalo de tempo durante o qual é possível registrar que o botão foi apertado.

O exemplo da próxima seção mostra como resolver esse problema.

>> Pausa sem bloqueio

Você pode modificar o sketch anterior para evitar o uso de **delay**:

```
// sketch_14_02_flashing_2
const int ledPin = 13;           //Definir o pino do LED.
const int switchPin = 5;         //Definir o pino do botão.
const int period = 1000;         //Definir o período.

boolean flashing = false;        //Definir a variável booleana flashing (piscar).
long lastChangeTime = 0;         //Tempo da última mudança.
int ledState = LOW;              //Definir o estado do LED.

void setup()
{
  pinMode(ledPin, OUTPUT);
  pinMode(switchPin, INPUT_PULLUP);
}

void loop()
{
  if (digitalRead(switchPin) == LOW)
  {
    flashing = ! flashing;       //Trocar o valor da variável.
    if (! flashing)
    {
      digitalWrite(ledPin, LOW);
    }
  }
  long now = millis();           //Tempo corrente agora (now).
  if (flashing && now > lastChangeTime + period)
  {
    ledState = ! ledState;       //Trocar o valor da variável.
    digitalWrite(ledPin, ledState);
    lastChangeTime = now;
  }
}
```

Nesse sketch, acrescentei duas novas variáveis: **lastChangeTime** (tempo da última mudança) e **ledState** (estado do LED). A variável **lastChangeTime** registra a última vez que o LED alternou entre ligado e desligado, e a variável **ledState** armazena esse estado. Assim, quando o LED precisar trocar de estado, você sabe qual é o estado corrente do LED.

Agora, o **loop** não contém **delay**. A primeira parte do **loop** verifica se o botão foi pressionado. Em caso afirmativo, o estado do LED é trocado. O comando **if** adicional, mostrado em seguida, é simplesmente um refinamento que desliga o LED no caso do aperto do botão causar o desligamento do LED. Se não fosse assim, o LED poderia ficar ligado mesmo que devesse ser desligado.

```
if (! flashing)
{
  digitalWrite(ledPin, LOW);
}
```

A segunda parte do **loop** lê o valor de **millis()**, obtendo o tempo agora (now) em milissegundos. A seguir, é feita a comparação desse valor com o valor que foi guardado em **lastChangeTime** mais o período (**period**). Isso significa que o código que está dentro do **if** só será executado se já decorreu um tempo maior do que **period** milissegundos.

A seguir, a variável de estado **ledState** tem o seu valor trocado e a saída digital é ligada ou desligada de acordo com esse estado. O valor de **now** (agora) é copiado então em **lastChangeTime**. A seguir, o sketch fica esperando que o próximo período (**period**) de tempo expire antes de seguir executando comandos.

> **NO SITE**
> Você pode baixar a biblioteca Timer de http://playground.arduino.cc//Code/Timer.

» Biblioteca Timer

A abordagem utilizada na seção anterior foi generalizada, permitindo a criação de uma biblioteca que é utilizada para programar eventos repetidos usando a função **millis**. Apesar de seu nome, a biblioteca não tem ligação com os temporizadores próprios do hardware do dispositivo e, portanto, a biblioteca funcionará bem na maioria das placas de Arduino.

A utilização dessa biblioteca simplifica o código, como você pode ver no sketch seguinte:

```
// sketch_14_03_flashing_3
#include <Timer.h>

const int ledPin = 13;
const int switchPin = 5;
const int period = 1000;

boolean flashing = false;
int ledState = LOW;
Timer t;                                //Definir o temporizador t.

void setup()
{
  pinMode(ledPin, OUTPUT);
  pinMode(switchPin, INPUT_PULLUP);
  t.every(period, flashIfRequired);     //Definir a função every.
}

void loop()
{
  if (digitalRead(switchPin) == LOW)
  {
    flashing = ! flashing;
    if (! flashing)
    {
      digitalWrite(ledPin, LOW);
    }
  }
  t.update();                           //Atualizar.
}
```

```
void flashIfRequired()
{
  if (flashing)
  {
    ledState = ! ledState;
    digitalWrite(ledPin, ledState);
  }
}
```

Para usar essa biblioteca, você define primeiro um temporizador (timer), denominado **t** neste caso, e então, dentro de **setup**, uma função **every** que é chamada periodicamente, como se mostra a seguir:

`t.every(period, flashIfRequired);`

A seguir, você coloca a seguinte linha na função **loop**:

`t.update();`

Sempre que a função **update** (atualizar) é chamada, a função **millis** verifica quando é necessário acionar qualquer um dos eventos programados. Em caso afirmativo, ela chama a função associada. Aqui o evento programado é a função **flashIfRequired** (piscar se necessário).

> **» ATENÇÃO**
> Se você tem a versão 2 da biblioteca Timer, o sketch não será compilado. Até que a biblioteca seja reparada, utilize a versão da biblioteca Timer que está em http://www.simonmonk.org/wp-content/uploads/2013/12/Timer.zip.

> **» PARA SABER MAIS**
> A biblioteca Timer também dispõe de outras funções utilitárias. Para obter mais informações sobre a biblioteca, veja o endereço da página no início desta seção.

capítulo 15

Como escrever bibliotecas

A criação de uma biblioteca pode ser algo muito recompensador. Mais cedo ou mais tarde, você escreverá algo realmente bom, que poderá ser útil para outras pessoas. Neste capítulo, você aprenderá a compartilhar os códigos que criou com a comunidade do Arduino.

Objetivos de aprendizagem

» Discutir o que são bibliotecas e sua importância.

» Criar sua própria biblioteca de Arduino e publicá-la na Internet.

> **DICA**
>
> A API – *Application Programming Interface* (interface de programação de aplicações) – é o conjunto de funções que o usuário da biblioteca incluirá em seu sketch. Quando projetar a API, sempre faça a seguinte pergunta: "O usuário se ocupará realmente com o quê?". Os detalhes da implementação de baixo nível devem ficar ocultos tanto quanto possível. No exemplo que será desenvolvido na seção "Exemplo de biblioteca (rádio TEA5767)," discutirei esse tópico em mais detalhes.

❯❯ Quando construir uma biblioteca

Criar uma biblioteca de Arduino não é uma atividade exclusiva dos desenvolvedores de Arduino. Qualquer usuário pode criar uma biblioteca. Se ela for útil, seu desenvolvedor receberá muitos agradecimentos. Ninguém vende bibliotecas – isso iria de encontro aos valores da comunidade do Arduino. As bibliotecas devem ser entregues na forma de código aberto para que possam auxiliar seus colegas entusiastas de Arduino.

Possivelmente as bibliotecas mais úteis de Arduino são as desenvolvidas para funcionar como interface de algum hardware específico. Em geral, as bibliotecas simplificam muito o processo de utilização do hardware e, em particular, deixam mais claro um protocolo complexo. Não há razão para que inúmeras pessoas precisem passar por todo o penoso trabalho de desvendar o funcionamento de um pequeno módulo de hardware. Se você publicar uma biblioteca útil, as pessoas acabarão encontrando-a graças à Internet.

❯❯ Use classes e métodos

Embora o programador que escreve um sketch geralmente tenha a impressão de que está escrevendo em C e utilizando um conjunto bem tradicional de recursos da linguagem C, na realidade ele está usando C++. Os sketches de Arduino se baseiam em C++, a extensão orientada a objetos da linguagem C. Essa linguagem usa o conceito de *classe* de objetos. Uma classe reúne as informações sobre o objeto (seus dados) e também as funções que se aplicam aos dados. Essas funções são como funções comuns, mas, quando estão associadas a uma classe particular, são denominadas *métodos*. Além disso, os métodos podem ser declarados como públicos, caso em que poderão ser usados por todos, ou como privados, caso em que poderão ser usados somente pelos outros métodos dessa mesma classe.

A razão de eu dizer tudo isso é que escrever uma extensão é uma das poucas atividades envolvendo o Arduino em que o uso de classes é a norma. A classe é um excelente modo de empacotar tudo em uma espécie de módulo. A distinção entre "privado" e "público" também é uma boa maneira de assegurar que, quando você projeta a API, não está pensando em como ela funciona internamente (privado), mas em como o programador do sketch interage com a biblioteca (público).

Quando você examinar o exemplo seguinte, verá como uma classe é utilizada.

❯❯ Exemplo de biblioteca (rádio TEA5767)

Para ilustrar como escrever uma biblioteca de Arduino, irei empacotar o código do receptor de rádio TEA5767 que você já viu no Capítulo 7. O sketch é simples e dificilmente justificaria uma biblioteca. No entanto, é um bom exemplo.

As etapas do processo são as seguintes:

1. Defina a API.
2. Escreva o arquivo de cabeçalho (*header*).
3. Escreva o arquivo de implementação.
4. Escreva o arquivos de palavras-chave.
5. Construa alguns exemplos.

Em termos de arquivos e pastas, uma biblioteca compreende uma pasta, cujo nome deve ser igual ao da biblioteca. Nesse caso, eu darei à biblioteca e à classe o nome **TEA5767Radio**. Dentro da pasta, deverá haver dois arquivos: **TEA5767Radio.h** e **TEA5767Radio.cpp**.

Você também poderá ter um arquivo denominado **keywords.txt** (palavras-chave) e uma pasta denominada **examples** (exemplos), contendo exemplos de sketches que usam a biblioteca. A estrutura da pasta para esse exemplo de biblioteca está mostrada na Figura 15.1.

Provavelmente, o mais fácil é trabalhar com a biblioteca diretamente na pasta de bibliotecas do seu Arduino, onde você já instalou outras bibliotecas de terceiros. Você pode editar diretamente os arquivos nessa pasta. O IDE de Arduino registrará a presença da biblioteca somente após você voltar a inicializá-lo, mas a partir de então qualquer alteração que for feita nos conteúdos dos arquivos será registrada automaticamente quando você compilar o projeto.

O sketch original no qual se baseia essa biblioteca é **sketch_07_01_I2C_TEA5767** e a biblioteca concluída pode ser acessada em http://playground.arduino.cc//Main/TEA5767Radio.

» Defina a API

O primeiro passo é definir a interface que as pessoas utilizarão.

Se você já utilizou algumas bibliotecas, provavelmente observou que em geral elas seguem um de dois padrões. O mais simples é exemplificado pela biblioteca Narcoleptic. Para utilizá-la, você simplesmente inclui a biblioteca e então acessa

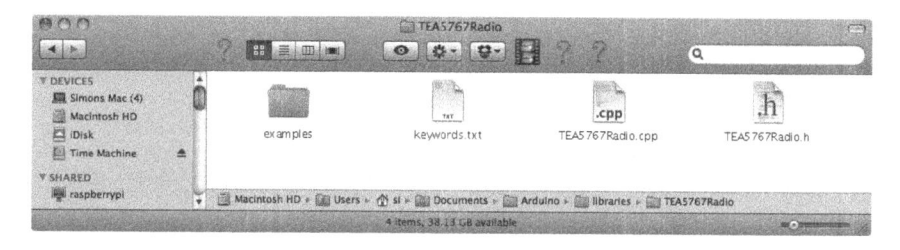

Figura 15.1 Estrutura da pasta do exemplo de projeto.
Fonte: do autor.

seus métodos colocando na frente do método o nome Narcoleptic, como se mostra a seguir:

```
#include <Narcoleptic.h>
// Então, em algum lugar do seu código:
Narcoleptic.delay(500);
```

Esse padrão também é utilizado na biblioteca Serial. Se sempre houver apenas um ocorrência (ou instância) de cada uma das coisas da biblioteca, então essa será a forma correta. Entretanto, é possível que haja mais de uma ocorrência de cada coisa. Então deverá ser usada uma outra forma. Se, como exemplo, mais de um receptor de rádio for ligado simultaneamente ao Arduino, deveremos usar a segunda forma.

Nessas situações, o padrão é similar ao usado na biblioteca SoftwareSerial. Como é possível haver simultaneamente diversas portas seriais de software, você cria instâncias da biblioteca SoftwareSerial usando uma sintaxe como se mostra a seguir. Observe que cada instância deve ter um nome próprio diferente:

```
#include <SoftwareSerial.h>
SoftwareSerial minhaSerial(10,11); // RX, TX
```

Quando você deseja utilizar aquela porta serial em particular (a que usa os pinos 10 e 11), cria um nome para ela – nesse caso, "minhaSerial" – e então você pode escrever coisas como o seguinte:

```
minhaSerial.begin(9600);
minhaSerial.println("Alô Mundo");
```

Sem nos preocuparmos com a escrita do código, vamos definir como gostaríamos de usar o código em um sketch.

Depois de importar a biblioteca, você deverá criar um novo "radio", dar-lhe um nome e especificar em que endereço I2C ele funcionará. Para tornar a vida mais fácil, você tem duas escolhas: uma em que o valor default da porta é 0x60 e outra na qual você especifica a porta. No trecho de sketch abaixo, a forma default foi a escolhida. A segunda opção não foi escolhida estando escrita na forma de uma comentário (//):

```
#include <TEA5767Radio>
TEA5767Radio radio = TEA5767Radio();                      //Valor default.
// ou TEA5767Radio radio = TEA5767Radio(0x60);   //Valor especificado.
```

Como se trata de um rádio FM, você deve ajustar a frequência. Para isso, deve escrever algo como o seguinte em seu código:

```
radio.setFrequency(93.0);
```

O número aqui é a frequência em MHz. Ele está na forma que o programador do sketch gostaria de vê-lo, não no formato estranho de um **int** sem sinal que é enviado ao módulo. Você deseja ocultar a parte trabalhosa e deixá-la empacotada dentro da biblioteca.

Isso é tudo que importava para o nosso projeto. Agora, vamos escrever um pouco de código.

›› Escreva o arquivo de cabeçalho

O código para uma biblioteca é dividido em mais de um arquivo – geralmente dois arquivos. Um é denominado arquivo de "cabeçalho" (*header*) e tem a extensão ".h". Esse arquivo é o que você declara em seu sketch usando o comando **#include** (incluir). O arquivo de cabeçalho não contém código de programa. Ele simplesmente define os nomes das classes e dos métodos da biblioteca. Aqui está o arquivo de cabeçalho para a biblioteca do exemplo:

```
#include <Wire.h>

#ifndef TEA5767Radio_h
#define TEA5767Radio_h

class TEA5767Radio
{
private:
  int _address;
public:
  TEA5767Radio();
  TEA5767Radio(int address);
  void setFrequency(float frequency);
};

#endif
```

O comando **#ifndef** impede que a biblioteca seja importada mais de uma vez, sendo uma prática padronizada com os arquivos de cabeçalho.

A seguir, você inclui a definição de classe, que tem uma seção privada contendo apenas uma variável de nome **_address** (endereço). Essa variável contém o endereço I2C do dispositivo.

A seção pública contém as duas funções necessárias para criar um objeto "radio" – uma função que permite a especificação de um endereço e outra que usa como endereço o valor default. A função **setFrequency** (ajustar frequência) também aparece listada como pública.

›› Escreva o arquivo de implementação

O código que realmente implementa as funções definidas no arquivo de cabeçalho está contido no arquivo **TEA5767Radio.cpp**:

```
#include <Arduino.h>
#include <TEA5767Radio.h>

TEA5767Radio::TEA5767Radio(int address)
{
  _address = address;
}
TEA5767Radio::TEA5767Radio()
{
```

```
    _address = 0x60;
}
void TEA5767Radio::setFrequency(float frequency)
{
unsigned int frequencyB = 4 * (frequency *
  1000000 + 225000) / 32768;
byte frequencyH = frequencyB >> 8;
byte frequencyL = frequencyB & 0XFF;
Wire.beginTransmission(_address);
Wire.write(frequencyH);
Wire.write(frequencyL);
Wire.write(0xB0);
Wire.write(0x10);
Wire.write(0x00);
Wire.endTransmission();
delay(100);
}
```

Os dois métodos responsáveis pela criação de um novo "radio" simplesmente definem o valor **_address** (endereço) como o valor default 0x60 para endereço I2C ou o valor do parâmetro **address** que é fornecido. O método **setFrequency** (ajustar frequência) é quase idêntico ao sketch original (**sketch_07_01_I2C_TEA5767**), exceto pelo fato de que a seguinte linha utiliza o valor da variável **_address** para estabelecer a conexão I2C:

```
Wire.beginTransmission(_address);
```

>> Escreva o arquivo de palavras-chave

A pasta que contém a biblioteca também deveria conter um arquivo denominado **keywords.txt** (palavras-chave). Esse arquivo não é essencial. Se você não criá-lo, a biblioteca funcionará assim mesmo. Esse arquivo permite que o IDE de Arduino atribua cores diferentes para as palavras-chave da biblioteca. O nosso exemplo de biblioteca tem apenas duas palavras-chave: o nome da biblioteca (**TEA5767Radio**) e **setFrequency**. O arquivo de palavras-chave pode incluir comentários nas linhas que começam com um #. O arquivo de palavras-chave dessa biblioteca é o seguinte:

```
#######################################
# Syntax Coloring Map for TEA5767Radio
#######################################
#######################################
# Datatypes (KEYWORD1)
#######################################
TEA5767Radio KEYWORD1
#######################################
# Methods and Functions (KEYWORD2)
#######################################
setFrequency KEYWORD2
```

As palavras-chave devem ser especificadas como KEYWORD1 (palavra-chave 1) e KEYWORD2 (palavra-chave 2), embora a versão 1.4 do IDE de Arduino atribua a cor laranja a ambos os níveis de palavras-chave.

» Construa a pasta de exemplos

Se você criar uma pasta de nome **examples** (exemplos) dentro da pasta da biblioteca, qualquer sketch da pasta ficará registrado automaticamente a partir do momento em que o IDE de Arduino é iniciado. Desse modo, você poderá acessá-lo a partir do menu **Examples** seguido do nome da biblioteca. O sketch de exemplo pode ser um comum, mas deve estar dentro da pasta da biblioteca. O exemplo que mostra a utilização dessa biblioteca é o seguinte:

```
#include <Wire.h>
#include <TEA5767Radio.h>

TEA5767Radio radio = TEA5767Radio();

void setup()
{
  radio.setFrequency(93.0); // Escolher a sua própria frequência.
}
void loop()
{}
```

» *Teste a biblioteca*

Para testar a biblioteca, você pode simplesmente executar o respectivo sketch de exemplo que está dentro da biblioteca. A menos que você tenha muita sorte (ou seja muito cuidadoso), a biblioteca não funcionará na primeira vez que você compilá-la. Portanto, leia as mensagens de erro que aparecem na área de informações do IDE de Arduino.

» *Publique a biblioteca*

Após criar uma biblioteca, você deve oferecê-la à comunidade. Talvez a melhor forma de garantir que o público encontre-a é criando uma entrada no Wiki, que pode ser editado publicamente, em http://playground.arduino.cc//Main/LibraryList. Aqui você também poderá hospedar o arquivo ZIP. Se preferir, você poderá hospedar a biblioteca em GitHub, GoogleCode, ou qualquer outra plataforma de hospedagem. Finalmente, você deve incluir um acesso ao código no Wiki.

Se você quiser colocar a sua biblioteca no Arduino Playground, siga os passos seguintes:

1. Teste a biblioteca para garantir que ela está funcionando conforme esperado.
2. Crie um arquivo ZIP da pasta da biblioteca e dê-lhe o mesmo nome que a biblioteca, incluindo a extensão .zip.
3. Registre-se como usuário em www.arduino.cc.
4. Acrescente uma entrada no Wiki do Arduino Playground (em http://playground.arduino.cc//Main/LibraryList), descrevendo a biblioteca e explicando como utilizá-la. A maneira mais fácil de fazer isso é vendo como é a entrada de outra biblioteca e copiando o trecho Wiki correspondente, depois de fazer as adaptações necessárias. Crie um link usando, por exemplo, **[[TEA5767Radio]]** para definir um lugar para a nova página que aparecerá na lista da biblioteca com um "?" próximo dele. Ao clicar o link, uma nova página será criada e o editor Wiki será aberto. Copie e adapte o código Wiki de uma outra biblioteca (talvez de "TEA5767Radio").
5. Para transferir o arquivo ZIP com a biblioteca, você precisará incluir um trecho, como o seguinte no código Wiki: **attach:TEA5767Radio.zip**. Quando você clicar no link de download, depois de salvar a página, deverá especificar arquivo ZIP para transferi-lo (upload) ao servidor Wiki.

apêndice
Partes e componentes

Neste livro não foram utilizados muitos componentes, porque ele trata basicamente de programação. No entanto, neste apêndice estão listados os componentes que foram utilizados. Além disso, também estão listados alguns possíveis fornecedores. No Brasil, também há diversos fornecedores de Arduino que podem ser localizados facilmente realizando uma pesquisa na Internet.

❱❱ Placas de Arduino

A popularidade do Arduino é tal que as placas comuns, como a Uno e Leonardo, são encontradas facilmente. No caso de placas não tão comuns, acesse a Adafruit e a SparkFun nos Estados Unidos, ou a CPC no Reino Unido. Seus sites estão listados na seção de "Fornecedores".

❱❱ Shields

A Adafruit e a SparkFun têm em estoque uma ampla variedade de shields oficiais de Arduino, além de shields produzidos por essas mesmas empresas. Você também encontrará clones de Arduino e shields interessantes de baixo custo no Seeed Studio.

Os shields utilizados no livro estão citados a seguir. Os códigos de produto estão dentro de parênteses, após os nomes dos fornecedores.

Shield	Capítulo	Fontes
USB Host Shield	11	SparkFun (DEV-09947)
Ethernet Shield	12	A maioria dos fornecedores
WiFi Shield	12	A maioria dos fornecedores

❱❱ Componentes e módulos

Os componentes e módulos específicos, usados como exemplos neste livro, estão listados a seguir. Os códigos de produto estão dentro de parênteses, após os nomes dos fornecedores.

Módulo	Capítulo	Fontes
TEA5767 FM receiver module	7	eBay
LED Backpack Matrix display	7	Adafruit (902)
DS1307 RTC module	7	Adafruit (264)
DS18B20 temperature sensor	8	Adafruit (374), SparkFun (SEN-00245)
MCP3008 8-channel ADC	9	Adafruit (856)
Venus GPS module	10	SparkFun (GPS-11058)

» Fornecedores

Há muitos fornecedores de partes e componentes eletrônicos relacionados com o Arduino. A lista seguinte mostra alguns deles.

Fornecedor	URL	Notas
Adafruit	www.adafruit.com	Fornecedores locais em escala mundial mantêm em estoque os produtos da Adafruit.
SparkFun	www.sparkfun.com	Fornecedores locais em escala mundial mantêm em estoque os produtos da SparkFun.
Seeed Studio	www.seeedstudio.com	Clones de Arduino e módulos incomuns a preço baixo.
Mouser Electronics	www.mouser.com	Oferece uma ampla linha de todos os tipos de componentes eletrônicos.
RadioShack	www.radioshack.com	Mantém em estoque as partes mais comuns de Arduino.
Digi-Key	www.digikey.com	Uma ampla linha de todos os tipos de componentes eletrônicos.
CPC	http://cpc.farnell.com	Fornecedor do Reino Unido com uma ampla linha de componentes.
Maplins	www.maplin.co.uk	Fornecedor do Reino Unido que mantém em estoque as partes mais comuns de Arduino, além de dispor uma ampla rede de lojas.

Índice

& (operador), 128–129
* (asterisco), 29–30, 107
; (ponto e vírgula), 19–20
>> (comando), 128–129, 147
[] (função string), 111–112
/* e */ (indicadores de bloco de comentário), 18–19
// (indicador de linha de comentário), 18–20
1-Wire, barramento, 135–141
   biblioteca OneWire, 136–140
   códigos de família, 137–139
   conceito de mestre/escravo, 136–137
   conexões de hardware, 135–137
   exemplo de dispositivo, 139–141
   inicialização, 137–138
   varredura, 137–140
8N1, parâmetro de conexão, 160–161

A

acionador servo/PWM de 16-canais, 121–123
Adafruit, componentes, 121–124, 131–132, 235–237
ADC. *Veja* conversor analógico-digital (ADC)
ADC por aproximação sucessiva, 81–82
alimentação elétrica
   conexões, 12–13
   consumo da, 85–88
   fontes de, 12
   funções de gerenciamento, 89–91
   LED indicador, 12
   parasita, 135–136
   saídas digitais para controlar a, 96–98
   velocidade do relógio e, 89–90
alocação de memória dinâmica, 106–108
alocação de memória estática, 106–108
alpha, valores, 205–206
Ambiente de desenvolvimento integrado. *Veja* IDE
amplitude de sinais, 201–202
analisador de espectro, 214–217
analogRead, comando, 35–37, 80–82
analogWrite, comando, 35–37, 66

API (*Application Programmer Interface*), 227–230
Arduino
   anatomia de um, 12, 40–41
   bibliotecas, 32–36
   breve história do, 39–40
   comandos, 35–38
   dispositivos conectados ao, 6–8
   documentação oficial, 35–38
   exemplos de projeto, 6–9
   funções de gerenciamento de energia, 89–91
   instalação do IDE, 8–9
   linguagem de programação, 18–19
   Serial Monitor, 25–29
   site, 8–9, 14
   software AVR Studio, 49–51
   String Object, biblioteca, 110–112
   tipos de dados, 35–36
   tutoriais, 35–38
   visão geral do, 5–9
Arduino.h, arquivo, 44–45
Arduino Due, 15–16
   biblioteca SPI, 151
   conexões I2C, 124–125
   consumo de energia, 86–87
   DSP, 202–204, 208–211
   emulação de teclado e mouse, 171–172
   interfaces seriais, 159–160
   interrupções de hardware, 58–62
   microcontrolador, 43–44
   portas USB, 172–173
   resultados do teste de velocidade, 71–72
   saídas analógicas, 30–33, 73–74
   USB Host, recurso, 175, 179–181
Arduino Ethernet, 15, 185–186
Arduino Leonardo, 14–15
   conexões I2C, 124–125
   consumo de energia, 86–87
   emulação de teclado e mouse, 171–172
   hardware serial, 158–160

interrupções de hardware, 58–59, 61–62
microcontrolador, 43
resultados do teste de velocidade, 71–72
SoftwareSerial, uso dos pinos, 163
Arduino LilyPad, 16–18, 43
Arduino Mega 2560, 15–16
    conexões I2C, 124–125
    interfaces seriais, 159–160
    interrupções de hardware, 58–59, 61–62
    microcontrolador, 43
    resultados do teste de velocidade, 71–72
Arduino Mega ADK, 15–16, 175
    microcontrolador, 43
    USB Host, recurso, 175
Arduino Micro, 43, 171–172
Arduino Mini, 16–18
Arduino Mini Pro
    consumo de energia, 86–87
    resultados do teste de velocidade, 71–72
Arduino Nano, 43
Arduino Playground, 233–234
Arduino Uno, 6–7, 9–10, 14
    anatomia do, 40–41
    conexões I2C, 123–125
    conexões ICSP, 149–150
    consumo de energia, 85–87
    exemplo de DSP, 206–209
    hardware serial, 157–160
    instalação do bootloader, 53
    interrupções de hardware, 58–62
    memória, 99–101, 111–112, 116–117
    microcontrolador, 41–43
    saída PWM, 30–33
    shield USB Host, 175–176
    SoftwareSerial, uso dos pinos, 163
    testes de velocidade, 69–73
ArduinoISP, sketch, 54–55
arquivo de implementação, 231–232
arquivo de palavras-chave, 232–233
array de dados, 214–217
arrays, 28–30, 107
ASCII, conversão para, 178–179
AT91SAM3X8E, microcontrolador, 43
ATmega2560, microcontrolador, 43
ATmega328, microcontrolador, 41–43
    memória EEPROM usada no, 41–43
    pinos Rx e Tx no, 157–159
    portas do, 77–79

ATmega32u4, microcontrolador, 43
attachInterrupt, comando, 35–38, 60–61
Audio, biblioteca, 34–35
available, função, 126–127, 189
average, função, 203–204
AVR, processadores, 41–44, 49–51
AVR Dragon, programador, 51–54
AVR Studio, software, 49–51
    figura ilustrando o, 51
    queimando um bootloader usando o, 52–54
avr/eeprom.h, biblioteca, 115–116
avr/power.h, biblioteca, 89–90
avr/sleep.h, biblioteca, 95–96
avrdude, software, 49–50

B

BASIC, programando em, 220–221
baterias de lítio, 86–89
baterias LiPo, 86–88
baterias NiMh, 86–88
bcd2bin, função, 133
beginTransmission, função, 125–126, 130–131
bibliotecas
    criação e compartilhamento, 227–234
    visão geral das bibliotecas de Arduino, 32–36
    Veja também bibliotecas específicas
bit banging, 125–126
bit mais significativo (MSB), 145–146
bit menos significativo (LSB), 145–146
bits (digitos binários), 77
    distribuindo em bytes, 153–154
    mascaramento e deslocamento, 145–148
Blink, sketch
    escolhendo, 8–10
    modificando, 18–20
    transferindo (uploading), 9–11
boolean, tipo de dados, 35–36
bootloaders
    dispensando, 106–107
    instalação de, 52–55
    transferências (uploads) de sketches e, 49–51
buffer
    circular, 203–204
    sentence, variável de buffer, 170
buffer circular, 203–204
bumpy, tipo de letra, 21
Butterworth, filtro, 210–211

bytes, 35–36, 77
    concatenando em variáveis do tipo int, 147–148
    distribuindo bits em, 153–154
    uso de byte em vez de int, 101–102

C

C, arrays de caracteres em, 107–109
C, linguagem de programação, 18–19
C++, linguagem de programação, 18–19, 228–229
camel, tipo de letra, 21
CapSense, biblioteca, 34–35
caractere nulo, 170
CHANGE, modo de interrupção, 61–62
char, tipo de dado, 35–36
character, arrays do tipo, 28–30, 107–109
Circuits@home, shield, 175–176
classes, 228–229
click, comando, 174
código
    geração, 210–213
    otimização, 75–77
COM4, porta, 9–10
comandos
    do Arduino, 35–38
    Serial, 160–162
comandos de tempo, 35–38
comentários, 18–20, 104–105
compartilhando bibliotecas, 233–234
componentes, fornecedores de, 235–237
computadores
    Arduino conectado a, 5–7
    uso de memória pelos, 99–101
concatenação de strings, 110–111
conexões analógicas, 30–34
conexões de rede, 183–199
    biblioteca Ethernet para, 186–192
    biblioteca WiFi para, 197–199
    configuração de um servidor de web, 189–196
    estabelecendo, 186–189, 197–198
    exemplo WiFi de, 198–199
    exemplos de Ethernet, 191–199
    fazendo solicitações de web, 190–192, 195–198
    hardware usado para, 183–186
conexões digitais, 13–14
    comandos para, 35–37
    de alta velocidade, 79–81
connect, função, 190–191
const, palavra-chave, 76–77

conta do autor no Twitter, 234
conversor analógico-digital (ADC), 81–82, 89–90, 151–155, 202–203, 209–210
conversor digital-analógico (DAC), 202–203, 209–210
conversores de nível, 123–124

D

decimal codificado em binário (BCD), 133–133
definição de pinos, 49–50
definições de constantes, 44–45
delay, comando, 35–38, 62–63
delayMicroseconds, comando, 35–38, 62–63
delayPeriod, variável, 20–21
desempenho
    melhoria de, 75–83
    teste de, 69–73
deslocando bits, 146–148
detachInterrupt, comando, 35–38
digitalização, 202–203
digitalRead, comando, 35–37
digitalWrite, comando, 35–37
    optimização de código usando, 75–77
    registrador PORTD e, 78
diretivas de pré-compilação, 44–45
displayGPS, função, 170
domínio de frequência, 213–214
domínio de tempo, 213–214
doSomething, função, 96
double, tipo de dado, 35–36
DS1307, relógio de tempo real, 132–133
DS18B20, sensor de temperatura, 135–136, 139–141
DSP. *Veja* Processamento Digital de Sinal
Dynamic Host Configuração Protocol (DHCP), 186–188

E

EasyTransfer, biblioteca, 167–168
EEPROM, biblioteca, 32–34, 115–116
EEPROM, memória, 41–43, 111–117
    exemplo de uso, 112–115
    funções da biblioteca, 115–116
    limitações da, 116–117
emulação, recursos de, 171–175
    emulação de mouse, 174–175
    emulação de teclado, 172–174
endTransmission, função, 126–127
entradas
    comandos para, 35–37
    de alta velocidade, 79–83

entradas analógicas, 13, 30–33
  acelerando, 80–83
  leituras de tensão, 30–31
entradas digitais, 24–27, 79–81
escravo/mestre, conceito de, 128–132, 136–137
Ethernet, biblioteca, 32–34, 186–192
Ethernet, shield, 183–186
EthernetClient, 189–191
EthernetServer, 189
EtherTen, placa, 17–18, 185–186

F

f.step, função, 212–213
factorial, função, 103–104
FALLING, modo de interrupção, 61–62
FFT, biblioteca, 34–35
filtro passa-alta, 205
filtro passa-baixa, 205–207
filtro rejeita-faixa, 205, 210–211, 212–213
findUntil, função, 197–198
Firmata, biblioteca, 32–34
flash, função, 23–27
float, tipo de dado, 35–36
  comparação de velocidades usando, 71–73
  concepção errônea sobre, 72–73
  medição de tensão usando, 30–31
for, comando, 22–23
fornecedores de componentes, 236–237
fotorresistores, 96, 97
frame de pilha, 102–103
freeMemory, função, 104–105
Freetronics, componentes, 175–177, 185–186
frequências
  explicação, 201–203
  filtragem, 205–207
  medição, 216–217
funções, 19–20, 22–25
  biblioteca EEPROM, 115–116
  configuração SPI, 151
  gerenciamento de energia, 89–91
  loop, 19–20, 22–25
  setup, 19–20, 23–24
  String, 111–112
  Veja também funções específicas
fusíveis, 53

G

GCC, compilador, 49–50
getAddress, função, 141

getField, função, 170
getKey, função, 180
getModifiers, função, 180
getOemKey, função, 180
GFX, biblioteca, 34–35
GND (terra), conexões, 13
goToSleep, função, 95–96
GPS, módulo, 167–170

H

hardware
  barramento SPI, 147–150
  serial, 157–160
hardware de rede, 183–186
  Arduino Ethernet/EtherTen, 185–186
  shield Ethernet, 183–186
  shield WiFi, 185–186
header, arquivo, 231
heap, área de RAM, 107
Hertz (Hz), 201–202
HID (*Human Interface Device*), 178–179
HIDtoA, função, 178–179
HIGH, modo de interrupção, 61–62
highByte, função, 114–115
hitWebPage, função, 195–198
Host Shield, biblioteca, 175–176
HTTP, solicitações, 190–191

I

I2C, barramento de interface, 121–133
  conexões de hardware, 123–125
  configuração mestre/escravo, 128–132
  diagrama de tempo, 124–125
  envio e recepção de dados, 125–127
  exemplo de configuração, 122–123
  exemplos de dispositivos, 121–123, 127–133
  inicialização, 125–126
  Wire, biblioteca, 125–127
ICSP, conexões, 149–150
IDE (ambiente de desenvolvimento integrado), 8–9
  instalação de, 8–9
  pré-processador para, 47–49
  queimando um bootloader usando o, 53–55
if, comando, 21–22
include, comando, 32–34, 44–45
inicialização
  barramento 1-Wire, 137–138
  barramento de interface I2C, 125–126
initialize, função, 66

initializeCode, função, 112–114
.ino, extensão de arquivo, 47–49
INPUT_PULLUP, tipo de pino de interrupção, 62–63
instalação
    de bootloader, 52–55
    de IDE, 8–9
int, tipo de dado, 20, 35–36, 45–46
    armazenamento em EEPROM, 114–115
    concatenando bytes em, 147–148
    uso de bytes *versus*, 101–102
Internet das Coisas (IoT), 183–185
interrupções, 35–38, 57–68
    acordando com interrupção externa, 93–96
    de temporizador, 64–68
    externas, 93-96
    finalidade das, 57–58
    habilitando/desabilitando, 64–65
    ISRs e, 59–65
    modos de, 61–62
    pinos para, 60–62
    pull-up, resistores para, 61–63
interrupções de hardware, 57–65
    circuito de teste para, 58–59
    ISRs e, 59–65
    modos de, 61–62
    pinos de, 60–62
    resistores pull-up para, 61–63
interrupts, função, 64–65
IOREF, conexão, 13
IP, endereços de, 186–189
ISP, soquetes, 53–54
ISRs. *Veja* rotinas de serviço de interrupção (ISRs)

J
JSON, serviço de web, 195–198

K
kbd_poll, função, 178–179
Keyboard, biblioteca, 34–35
KeyboardController, biblioteca, 180
keyPressed, função, 180
keyReleased, função, 180
Knight, Peter, 91–92

L
lastChangeTime, variável, 223–224
LEDs, placas para painel de, 131–132
ledState, variável, 223–224
leituras de temperatura, 72–73

Leostick, placa, 17–18, 171–172
linguagem de programação, 18–19
LiquidCrystal, biblioteca, 34–35
localIP, função, 187–189
long, tipo de dado, 35–36
loop, função, 19–20, 22–25, 220–224
    comandos Serial e, 161–162, 164–166
    interrupções de hardware e, 60–63
    melhoria de desempenho e, 76–77
    servidores de web e, 192–193
    variáveis globais usadas na, 63–64
    verificação da atividade da conexão USB e, 177–178
LOW, modo de interrupção, 61–62, 95–96
lowByte, função, 114–115

M
MAC, endereços, 186–189
main, função, 46–49
main.cpp, arquivo, 46–49
malloc, comando, 107
manipulação de bits, 143–148
    binário e hexadecimal, 144–146
    deslocamento de bits, 146–148
    mascaramento 3bits, 145–147
Master In Slave Out (MISO), 147–148
Master Out Slave In (MOSI), 147–148
Max3421e.h, biblioteca, 177–178
MCP3008, ADC de oito canais, 151–155
memória, 99–119
    alocação estática *versus* dinâmica de, 106–108
    armazenamento em cartão SD e, 118–119
    concepções errôneas sobre, 103–105
    EEPROM, 111–117
    medição da memória livre, 104–105
    minimizando a memória RAM, 101–105
    recursão relacionada com a, 102–104
    strings, constantes armazenadas na, 103–104
    uso de PC *versus* Arduino, 99–101
memória flash
    armazenando dados em, 103–104, 116–118
    minimizando o uso de, 105–107
    Veja também memória
memória flash não volátil, 11
MemoryFree, biblioteca, 104–105
messageIndex, variável, 29–30
mestre/escravo, configuração, 128–132, 136–137
métodos, 228–229
Micro USB OTG Host, cabo de conexão, 179–180

microcontroladores, 14, 41–44
    funções de gerenciamento de energia de, 89–91
    programa bootloader em, 49–51
    software para programação, 49–52
micros, comando, 35–38, 209–210
microSD, soquete para cartão, 118–119, 183–185
millis, comando, 35–38, 62–63, 223–224
modelo de tarefa (*thread*) única, 219–220
modo de sono, 91–96
    interrupções externas e, 93–96
    método do temporizador e, 91–94
modulação por largura de pulso (PWM), sinais
    geração de sinais PWM com temporizador, 66–68
    produzidos pelo Arduino Uno, 30–33
módulos bidirecionais conversores de nível, 123–124
módulos de display, 121–123
módulos sem fio, 167–168
Monitor Serial, 25–29
    comunicações seriais, 163–166
    sketch de onda senoidal, 74–76
mouse
    conexão, 175–181
    emulação, 171–175
Mouse, biblioteca, 34–35
mouseMoved, função, 180–181
mousePressed, função, 180–181
mouseReleased, função, 181

N

Narcoleptic, biblioteca, 91–92, 229–230
nibbles, 133
NMEA, formato padrão, 167–169
noInterrupts, função, 64–65
noTone, comando, 35–37
números binários, 144–146

O

ondas senoidais, 72–76
OneWire, biblioteca, 34–35, 136–140
onReceive, função, 130–131
open-collector, saídas, 123–124

P

pageNameIs, função, 192–193
parseFloat, função, 161–162
parseInt, função, 161–162
pasta de exemplos, 232–233
pgm_read_word, função, 117–118
pinMode, comando, 35–37, 45–46, 78

pinos
    interrupção, 60–62
    Rx e Tx, 157–159
    Save Select, 143–144
    SoftwareSerial, 163
    soquete ISP, 53–54
pins_arduino.h, arquivo, 49–50
placas de Arduino, 11–18
    anatomia ilustrada, 12
    baterias para a alimentação elétrica, 86–89
    bootloaders, 49–55
    conexões analógicas, 13, 30–34
    conexões digitais, 13–14, 24–27
    conexões elétricas, 12–13
    conexões entre, 53–55
    consumo de energia, 85–88
    definição de pinos, 49–50
    emulação de teclado e mouse, 171–175
    fontes de alimentação, 12, 86–89
    fornecedores de, 235–237
    interfaces seriais, 159–160
    interrupções de hardware, 57–65
    memória EEPROM, 111–117
    microcontroladores, 14, 41–44
    modo de sono, 91–96
    não oficiais, 16–18
    processamento digital de sinal em, 202–204
    redução da velocidade do relógio, 88–90
    SoftwareSerial, uso de pinos, 163
    testes de velocidade para as, 69–73
    tipos de, 9–10, 14–18
    transferência (upload) para o Arduino, 9–11, 47–51
    USB Host, recurso, 175–181
    uso de memória, 99–101
placas para painel de LEDs, 131–132
PoE (Power over Ethernet), adaptador, 185–186
portas
    ATmega328, 77–79
    especificação no IDE, 9–10
    registradores para controle de, 77–78
    USB, 172–173
    uso direto de, 79–81
PORTD, registrador, 78
Power Supervision, unidade de, 41–43
Prescaler, biblioteca, 88–89
press, comando, 172–174
print, comandos, 108–109
printByte, função, 153–154

processadores, 14, 41–44
    Veja também microcontroladores
processamento digital de sinal (DSP), 201–217
    Arduino Due e, 202–204, 208–211
    Arduino Uno e, 206–209, 214–217
    exemplo de analisador de espectro, 214–217
    exemplo de medição de frequência, 216–217
    filtragem de frequências, 205–207, 210–213
    introdução ao, 201–204
    Transformada de Fourier usada em, 212–215
    valor médio de leituras, 203–204
Processing, ambiente de trabalho, 39–40
processo de filtragem, 205
    criando um filtro passa-baixa, 205–207
    geração de código para filtros, 210–213
Program Memory (PROGMEM), diretiva, 117–118
programadores
    programação de Arduino usando, 49–51
    queimando um bootloader usando, 52–54
programando a porta USB, 172–173
programas. *Veja* sketches
pull-up, resistores de, 61–63, 123–124
pulseIn, comando, 35–37
queimando bootloaders, 52–55

R

RAM
    estática, 41–43
    medindo a RAM livre, 104–105
    minimizando o uso de, 101–105
    uso de PC *versus* Arduino, 99–101
    Veja também memória
read, comando, 161–162
readADC, função, 153–154
readBytes, função, 161–162
readHeader, função, 192–193
readSecretCodeFromEEPROM, função, 113–114
readStringUntil, função, 197–198
readUntil, função, 197–198
receiveEvent, função, 130–132
recursão, 102–104
registrador de direção de dados D (DDRD), 78
registrador de porta de entrada D (PIND), 78
registradores, 77–78
releaseAll, comando, 172–174
replace, função, 111–112
requestFrom, função, 126–127
Reset, chave, 11
Reset, conector, 13, 54–55

resistores
    de pull-up, 61–63, 123–124
    fixos, 96
    fotorresistores, 96, 97
RISING, modo de interrupção, 61–62
rotinas de serviço de interrupção (ISRs), 59–63
    pontos a considerar sobre, 64–65
    variáveis voláteis e, 63–64
RS232, padrão, 159–160
RTC, módulo de relógio de tempo real, 121–123, 132–133
RTClib, biblioteca, 132, 133
Rx e Tx, pinos, 157–159, 163

S

saídas
    analógicas, 30–34
    comandos para, 35–37
    de alta velocidade, 79–80
    open-collector, 123–124
saídas digitais, 25–27
    controle do consumo de energia, 96–98
    muito rápidas, 79–80
sampleWindowFull, função, 215–216
Save Select (SS), pino, 143–144
saveSecretCodeToEEPROM, função, 114–115
Scheduler, biblioteca, 34–35
SD, biblioteca, 34–35, 118–119
SD, cartões, 118–119
search, função, 138–140
sendAnalogReadings, função, 193–194
sendBody, função, 192–195
sendHeader, função, 192–193
sendReadings, variável, 164–166
sensor de temperatura, 135–136, 139–141
sensores luminosos, 96–98
Serial, interface, 157–170
    comandos, 160–162
    exemplos de uso, 163–170
    protocolo e taxa de bauds, 159–161
    SoftwareSerial, biblioteca, 162–163
    visão geral do hardware, 157–160
Serial.available, função, 161–162
Serial.begin, comando, 160–161
Serial.println, comandos, 105–108
Serial Clock Line (SCL), 124–125
Serial Data Line (SDL), 124–125
Serial Peripheral Interface. *Veja* SPI, barramento
servidor de web, 189–196

Servo, biblioteca, 34–35
setFrequency, função, 127–129
setPinStates,função, 194–195
setup, função, 19–20, 220–221
shields, 235–236
    Ethernet, 183–186
    USB Host, 175–180
    WiFi, 185–186
sin, função, 72–73
sites
    de fornecedores, 236–237
    do autor, 22–23, 185–186, 234
    oficial do Arduino, 8–9, 14
sizeof, função, 107
sketches, 8–9
    comandos if em, 21–22
    comentários em, 18–20
    funções em, 19–20, 22–25
    loops em, 22–23
    mensagem com o tamanho dos, 10
    transferência (upload) para o Arduino, 9–11, 47–51
    variáveis em, 20–21
software
    AVR Studio, 49–51
    IDE de Arduino, 8–9
SoftwareSerial, biblioteca, 34–35, 162–163, 230
Sparkfun, componentes, 127–128, 167–168, 175–176, 185–186, 235–237
SPI, barramento, 143–155
    biblioteca SPI, 150–152
    conexões de hardware, 147–150
    configuração mestre/escravo, 150
    diagrama de conexões do exemplo, 151–152
    exemplo de dispositivo, 151–155
    funções de configuração, 151
    manipulação de bits, 143–148
Spi.h, biblioteca, 177–178
sprintf, função, 108–110
stack, 102–103
step, função, 212–213
Stepper, biblioteca, 34–35
string, constantes, 103–104
String Object, biblioteca, 110–112
strings, 29–30, 107–112
    arrays C de caracteres como, 107–
    biblioteca Arduino de, 110–112
    criando e concatenando, 110–111

    formatando, 108–110
    obtendo o comprimento de, 109–111
strlen, função, 109–111
substring, função, 111–112
switchPin, variável, 25–26
System Clock (SCLK), 147–148

T

taxa de bauds, 159–161
TEA5767, modulo receptor de FM, 121–123
    exemplo de biblioteca, 228–233
    exemplo I2C, 127–128
teclado
    conexão, 175–181
    emulação, 171–174
tensão, medição de, 30–34
teste
    de bibliotecas criadas, 233–234
    de velocidade das placas de Arduino, 69–72
texto. *Veja* strings
threads, 220–221
Timer, biblioteca, 223–225
TimerOne, biblioteca, 64–67, 207–208
tipos de dado, 35–36
toInt, função, 111–112
tone, comando, 35–37
transfer, função, 151
transferência (upload) de
    bibliotecas, 233–234
    sketches, 9–11, 47–51
transformada de Fourier, 212–215
transformada rápida de Fourier (FFT), 214–215
trim, função, 111–112
tri-state, modo, 123–124
trueDelay, função, 88–89
trueMillis, função, 88–89
TTL Serial, 157–158
tutoriais sobre Arduino, 35–38
TWI (Two Wire Interface), 121–122, 124–125

U

uint8_, tipo de dado, 45–46
unidade central de processamento (CPU), 41–43
Universal Asynchronous Receiver Transmitters (UARTs), 158–160
unsigned, qualificador, 144–145
unsigned int, tipo de dado, 35–36

unsigned long, tipo de dado, 35–36
updateData, função, 216–217
Upload, botão de, 9–10, 20, 47–49
USB, conexão, 5–6
USB, programação, 171–181
    emulação de mouse, 171–175
    emulação de teclado, 171–174
    USB Host, recurso, 175–181
Usb.h, biblioteca, 177–178
USB Host, recurso, 175–181
    interno do Arduino Due, 179–181
    shields e bibliotecas USB Host, 175–180
USBDroid, placa, 175–177
USB-serial, interface, 159–160

V

valores hexadecimais, 44–45, 144–146
valueOfParam, função, 193–195
variáveis, 20–21
    constantes, 101–102, 105–106
    globais, 63–64
    voláteis, 63–64
velocidade das placas de Arduino
    aumento de, 75–83
    redução de, 88–90
    teste de, 69–73
velocidade do relógio
    Arduino *versus* MacBook Pro, 69–71
    reduzindo a, 88–90
Venus GPS, módulo, 167–168
verificação de redundância cíclica (CRC), 139–140
void, comando, 45–46
voláteis, variáveis, 63–64

W

Watchdog, temporizador, 41–43
web, solicitações de, 190–192, 195–198
while, função, 131–132, 139–140, 190–192
WiFi, biblioteca, 34–35, 197–199
WiFi, conexões, 197–199
WiFi, shields, 185–186
WiFiClient, 198–199
WiFiServer, 198–199
Wire, biblioteca, 34–35, 125–127
Wiring, ambiente de trabalho, 39–40, 44

X

Xbee, biblioteca, 34–35